SOUVENIRS ANECDOTIQUES

MÉDECINE NAVALE — SAINT-SIMONISME — CHOUANNERIE.

Paris. — Imprimé par E. THUNOT et Cᵉ, rue Racine, 26.

SOUVENIRS
ANECDOTIQUES

MÉDECINE NAVALE
SAINT-SIMONISME
CHOUANNERIE

PAR

LE DOCTEUR CHARLES PELLARIN

PARIS

LIBRAIRIE DES SCIENCES SOCIALES

13, RUE DES SAINTS PÈRES, 13

—

1868

PRÉFACE.

Voici un livre (si toutefois c'en est un) dont le besoin ne se faisait pas généralement sentir. Il ne m'a été ni commandé par un éditeur ni réclamé par une fraction quelconque du public, pas même par une coterie, si petite qu'on veuille bien la supposer. Je n'ai donc pas d'excuse à alléguer, absolument aucune, pour la faute de l'avoir fait et de le mettre au jour.

Indépendamment de bien d'autres défauts, on pourra justement reprocher à cet opuscule de manquer d'unité ; il forme une trilogie dont les termes, assez disparates, sont indiqués dans autant de sous-titres :

> Médecine navale ;
> Saint-Simonisme ;
> Chouannerie.

Passe-temps puéril d'un *vieux* qui s'est laissé griser un moment par ses souvenirs de jeunesse et de camaraderie ; — voilà pour la première partie du volume.

J'y raconte quelques-unes des sottises que j'ai faites, pas toutes, bien entendu : je ne suis ni un saint Augustin ni un Jean-Jacques pour m'arroger le droit et me sentir l'audace de faire au public ma confession générale.

N'étant à aucun titre un personnage, pas même de dixième ou de vingtième ordre, je ne pouvais me prendre pour un homme à *Mémoires* ; et pourtant c'est une sorte d'autobiographie que je me suis laissé aller à écrire.

Pourquoi, au surplus, ce genre là serait-il absolument interdit au vulgaire dont je fais partie ? Dans ce dernier cas il s'agirait, cela va sans dire, bien moins de l'*acteur* que du *spectateur*, et de la façon dont il aurait vu les choses de son temps et dont il aurait été par elles impressionné dans sa petite sphère.

Un garçon d'esprit de mon voisinage me disait dernièrement qu'il ne se plaisait plus guère à lire que des autobiographies. « Non pas, ajoutait-il, que j'accorde la moindre foi à ce que l'auteur dit de ou sur lui-même : ceci est à bon droit suspect et non avenu, en tant qu'il s'agit d'un témoignage favorable ; mais je tiens compte de ce qu'il dit des autres. Ici la condition d'impartialité est souvent, sinon toujours, remplie... »

Appliquez-moi cette règle, ami lecteur, c'est votre droit ; je ne m'en plaindrai pas.

Suivant le propos d'un autre voisin (car je n'ai garde de dédaigner ni de négliger à l'occasion le procédé, beaucoup plus usité qu'on ne l'avoue, de l'abbé Trublet :

> Au peu d'esprit que le bonhomme avait
> L'esprit d'autrui par supplément servait);

suivant ce propos, dis-je, il n'y a aucun de nous qui n'ait *son livre* au-dedans de lui-même, résultat de son observation et de son expérience personnelle : tout est de vouloir et de pouvoir l'écrire, ce livre intime, *aperto corde*, à cœur entièrement ouvert.

J'ai tâché de le faire dans une certaine mesure pour le mien ; j'espère qu'il me sera tenu compte de l'intention.

La seconde partie est une contre-légende qui ne manque peut-être pas complétement d'utilité.

Ne voudrait-on pas nous faire accroire, encore aujourd'hui, qu'une Révélation nouvelle, une Révélation pour de bon (ne riez pas!) s'est produite, il y a cinquante ou quarante ans, par la bouche de Saint-Simon d'abord, puis d'Enfantin, son continuateur? — Or, en fait de Révélations, je trouve que nous avons bien assez des anciennes.

Les *inspirés* sont un genre de fous dangereux. C'est parce qu'il a cru sur parole des inspirés, — inspirés quelquefois sublimes au point d'être divinisés comme Bouddha, — que l'esprit humain a perdu ses franchises naturelles, et que sur lui pèse encore partout une oppression à laquelle les savants et les sages ont tant de peine à l'arracher.

« Un seul Dieu tu adoreras, » a-t-il été écrit, et, nonobstant, la terre a produit ou reçu, pour sa part, toute une série de dieux, qui se disputent l'empire des âmes et l'encens des fidèles. Ne laissons pas semer ni lever cette mauvaise graine des superstitions, qui étouffe le germe de la raison dans l'homme et qu'il est si difficile ensuite d'extirper. Tel est le motif qui a fait tourner à la polémique frondeuse mes souvenirs du saint-simonisme. Au pis aller, on dira que j'ai enfoncé une porte ouverte.

Enfin le désir de signaler à l'attention, à l'admiration publique, un des plus beaux traits d'héroïsme de la Révolution, resté jusqu'à ce jour enseveli dans les chroniques locales de la contrée où le fait se passa, voilà ce qui m'a inspiré les quelques pages sur la chouannerie qui terminent ce volume (1).

Puissent tous ceux qui auront la patience de le parcourir y reconnaître, en dépit de la ténuité du fond et de l'imperfection de la forme, l'œuvre, non, — le mot serait trop ambitieux, — mais le fait et le faire d'un ami fervent de la vérité, de la justice et de l'humanité !

Paris-Montrouge, le 8 avril 1868.

---

(1) La partie du récit qui se rapporte au fait dont il s'agit (l'invasion de Saint-Brieuc par les chouans en l'an VIII et la mort héroïque du procureur de la commune, Poulain Corbion) a été publiée par le *Siècle*, numéro du 23 janvier 1868, édition des départements et numéro du 27 avril, édition de Paris.

CH. PELLARIN.

SOUVENIRS ANECDOTIQUES

DE

MÉDECINE NAVALE.

L'ÉCOLE DE BREST IL Y A QUARANTE ANS.

Peut-être est-il bon, en commençant, d'avertir le lecteur que je n'ai aucune prétention à me faire l'historien d'une époque et d'une institution, encore moins à me constituer juge des hommes et des choses dont j'aurai l'occasion de parler. Je raconte ici mes impressions d'autrefois ; tout ce que je puis garantir, c'est que je m'attache à les rendre avec une fidélité sincère. Cela dit, je me laisse aller au courant des lointains souvenirs ; ce qui a aussi son charme : *meminisse juvat.*

I. Arrivée à Brest. — Première garde de nuit à l'hôpital du bagne.

Lorsque j'arrivai à Brest (c'était en octobre 1823) pour y commencer mes études médicales, je fus moins émerveillé encore du spectacle de la magnifique rade qu'on aperçoit de la promenade dite le Cours d'Ajot, et de celui des constructions monumentales du port qui bordent, sur une longueur de trois kilomètres, les rives de la Penfeld, que je ne fus frappé de voir des escouades d'hommes en casaques rouges, qui balayaient les rues sous la surveillance de quelques argousins. Ce qui donnait pour moi un cachet spécial à la ville du grand arsenal maritime, c'était cette rencontre des forçats, employés par petits groupes au nettoyage de la voie publique, ou bien par masses aux grands travaux du bassin et des chantiers : une partie en casaques et en bonnets verts; ceux-ci étaient les condamnés à vie, qui se trouvaient en forte proportion à Brest, parce que c'était la chiourme où l'on envoyait de préférence cette catégorie de condamnés. Parmi eux se trouvait à cette époque le prétendu comte de Sainte-Hélène qui avait ordonné des prêtres comme évêque, passé des revues comme général; le fameux abbé Contrafatto, le curé Mingrat et quelques autres célébrités des drames judiciaires. Mais ces notabilités du bagne n'allaient pas à la corvée comme la plèbe des galériens; il y a de l'aristocratie partout.

Quand l'étranger, passant pour la première fois sur les quais, se voyait accosté par ces hommes, objet traditionnel de répulsion et d'effroi, qui venaient lui offrir à acheter les petits travaux en os, en coco et en paille, produits de leur patiente industrie, il éprouvait, en général, une impression de défiance et même de crainte.

Je fus bientôt mis à une épreuve qui me causa d'âpres émotions. A peine inscrit comme élève externe dans le service des hôpitaux de la marine, je fus désigné pour une garde de nuit auprès d'un forçat qui venait d'être amputé de la cuisse dans la salle des blessés du bagne. Or, pour arriver jusqu'à mon poste, près du lit de l'opéré, il fallait parcourir, dans toute sa longueur, la salle des fiévreux d'abord et une partie de celle des blessés. J'avoue qu'en passant, sur l'heure de minuit, à la clarté douteuse de lampes clair-semées, entre les deux rangées de lits occupés par les galériens, et que, me voyant seul au milieu de tous ces gens sur lesquels il court, non sans motif, tant de sinistres histoires, j'étais loin de me sentir tout à fait rassuré. Combien de crimes et d'attentats divers, depuis le vol circonstancié jusqu'au meurtre, à l'assassinat et au viol, représentait le personnel couché dans les deux rangées de lits entre lesquelles je marchais!

Arrivé cependant près de l'élève que je venais relever, ce souci était remplacé par un autre: c'était l'inquiétude sur ce que j'aurais à faire s'il survenait à l'opéré une hémorrhagie. Je savais que c'était surtout en vue de ce danger qu'on nous plaçait auprès de lui en surveillance; mais je n'étais pas ferré, tant s'en faut, sur les moyens à mettre en usage pour parer à un accident de cette nature.

L'élève auquel je succédais, qui était mon ancien de plusieurs mois, me montra bien le garrot tout disposé, que je n'aurais qu'à serrer, si je voyais l'appareil traversé par le sang, en attendant le secours de mains plus habiles. Heureusement les deux heures de ma faction s'écoulèrent sans accident d'aucune sorte. J'avais apporté un livre, mais j'aurais vainement essayé d'en lire une page, tant j'étais préoccupé de la situation où je me trouvais et de la responsabilité qui pesait sur moi.

On se familiarise vite avec le genre d'impression qui m'avait d'abord

si vivement affecté dans mon premier service à l'hôpital du bagne. L'é-
lève n'est pas en fonction depuis huit jours, dans une salle de forçats,
qu'il arrive à les considérer comme d'autres malades. *Res sacra miser*
ou *æger*, ce qui est la même chose pour le médecin : touchante parole
dont il a, plus que personne, occasion de sentir la vérité.

II. État de l'enseignement. — Le premier médecin en chef, M. Droguet. — Sédition causée par un essai du *cura fomis*. — Le premier chirurgien en chef,
M. Delaporte. — Brest divisé, comme toute la France à cette époque, en parti
libéral et en parti *ultra*. — Un missionnaire pendu en effigie. — Le second médecin en chef, M. Legris-Duval, l'ami de Laënnec. — Le professeur d'anatomie,
M. Mougeat ; celui de chimie, M. Grime, pharmacien en chef.

A l'époque reculée dont je parle, et qui contraste sous ce rapport,
comme sous beaucoup d'autres, avec l'époque présente, l'enseignement
était à peu près nul à l'Ecole de médecine navale de Brest. Le soin de
s'instruire y était presque entièrement laissé à la spontanéité individuelle ; attrapait qui pouvait et comme chacun pouvait, quelques bribes
de la science. L'approche des concours éveillait seule un peu d'ardeur
studieuse ; mais en ce temps-là, les concours étaient rares, à intervalle de deux et trois années quelquefois. La carrière se trouvait ob-
struée à cause du petit nombre des armements. Ce fut la morte-saison
de notre marine.

Le premier médecin en chef du port, M. Droguet, passait pour un
bon praticien. Il épousa même, presque septuagénaire, une belle jeune
personne qu'il avait sauvée d'une fièvre maligne et qui lui donna sa
main par reconnaissance. Malgré l'exemple, rapporté dans la Bible, de
la méthode de rajeunissement dont usait sur ses vieux jours le saint roi
David, rarement ces unions disproportionnées restent sans inconvénient pour les vieillards qui les contractent. A partir de son mariage,
M. Droguet baissa rapidement, et il laissa au bout de peu d'années une
veuve qui se consola en épousant un sien cousin : c'était son droit ; nous
ne sommes pas au Malabar.

Quelques trésors de savoir et d'expérience qu'eût amassés le premier
médecin en chef dans sa longue carrière, il essayait peu d'en faire
profiter ses jeunes subordonnés. Il n'est pas à ma connaissance que
M. Droguet ait jamais fait une leçon. Il serait, je crois, un peu étonné
lui-même, s'il revenait au monde, de se voir cité comme une autorité
scientifique, au commencement d'un savant article sur l'acclimatation,
fourni par M. le docteur Bertillon à un des nouveaux *Dictionnaires de
médecine* qui se publient aujourd'hui.

Sans doute M. Droguet avait été à d'autres époques de sa vie un travailleur; il avait eu son temps d'ardeur studieuse; il ne serait point parvenu sans cela au poste élevé qu'il occupait. Mais à l'époque où je l'ai connu, ce n'était plus la passion de la science qui, chez lui, prenait sur les heures du sommeil : dans les soirées officielles ou particulières, il arrivait parfois à l'honorable médecin en chef de s'oublier à une table d'écarté ou de bouillotte jusqu'au milieu de la nuit, rarement au delà, que la veine fût pour ou contre lui. Il avait d'ailleurs la réputation de jouer assez heureusement.

À l'hôpital de la marine, où sont aussi traités les militaires de la garnison (l'administration de la guerre n'a point d'établissement hospitalier à Brest), M. Droguet avait le service des salles d'officiers fiévreux et vénériens. Pour les affections de ces derniers, il n'établissait aucune distinction de nature quant au traitement. M. Ricord n'avait pas encore fait la lumière dans cette classe de maladies. Pour toutes, M. Droguet, comme la plupart des praticiens de ce temps-là, prescrivait invariablement la liqueur de Van Swiéten jusqu'à un nombre déterminé de solutions. Quand il arrivait à quelque patient de faire des difficultés pour avaler le spécifique : « Apprenez, monsieur, lui disait le père Droguet de sa voix caverneuse et avec un accent provençal qu'il avait contracté, lui Breton d'origine, dans la fréquentation des marins toulonnais, — apprenez, monsieur, que je suis le premier... *spécialiste* des vingt-deux cantons. » Il ne disait pas spécialiste, mais un autre mot que je m'abstiens d'écrire, même dans une feuille médicale.

Cependant, comme il se trouvait parfois dans les lits de son service quelques jeunes chirurgiens amenés là pour l'expiation de leurs peccadilles, ceux-ci (on n'est jamais trahi que par les siens), quand ils n'avaient que ce que les Espagnols nomment *una purgacion*, jetaient la solution dans le vase de nuit, et à leur exemple, autant en faisaient plus d'un de leurs compagnons de mauvaise fortune ou, si l'on veut, de bonnes fortunes malencontreuses.

À propos du traitement des affections vénériennes et syphilitiques, il survint un incident qui vaut la peine d'être mentionné.

Sous l'empire des idées alors de plus en plus envahissantes de la doctrine dite *physiologique*, le traitement de ces maladies était devenu plus arbitraire que jamais. Les exagérateurs de Broussais allaient jusqu'à nier la spécificité et même l'existence du virus syphilitique. On sait comment trois internes de l'Hôtel-Dieu de Paris, séduits par ces chimériques théories, s'inoculèrent un jour le liquide chancreux, et comment l'un d'eux, sujet très-distingué et de haute espérance, désolé ensuite des ravages causés dans son organisme par suite de cette témérité, se tua de désespoir. Dans notre fanatisme broussaisien, nous n'aurions pas été très-éloignés, la plupart, de commettre la même imprudence. On frémit d'y penser !

Je ne sais plus quel rêveur de la Germanie ou de la Scandinavie avait imaginé d'appliquer aux maladies vénériennes, quelles qu'elles fussent, le traitement par la diète exclusivement, le *cura famis* dans toute sa rigueur. Un chirurgien de première classe, connu déjà pour ses excentricités, qui se trouvait chargé du service des vénériens à l'hôpital *Brûlé* (1), s'avisa de mettre en pratique cette belle conception sur les matelots et les soldats confiés à ses soins. Un matin il prescrit pour tout aliment à la salle entière deux bouillons. Le lendemain, simples bouillons encore. Les estomacs se révoltèrent. Il n'y a pas, comme on sait, de pire sédition que celle du ventre. L'exaspération de cette centaine d'affamés était montée à un tel point que, si le médecin avait reparu dans la salle, il eût été infailliblement lapidé à coups de pots de tisane. Averti de ce qui se passait, le conseil de santé se hâta de retirer au novateur son service, et bientôt après on le mit à la retraite.

C'était le même original (ou plutôt maniaque) dont, vingt-cinq ans plus

---

(1) Après l'incendie qui, en 1776, avait détruit l'hôpital de la marine, il fut établi, pour recevoir provisoirement les malades, des baraques en pan de bois qui conservèrent cette destination jusqu'à la reconstruction de l'hôpital pendant les premières années du règne de Louis-Philippe. Quatre de ces longues baraques, divisées chacune en deux salles, avaient été élevées dans le jardin de l'ancien séminaire ou maison des jésuites, qui avaient eu, jusqu'à l'abolition de leur ordre, en 1762, le privilége de fournir des aumôniers à la flotte. Le bâtiment des Pères, surmonté d'un dôme élégant, séparé par une vaste cour de la rue Saint-Louis ou de la Mairie, sur laquelle était son entrée principale, ayant au premier étage les salles d'officiers malades, et, au rez-de-chaussée, sur les côtés, la pharmacie et différents services, portait lui-même le nom d'hôpital Saint-Louis.

Trois autres baraques avaient été construites sur l'emplacement de l'hôpital incendié ; elles étaient affectées aux vénériens et aux galeux. Là se trouvait aussi, dans une petite partie du bâtiment épargnée par le feu, l'amphithéâtre de dissection, le musée et une salle pour les cours. Le tout garda le nom d'hôpital *Brûlé* qu'il échangea contre celui du ministre de la Restauration, le comte de Clermont-Tonnerre, qui fit rendre l'ordonnance royale prescrivant la construction du nouvel hôpital.

Enfin, deux vastes salles placées dans le bagne même pour les condamnés fiévreux ou blessés complétaient, sous le nom d'hôpital du Bagne, les établissements nosocomiaux de la marine à Brest.

tard, on a vu affichées sur tous les murs de Paris les circulaires de candidat à la présidence de la République. Il y promettait, s'il était élu, de faire sans faute le bonheur du peuple français, et cela pour presque rien, au meilleur marché possible. Le peuple le plus spirituel de la terre n'eut pas l'esprit de prendre au mot le prometteur, et pour une foule de raisons péremptoires, il n'aura pas l'occasion de réparer sa bévue. L'une de ces raisons, indépendamment de celles qui étant écrites dans la Constitution, sont connues de tout le monde, — c'est que l'ex-compétiteur au premier poste de l'Etat est mort en 1857. — Nous ne dirons pas, nous autres médecins : où diable l'ambition va-t-elle se nicher? car nous savons que la manie ambitieuse est une des formes communes de la folie.

Parmi mes compagnons d'étude, en 1824 et 1825, à l'école de Brest, se trouvait un neveu du premier médecin en chef, Marie-Ange Droguet, fils d'un négociant de Lamballe, jeune homme heureusement doué pour la musique et pour les sciences. L'oncle ne se mit en frais d'aucune sorte pour retenir auprès de lui ce neveu qui joignait à ses aptitudes le goût du travail. Aussi le jeune Lamballais partit-il bientôt pour Paris, où il fut distingué par Orfila, dont il devint un des bons élèves et l'un des préparateurs. Jusqu'à la mort de l'illustre doyen, Marie-Ange Droguet, que des circonstances de famille avaient conduit à embrasser le commerce et avaient forcé de renoncer à la médecine, mais non pas à l'étude de la chimie, visitait, dans tous ses voyages à Paris, son ancien maître, par lequel il était toujours affectueusement accueilli. Son goût pour la chimie lui avait fait donner le surnom de *Potasse*, qu'il garde encore parmi ses intimes. Au nombre de ceux-ci était, il y a trente-cinq ans, un de ses compatriotes, devenu plus tard le chirurgien célèbre, comblé de distinctions et d'honneurs, qu'un récent malheur a frappé, et qui commençait dès lors à se faire une réputation par ses travaux d'anatomie et de médecine opératoire. Les bons rapports des deux amis furent, il est vrai, plus d'une fois troublés par les inégalités de caractère et les susceptibilités excessives de l'un d'eux. Mais qui pourrait aujourd'hui songer à autre chose qu'à plaindre une grande infortune, le naufrage d'une belle intelligence et d'une haute position, catastrophe annoncée longtemps à l'avance par ces bizarreries mêmes?...

Ce neveu du médecin en chef de la marine, dont j'ai été amené incidemment à dire quelques mots, bien plus porté que son oncle à répandre autour de lui les lumières de la science, fit, il y a bien des années, à une époque où il n'était nullement question de conférences littéraires ou scientifiques, quelques séances sur la chimie aux habitants de Lamballe. Par malheur, la petite ville ne pouvait fournir un auditoire suffisant pour encourager les leçons du professeur qui joint à ses autres talents celui de cultiver des dalhias et des roses dont Amédée Latour pourrait être jaloux.

Il est temps, pour ne pas mentir doublement à mon titre, de revenir à l'ancienne école de Brest.

Ab Jove principium... Si j'avais tenu à me conformer à cet ordre, j'aurais dû commencer ma revue du personnel médical du port de Brest en 1823 par le premier chirurgien en chef. C'était lui, en effet, qui était le Jupiter de l'Olympe du conseil de santé. D'une sévérité hautaine, à la façon de Dupuytren, M. Delaporte était craint non-seulement de ses subordonnés, mais aussi de ses collègues, sur lesquels il n'exerçait pas seulement l'ascendant d'un mérite supérieur, mais il pesait en outre du poids d'une volonté dictatoriale. Quand ce Napoléon du conseil de santé avait émis son avis sur une question, aucune voix ne se serait avisée de contredire. Quelques-uns des membres du conseil, le second chirurgien en chef particulièrement (M. Mollet), se contentaient de murmurer ou de bouder à l'écart.

Comme chirurgien, M. Delaporte devait surtout sa réputation à la ligature de l'artère iliaque externe qu'il avait été l'un des premiers à pratiquer. Mais souffrant continuellement de la goutte, qui ne lui laissait que de rares moments de répit, il faisait une apparition dans son service quatre ou cinq fois l'an, sauf le cas de quelque grande opération qu'il venait pratiquer lui-même, à moins d'impossibilité absolue. Le jour où M. Delaporte franchissait le seuil de la salle des blessés, chacun, chirurgiens et élèves, n'avait qu'à se bien tenir. Les remontrances, quand quelque chose y donnait lieu, n'étaient point tempérées, tant s'en faut, par le ton et la forme.

M. Delaporte appartenait de père en fils à la chirurgie de la marine ; il était l'aîné des enfants du chirurgien-major de la frégate que montait Bougainville dans son voyage autour du monde.

Le chirurgien en chef n'a point laissé de postérité ; mais il avait deux neveux de son nom qui débutaient, vers l'époque dont je m'occupe, l'un en médecine et l'autre en pharmacie. L'aîné, Louis Delaporte, qui fut un de mes bons camarades, au lieu de s'en tenir au *Traité d'anatomie descriptive* d'Hippolyte Cloquet, notre livre classique, s'en allait étudier la philosophie de l'organisation dans les écrits de Geoffroy-Saint-Hilaire et de Blainville, chose peu profitable pour les concours, mais qui témoignait d'une noble aspiration vers les points de vue élevés de la science.

J'ai revu à Brest, en 1850, l'oncle et le neveu. L'ancien chirurgien en chef, alors octogénaire, était plus ingambe que je ne l'avais vu vingt-cinq années auparavant. Je le retrouvai heureux d'être débarrassé de ses douleurs goutteuses, ce qu'il attribuait à l'usage persévérant des alcalins, mais gardant rancune à son successeur de sa mise en retraite qu'il l'accusait d'avoir provoquée. Ce successeur, hélas! n'était déjà plus de ce monde. Il n'avait point d'ailleurs borné là son ambition; plus encore par l'ascendant de son incontestable mérite que par l'effet de toute autre influence, il était monté bientôt (1844) au sommet de la hiérarchie, et après avoir été pendant un petit nombre d'années à la tête du corps en qualité d'inspecteur général, il était mort presque subitement vers la fin de 1848.

A l'époque où me reportent les souvenirs que je retrace, c'est-à-dire sur la fin du règne de Louis XVIII, il y avait partout en France deux partis tranchés : le parti libéral ou bonapartiste (cela se confondait alors) et le parti royaliste ou *ultra*. Le premier comprenait aussi les libres penseurs, et le second était qualifié par ses adversaires de parti prêtre, parti jésuite, comme on dit aujourd'hui parti clérical. Nulle part cette scission n'était plus prononcée qu'à Brest, où d'ailleurs le premier parti l'emportait immensément dans la population et même parmi les fonctionnaires de la marine. C'est ce qui poussait le gouvernement de la Restauration, en cela, comme en beaucoup d'autres choses, mal inspiré et mal conseillé, à composer la garnison de Brest de troupes étrangères. Ce fut un régiment suisse d'abord, puis le régiment allemand de Hohenloë qu'on y envoya.

Il y avait eu à Brest, l'année qui précéda mon arrivée dans cette ville, une mission qui avait fait beaucoup de bruit. Quelques jeunes gens, appartenant pour la plupart aux premières familles du commerce, avaient fait la mauvaise plaisanterie de pendre à un des grands ormes du Cours d'Ajot un mannequin représentant le plus fougueux des prédicateurs de la mission. De là un procès jugé d'abord à Brest, où les prévenus furent condamnés à quelques mois de prison, puis à Quimper, où ils furent acquittés aux bruyants applaudissements de tout le parti libéral. Ce procès, dont les journaux s'étaient beaucoup occupés, ne contribua pas peu à la popularité des avocats qui le plaidèrent : Bernard (de Rennes), Hello, du barreau de Lorient, élevés un peu plus tard, par la révolution de juillet, aux premiers postes de la magistrature. M. Hello, lié intimement avec M. Foullioy, qui dirigeait alors le service de santé au port de Lorient, avait un cousin germain de son nom et originaire comme lui de la petite ville de Pontrieux, qui était chirurgien de 2ᵉ classe à Brest.

Cette division en deux partis se retrouvait jusque dans le corps des officiers de santé de la marine : au sommet de la hiérarchie s'entend, car les grades inférieurs appartenaient à la nuance ardente du libéralisme. Quelques jeunes chirurgiens avaient même été un peu affiliés aux ventes du carbonarisme, et ils s'étaient trouvés en rapport, au moins indirect, avec le général Berton et le docteur Caffé qui payèrent de leur tête la conspiration anti-bourbonnienne de Saumur, en 1822. On sait comment ce dernier parvint à se soustraire à l'échafaud en s'ouvrant l'artère crurale avec une lame de canif, pendant qu'il paraissait écouter les exhortations du prêtre qu'on lui avait envoyé pour le préparer à la mort. — On aura beau dire, ces actes d'énergique volonté élèvent plus l'homme que le rôle passif de victime résignée.

Le premier chirurgien en chef, le premier médecin lui-même passaient pour favorables à l'opinion libérale, surtout à raison d'un reste d'attachement qu'on leur supposait pour l'Empire. Le second chirurgien et le second médecin en chef étaient considérés comme partisans de la Restauration, l'un par calcul ambitieux, l'autre, M. Legris-Duval, par conviction et par sentiment de famille. Il était le frère puîné de l'abbé Legris-Duval, connu par son dévouement aux Bourbons dans les mauvais jours, et qui, à leur rentrée, refusa la mitre, afin de rester tout entier à ses œuvres charitables; il était le condisciple et l'ami de Laënnec, qui acceptait chez lui l'hospitalité lorsqu'il venait à Brest.

A propos de l'immortel inventeur de l'auscultation (auquel il faut bien reconnaître qu'Avenbrugger avait un peu ouvert la voie, sans parler des anciens dont l'érudit M. Guardia a reproduit quelques indications tendant au même but, toutes choses qui ne rabaissent en rien, à mes yeux, la gloire de notre compatriote); à propos, dis-je, de l'inventeur de l'auscultation, il me revient que, lorsque j'étais écolier au collége de Saint-Brieuc, le père de Laënnec, dont la réputation ne faisait que de naître, habitait cette ville. M. Laennec père survécut assez longtemps à son illustre fils, mort, comme on sait, en 1826, âgé de 45 ans. C'était un petit vieillard à l'air éveillé, fidèle de tout point au costume d'avant 89 : culotte courte, souliers à boucles, frac carré à la française, ailes de pigeon poudrées et surmontées du tricorne. Il était connu pour sa gaieté et ses saillies ; il faisait des vers de société, qui n'étaient dépourvus ni d'originalité ni de mérite, et l'on racontait de lui des distractions singulières.....

Je laisse moi-même un peu trop vagabonder ma mémoire. Elle n'aurait pu, il faut bien le dire, eussé-je été l'élève le plus studieux, se charger d'un lourd bagage de science, à l'école de Brest, en 1823 et 1824. L'enseignement théorique de la médecine et même de la chirurgie y était à peu près nul. Seul, M. Legris-Duval exerçait les élèves et les jeunes chirurgiens qui fréquentaient son service à l'examen des malades. Il se montrait envers ces derniers d'une douceur et d'une bonté remarquable, interrogeant en breton les ouvriers du port et les jeunes marins ou soldats qui ne comprenaient que cette vieille langue celtique, le plus ancien idiome peut-être qu'on ait parlé en Europe. Il me semble entendre encore la voix un peu câline et fêlée de cet excellent M. Legris-Duval. Il avait éprouvé depuis longtemps déjà des hémoptysies, et il mourut des progrès d'une lente tuberculisation pulmonaire et laryngée, en 1841, ayant passé 60 ans (1).

M. Legris avait alors pour prévôt de son service, où le chirurgien de garde avait ordre d'envoyer les cas les plus graves, Emile Chevé, devenu plus tard l'admirable professeur qui a vulgarisé et perfectionné la méthode de musique inventée par Galin. Chevé avait été précédé immédiatement dans ce poste qui correspondait à celui des chefs de clinique de nos Facultés, par Charruau, l'élève favori du second médecin en chef, et aujourd'hui l'un des praticiens renommés de Paris.

Quoique nous autres carabins de ce temps-là nous fussions tous, en fait de croyance religieuse, voltairiens pour le moins, (quelques-uns même allaient jusqu'à professer l'opinion d'Epicure, de Lucrèce et de Diderot), la piété de M. Legris-Duval nous inspirait du respect, parce que nous la savions sincère et désintéressée.

Pour les maladies internes, c'était à peu près exclusivement dans le service du deuxième médecin en chef qu'on pouvait apprendre quelque chose.

Malgré son attachement et son admiration pour Laënnec, M. Legris s'était épris, comme à peu près tout le monde, de la doctrine antiphlogistique qui dominait dans la marine autant que dans l'armée. On eût cherché vainement un sujet entré dans les services de médecine, qui en fût sorti, mort ou vif, sans porter sur la région épigastrique de nombreux stygmates de sangsues. Un seul médecin du port, M. Taxile Saint-Vincent, résista à l'engouement général. Nous le traitions de *polypharmaque* parce qu'il avait conservé l'usage de quelques-unes de ces vieilles formules qui ont depuis été remises en honneur ; et comme en outre il écrivait ou

_____

(1) Le vaisseau *le d'Hautpoul*, sur lequel était embarqué M. Legris-Duval, en 1808, fut, après un rude combat, pris par les Anglais. Pendant l'action, M. Legris se montra admirable pour nos blessés, et, plus tard, pour ceux mêmes de l'ennemi. Conduit à la Nouvelle-Ecosse, il fut employé avec un de ses collègues, M. Mercey, dans un hôpital d'Halifax, à traiter les malades. Beau privilége de notre profession qui fait que, partout et dans toutes les situations, nous pouvons, nous autres médecins, nous rendre utiles ; car notre première patrie, c'est l'humanité. Pendant son séjour à la Nouvelle-Ecosse, M. Legris fut atteint d'hémoptysies répétées, qui le firent considérer comme phthisique. Il fut en conséquence renvoyé en Europe et rendu à son pays.

dictait ses prescriptions en latin, nous le trouvions *rococo* au super-latif.

Pourtant il y eut, quelques années plus tard, un incident qui re-haussa singulièrement M. Taxile dans notre estime. Un enseigne de vaisseau, garçon superbe et Corse d'origine, se trouvait dans le service des blessés avec une tumeur du creux du jarret, considérée comme anévrismale par le chirurgien en chef qui n'était plus M. Delaporte. Ce chef voulait en conséquence pratiquer la ligature de la crurale, et il réunit les chirurgiens de première classe, afin d'avoir leurs avis avant d'opérer. Tous opinèrent dans le sens du chef. Seul, M. Saint-Vincent éleva des doutes sur la nature de la tumeur et se montra jusqu'au bout opposé à l'opération. Son avis ne prévalut pas, comme on pense. La crurale fut liée très-correctement au lieu d'élection ; des accidents survinrent les jours suivants et entraînèrent la mort. A l'amphi-théâtre, on trouva, au lieu de l'anévrisme diagnostiqué, une tumeur de nature bénigne, avec laquelle le jeune officier aurait pu vivre bien des années. Elle siégeait au-dessus de l'artère poplitée qui lui trans-mettait les battements par lesquels on avait été trompé. A partir de ce jour, nous eûmes le plus profond respect pour le latin de M. Taxile Saint-Vincent.

La fermeté mise par M. Saint-Vincent à soutenir son opinion nous avait d'autant plus frappés que par son ton et ses manières il formait con-traste avec un de ses collègues qui, tout en affectant, lui, la rudesse et les allures d'un vieux loup de mer, se trouvait toujours de l'avis du chef influent. Dans la plupart des situations, pour ne pas dire dans toutes, la première qualité du médecin est la conscience qui, seule, donne l'indépendance vraie, bien différente de l'esprit d'opposition et du souci de la popularité.

Vers 1824, voici à peu près en quoi consistait l'enseignement donné dans l'école de Brest.

Le second chirurgien en chef, M. Mollet, faisait deux leçons chaque année, sur les généralités de la médecine opératoire, et il s'arrêtait après cet effort jusqu'à l'année suivante.

Un seul cours était fait avec une scrupuleuse exactitude : celui d'a-natomie. Le professeur, M. Mougeat, possédait à fond l'objet de son en-seignement ; mais il l'exposait d'un ton monotone qui ne captivait pas l'attention.

Bien loin était-il cependant d'égaler en puissance narcotisante certain éminent professeur d'anatomie de la Faculté de Paris qui, malgré sa science réelle, donnait ses leçons dans le grand amphithéâtre de l'Ecole en présence d'une douzaine d'auditeurs au plus. Chose d'autant plus étrange, que ce même M. Breschet (on peut le nommer sans faire tort à sa mémoire) était un homme agréable à entendre causer dans un salon, et qu'il y débitait même avec chaleur et succès des tirades de nos poëtes classiques.

J'allais oublier de mentionner un troisième cours qui se faisait à l'école de Brest, il y a quarante ans : c'était celui de chimie, dont le pharmacien en chef, M. Grime, était chargé. Mais, indépendamment de l'air apathique et de la froideur glaciale du professeur qui n'étaient pas propres à lui attirer la foule, il n'y avait pas pour nous autres, dans cette science, complétement omise dans le programme de nos concours, un intérêt assez direct pour nous engager à en suivre l'enseignement.

En résumé, cette école de médecine de Brest (les choses je le répète, ont bien changé depuis) ne méritait guère alors le titre d'école. Elle renfermait cependant sur un personnel assez restreint un groupe de débutants d'une certaine valeur.

III. La fleur de l'École de Brest en ce temps-là.

C'était, en première ligne, Kérouman, l'homme universel qui a étonné les forts de l'Ecole de Paris par l'étendue et la variété prodigieuse de ses connaissances, ainsi que par la verve sans égale de son esprit caustique : Kérouman, dont un juge compétent et mûr, peu susceptible de se laisser duper par l'illusion, le spirituel et judicieux rédacteur en chef de l'Union médicale, M. Amédée Latour, disait, il y a une couple d'années, dans une de ses causeries :

« Qui a connu Kérouman a connu une encyclopédie vivante. Ce jeune homme, il avait 30 ans à peine, savait tout, dissertait sur tout, et avec une abondance, une facilité, un style pittoresque et imagé qui nous tenaient tous suspendus à ses lèvres. Et quel esprit! mais mordant, caustique, emportant la pièce et laissant son contradicteur sur le carreau. Que de belles, doctes et spirituelles soirées Kérouman nous faisait passer au café Procope! On se réunissait là pour l'entendre, pour l'exciter, pour le contredire quelquefois, et alors il devenait superbe; son ironie prenait les proportions d'une éloquence accablante; jamais orateur ne fut plus pénétrant et plus incisif.

« Imprudents que nous étions! cette intelligence prodigieuse se consumait dans son activité même (1). »

---

(1) Union médicale, 31 mai 1863.

Et le docteur Simplice ajoutait que l'infortuné Kérouman, atteint de manie quelques années plus tard, avait succombé à une paralysie générale, au milieu des fous de Bicêtre.

Ce dernier point seul est inexact. Mort à la vie intellectuelle, ou du moins à la raison depuis vingt-cinq ans et plus, Kérouman végète encore aujourd'hui dans la maison impériale de Charenton. A titre de pharmacien de 1re classe de la marine, il a été transféré dans ce dernier établissement sur la demande du ministre qui, mû par un sentiment d'humanité et de justice, a considéré la démission de Kérouman comme non avenue, ayant été donnée à une époque où il ne jouissait déjà plus de son libre arbitre.

En 1823, Kérouman, élève en pharmacie, ou plutôt pharmacien de troisième classe à l'hôpital de la marine de Brest, dans sa curiosité universelle de science, fréquentait presque autant l'amphithéâtre de dissection que le laboratoire de chimie, où il gouvernait, en dépit des règles hiérarchiques, par l'ascendant du savoir. Il dévorait avec non moins d'avidité et de fruit un livre de Monge, de Biot ou de Laplace qu'un traité de chimie de Thénard ou de pharmacie de Guibourt. L'histoire et la littérature ne lui étaient pas moins familières que la science. Au physique, Kérouman n'était pas ce qu'on appelle un joli garçon, et il n'avait aucun souci de le paraître, étant toujours resté, si je ne me trompe, assez indifférent aux choses de la galanterie. Taille courte, un peu épaisse, forte encolure, tête grosse, à prédominance sincipitale, chevelure lisse d'un noir de jais, yeux vifs surmontés de sourcils bien arqués, menton saillant à fossette, lèvres minces bien dessinées, narines mobiles, ajoutant à l'expression de la physionomie : voilà à peu près Kérouman. Par l'ensemble des formes et des traits, il offrait avec le plus haut dignitaire du corps, en ce temps-là, une frappante ressemblance qui était commentée dans un sens peu respectueux pour l'axiome juridique : *Pater est quem nuptiæ demonstrant.* Le père apocryphe se comporta, d'ailleurs, sur la fin de sa vie, d'une façon assez peu paternelle envers ce fils, rude d'écorce, il est vrai, et réfractaire à toute direction, mais qui avait l'étoffe d'un homme de génie, et qu'un fatal concours de circonstances, par-dessus tout, suivant moi, le manque d'emploi de ses exubérantes facultés, conduisit déplorablement à la folie. Tel était, par son organisation cérébrale, prédestiné pour la gloire, qui faute de rencontrer et de pouvoir suivre sa voie, s'achemine vers les Petites-Maisons. Et voilà comment génie et folie se côtoient assez souvent, soit dit sans préjudice de bonnes réserves contre la thèse paradoxale de M. Moreau (de Tours).

Après Kérouman venait son rival dans les concours de pharmacie,

Langonet, esprit plus tempéré, moins robuste et moins large, qui concentrait ses forces sur les études professionnelles.

En médecine et en chirurgie, c'était Camescasse. pétillant de verve et d'esprit, qui, sans avoir tenu tout ce qu'il semblait promettre, s'est. cependant distingué dans le poste de médecin sanitaire à Smyrne.

C'était Berdelot, auquel peut s'appliquer aussi pareille remarque, Berdelot, par qui j'ai entendu, pour la première fois, soutenir, dans nos causeries encyclopédiques, la fameuse loi de Malthus, la progression *géométrique* de la population en regard de la progression simplement *arithmétique* des subsistances : théorie contre laquelle mon sentiment se révoltait, et que dès lors je combattais d'instinct.

C'était Adolphe Lemaout (de Saint-Brieuc), frère puîné du docteur Emma Lemaout, l'ancien préparateur du cours de botanique d'un savant et charmant professeur de la Faculté de Paris, M. Achille Richard, et professeur lui-même on ne peut plus goûté dans nos premières institutions de demoiselles, où il enseigne avec un art et un tact exquis tout ce qu'il est permis d'apprendre de l'histoire naturelle aux jeunes personnes. M. E. Lemaout a même publié, à l'usage de ses élèves, un cours de botanique où la feuille de vigne est appliquée à la sexualité des végétaux, tant on appréhende l'effet des indiscrétions de dame Nature sur ces virginales imaginations ! Mais Adolphe Lemaout était par le caractère tout l'opposé de son aîné. C'était le plus batailleur et le plus taquin des élèves de l'Ecole de Brest, d'une causticité redoutée des plus forts, et toujours en querelle avec ses camarades et avec l'autorité. Quel contraste entre lui et son nom, *maout*, en langue bretonne, mouton ! Sa mauvaise tête l'envoya mourir, à 24 ans, dans je ne sais quelle colonie, chirurgien d'un bâtiment négrier. Tous ceux qui l'ont connu ont gardé de ce diabolique esprit un profond souvenir.

C'étaient encore, avec Dauvin qui rachetait par la volubilité du débit et par l'abondance des paroles ce qui pouvait lui manquer du côté du fond, l'indolent Golias, très-piquant quelquefois avec son air de saint N'y touche; Salva l'aîné et Sagot, deux bonnes lames à l'occasion. Esprit non moins vif que les meilleurs entre ceux qui précèdent, mais plus circonspect, et par cela même réservé à une meilleure destinée que la plupart de ses compagnons, Charruau, déjà cité, tenait au besoin sa partie dans les assauts de parole qui se livraient dans les cours, dans les amphithéâtres et autres dépendances de l'hôpital Saint-Louis et de l'hôpital Brûlé : Charruau dont Paris a pu et peut encore apprécier les qualités à la fois brillantes et solides, homme du monde parfait en même temps qu'excellent confrère, médecin recherché surtout par l'aristocratie des hauts fonctionnaires.

Il y a aussi à signaler — Hombron (augmentatif de *hombre*, l'homme, en espagnol), homme en effet charmant de manières et à tous égards, qui fut le compagnon et le médecin de l'amiral Dumont-Durville dans son dernier voyage autour du monde, et qui a rédigé la partie de la relation concernant l'anthropologie : mort, il y a quelques années à Brest, où je l'avais revu, en 1850, chirurgien-major du vaisseau-école le *Borda;*. — parmi les survivants, Toussaint (de Lannion), brave cœur et joyeux compagnon partout, toujours;—Panaget, moins expansif avec les mêmes qualités de fond : médecin des épidémies de l'arrondissement de Brest, il a fait, en 1849, de judicieuses remarques sur certaines circonstances qui favorisaient ou qui entravaient la propagation du choléra parmi les personnes des familles rurales dans lesquelles l'épidémie s'était déclarée; — enfin les élèves Lequerré, Benoist, qui arrivaient du lycée de Rennes, en 1823, ayant fait rafle des prix de fin d'année : tous deux exercent avec distinction la médecine, le premier à Nantes, le second à Guingamp, où il est adjoint au maire.

J'en passe et plus d'un présent encore à mon souvenir. Cependant il y aurait de ma part une sorte d'ingratitude si j'omettais dans cette revue rétrospective le beau Constantin Robillard, comme on l'appelait, mon voisin de mansarde à mon arrivée à Brest et mon initiateur en beaucoup de choses. Mais tandis que je logeais dans un trou à rats éclairé par une fenêtre à coulisse, Robillard possédait, sur le même palier que moi, une ample pièce où il se permettait quelquefois d'offrir un thé à messieurs du théâtre, au ténor, au baryton, avec lesquels il rivalisait lui-même par sa voix étendue et d'un timbre admirable, au jeune premier du Vaudeville, Charles Raucourt, qui a eu plus tard une certaine vogue sur les scènes de Paris. L'élève Robillard hantait plus volontiers les coulisses que les cours et que l'amphithéâtre de dissection. Il allait aussi dans le monde, étant neveu du maire de la ville, M. de la Marte, qui recevait toutes les semaines. Hélas! il a fini tristement dans une maison de santé de Picpus, sous le coup d'une affection cérébrale, cet ancien compagnon de rêveries plus encore que de folies juvéniles.

Telle était il y a quarante ans, y compris Marcellin Duval, directeur actuel du service de santé à Brest, dont le rang, dans la science et dans la hiérarchie, donne suffisamment la mesure (mais ils étaient, Emile Chevé et lui, les *sages* que rien ne pouvait distraire de l'étude, bons enfants toutefois, et à ce titre aimés de tout le monde); — telle était, dis-je, il y a quarante ans, la fleur de l'Ecole de médecine navale de Brest.

Je ne mentionne pas Eugène Sue, qui ne fit qu'une apparition dans la marine comme chirurgien auxiliaire, le temps de prendre les types de Grain-de-Sel et de ses autres héros maritimes; ni Casimir Forget, qui appartenait au port de Rochefort, mais qui, en attendant de devenir l'éminent professeur de la Faculté de Strasbourg, pendant un de ses séjours à Brest, tournait galamment le madrigal à la louange des belles danseuses du Lycée. Ainsi se nommait un bal par souscription qui réunissait toute la société brestoise, depuis la femme et la fille de l'amiral préfet maritime jusqu'aux dames du haut commerce et des modestes employés de l'administration.

J'aurais encore à citer ici, quoique venu un peu plus tard à l'Ecole de Brest, Romand qui, bien jeune encore, fut un des collaborateurs de Lamennais au journal l'Avenir et l'auteur de quelques pièces de théâtre historiques dont une entre autres, *le Bourgeois de Gand*, obtint un légitime succès : (inspecteur général des établissements de bienfaisance depuis plusieurs années, M. Romand vient d'être nommé membre du comité consultatif d'hygiène et du service médical des hôpitaux); Ducoux, dont le nom et les actes comme membre de la Constituante de 1848, comme préfet de police et comme directeur de la compagnie des Petites-Voitures ont acquis une notoriété qui dispense de toute autre mention sur son compte ; le docteur Louis Lebreton, de Pleyben, l'un des députés du Finistère à la même assemblée, homme d'autant de sens que de modestie, qui, porté un moment à la vie politique par l'estime de ses concitoyens, a repris sans aucun regret son utile carrière de médecin de campagne, aidé maintenant par un de ses fils reçu docteur à Paris il y a trois mois.

Mais je vais oublier, si je n'y prends garde, que j'en étais à l'an de grâce 1823 et à mes gais et insouciants camarades de ce temps-là.

IV. Les joutes de parole. — L'amphithéâtre de dissection.

Trois surtout d'entre ceux que j'ai nommés en premier lieu, portés naturellement au sarcasme et pétris de *cabaliste*, comme on dirait entre disciples de Fourier, Adolphe Lemaout, le plus agressif de tous incomparablement, Kérouman et Camescasse avaient journellement entre eux des prises de bec, des joutes de paroles, qui étaient d'un attrait irrésistible. Quand il s'engageait une passe d'armes entre ces jeunes preux de la *blague* (si l'on veut me passer la trivialité du mot, mais blague relevée par la nature ordinairement scientifique du point de départ et du fond de la discussion), nous faisions cercle autour des champions, nous autres *vulgi stante corona*. Je n'ai, pour ma part, jamais rencontré depuis langues mieux affilées, ni plus promptes et plus sûres à la riposte. Les bonnes bottes que nous admirions là, portées, parées ou reçues bravement ! Piqué au jeu de plus en plus, chaque tenant faisait usage de toutes ses ressources, soit pour l'attaque, soit pour la défense. De ces jeunes cerveaux mutuellement excités jaillissait, coup sur coup, l'étincelle. C'était un feu roulant de bons mots. Que d'esprit, et du meilleur, prodigué *ad majorem risum et plausum* de la galerie!

C'était quelquefois à l'amphithéâtre de dissection que ces escarmouches s'engageaient, autour de la table de pierre sur laquelle gisait étendu le cadavre (le sujet) livré à nos scalpels.

Les gens qui croiraient qu'un tel lieu doit tourner l'esprit aux sombres pensées se tromperaient grandement sur l'effet qu'il produit chez ceux qui ont l'habitude de le fréquenter. Il semble qu'on ait instinctivement besoin de chasser l'influence qui pourrait naître du lugubre spectacle qu'on a devant les yeux. Au lieu de prendre le ton des *Nuits d'Yung*, la conversation à l'amphithéâtre, dans les intervalles de repos qui séparent les séances d'étude et de travail, la conversation, j'en ai plus d'une fois fait la remarque, tend plutôt à la gaieté, à la facétie, aux anecdotes plaisantes ou graveleuses; les cancans y ont leur cours autant et plus qu'ailleurs peut-être; il semble, en un mot, qu'on recherche tout ce qui fait contraste avec le milieu dans lequel on se trouve et avec les objets dont on est entouré. La folle du logis fait des siennes, même en présence de ces restes inanimés qui furent des humains comme nous, qui eurent aussi leurs tressaillements de joie, leurs éclairs de bonheur, leurs jours de fêtes et de plaisirs!..

Là, chacun d'ailleurs apporte ses préoccupations habituelles, et l'on sait assez quelle est, en dehors du souci anxieux des examens à passer, la préoccupation dominante d'adolescents qui, comme les étudiants en médecine ou en droit, fraîchement émancipés de la tutelle du collége et de la famille, se sentent pour la première fois la bride lâchée sur le cou.

Jusque dans la froide enceinte du vieil amphithéâtre de l'hôpital *Brûlé* vous poursuivait quelquefois la souriante image de jeune fille qui avait frappé vos regards au dernier bal de la préfecture ou à la messe militaire de midi, ou bien encore à la promenade du dimanche sur le cours d'Ajot. Plus d'un sonnet à Laure ou à Sabine fut ébauché et, faut-il le dire? plus d'un refrain égrillard rencontré, pendant que la pointe du scalpel suivait le parcours d'un filet nerveux ou mettait à découvert une anastomose. Anastomose! un mot charmant à transporter de la langue de l'anatomie dans celle des amours. Les extrêmes se touchent; c'est bientôt fait aux imaginations de vingt ans de jeter un pont idéal entre une salle de dissection et le paradis de Mahomet.

Ceci me remet en mémoire une exclamation naïve du commissaire (commis aux revues) du premier bâtiment sur lequel je fus embarqué. « Ah! ça, nous demandait un jour M. Mailleux (ne pas confondre avec le bossu fameux de ce temps-là; indépendamment de la différence orthographique des noms, le Mailleux dont je parle était un grand gaillard blond de près de six pieds de haut, droit comme un I, et qui se trouvait très-mal à son aise dans l'entrepont de la corvette *le Rhône*, où il était obligé de marcher plié en deux ; aussi se plaignait-il qu'on eût construit nos navires pour des nabots).— Ah! çà, nous demandait donc, je ne sais plus à quel propos, à un collègue et à moi, M. Mailleux, notre commissaire, comment, vous autres médecins qui en disséquez, des femmes, pouvez-vous encore, après, avoir le cœur de les aimer? »

Cela ne dégoûte de rien, mon brave commissaire ; la preuve en est surabondamment faite. Les attractions naturelles ne se laissent pas dérouter, ni déconcerter pour si peu. Depuis des milliers d'années qu'on prêche contre elles, voyez un peu ce qu'on a obtenu! Paris, le Paris de nos jours, vaut, dit-on, Babylone (M. E. Pelletan a fait un livre éloquent pour le démontrer) ; Babylone, en fait de mœurs, ne valait guère moins que Rome, la Rome des Césars ou même des papes, à votre choix. Il en faut donc prendre son parti malgré les respectables protestations de la morale, et se résigner à dire avec Béranger :

> Tant qu'on le pourra,
> Larirette,
> On se damnera,
> Larira.

Reste tout entière la question de *loyauté* et de *dignité* des rapports entre les deux sexes ; c'est là la seule et vraie question. Il faudrait, d'une part, pouvoir garantir à l'homme la *probité du flanc* dont, en qualité d'époux, il accepte de contre-signer et de prendre à sa charge les produits éventuels ; il faut, d'autre part, mettre la femme, toutes les femmes, entendez-vous, à l'abri des tentations de la vénalité. A ces deux conditions vous aurez des mœurs honorables, sans qu'il soit besoin de tant de prêcheurs de morale. — Du moment que dans les unions le sordide intérêt joue un rôle, et le principal rôle souvent, il entache le lien, même légal. Il y a là dès lors, au dire de certains critiques indiscrets de nos coutumes, il y a, prétendent-ils, de la *prostitution* à un certain degré ; c'est comme si un grain de *stercus diaboli* se trouvait mêlé au pur encens des cassolettes nuptiales. Ce vice des unions intéressées, vice de plus en plus général chez nous, car il s'étend depuis la ferme et l'atelier jusqu'aux plus hautes régions du monde aristocratique, voilà une cause de dégénérescence de l'espèce que je signale en passant à mes collègues de la Société d'anthropologie. *Virtus post nummos;* la vigueur morale et physique, l'intelligence, la grâce et la beauté ne venant que bien loin après les écus, les billets de banque, les maisons et les terres dans les motifs déterminants des mariages, c'est une sélection à contre-sens qui compromet les plus précieux intérêts de l'humanité. Celui qui

chassera les marchands des abords du temple de l'hymen aura bien
mérité des générations futures. Un jour viendra, il faut l'espérer, où
cesseront, en fait d'unions amoureuses et conjugales, les traités de commerce, soit au grand jour par-devant notaire, soit dans l'ombre par
l'entremise de mesdames les vendeuses à la toilette. Voilà du moins un
de mes rêves pour nos arrière-neveux et nièces. Il est vrai que je suis,
moi, un fier utopiste, poussant l'extravagance jusqu'à croire au travail
attrayant, aux armées industrielles, à la domesticité passionnée, à la
prédominance future de l'hygiène sur la thérapeutique, à la rétribution
de la *série* ou corporation médicale en raison du maintien de la bonne
santé des clients, non d'après le nombre et la durée de leurs maladies, etc., etc.

Où diable peut vous conduire cependant un propos à la Thomas Dia-
foirus, ce galant prédécesseur en dissertation sur la nécroscopie féminine?

Pour revenir à notre amphithéâtre de dissection de l'hôpital *Brûlé*, où
l'on ne travaillait que sur le genre masculin, je dirai que, faisant infidé-
lité aux laboratoires de chimie et de pharmacie, là Kérouman se retrouvait souvent avec nous, le scalpel à la main, non moins ferré sur la distribution d'une artère ou d'un nerf que nous autres, de la chirurgie et
de la médecine, qui étions tenus d'étudier l'anatomie pour nos concours. L'anatomie faisait le fond et l'objet principal des épreuves pour
les grades inférieurs.

V. Kérouman au café Lambert, racontant la bataille de Waterloo.

Cet étrange garçon ne brillait pas seulement dans la discussion et
dans ces pugilats de la parole que je rappelais il y a un instant. Qu'on
le mît sur un sujet quelconque de science, d'histoire, ou même de
littérature, il l'exposait avec une clarté, un ordre, une chaleur, une
compétence qui étonnaient les hommes les plus au courant de la matière traitée. J'ai entendu Kérouman un soir, au café Lambert, à Brest,
raconter la bataille de Waterloo, avec tous les incidents de la fatale
journée, de manière à captiver toute l'attention du baron Lacrosse qui
se trouvait au nombre des auditeurs. et qui avait pris part à la bataille
comme officier de cavalerie. L'homme du métier, l'un des témoins et
acteurs de ce grand drame de guerre, dernière scène de l'épopée impériale, trouvait peu à reprendre dans le récit détaillé et dans les
appréciations hardies du jeune pharmacien, s'érigeant ainsi en straté-
giste, comme le fit plus tard M. Thiers, *si parva licet componere
magnis*, et s'il est permis de rapprocher un pauvre fou du célèbre
historien de la Révolution et de l'Empire.

VI. Estime du baron Lacrosse pour Kérouman; son intervention quand éclata la folie de ce dernier.

Depuis cette époque, et pour d'autres raisons, d'ailleurs, qui lui avaient donné une haute idée du mérite de Kérouman, M. Lacrosse garda toujours pour lui de l'estime et un affectueux intérêt.

J'en eus la preuve au moment même où, vingt ans plus tard, éclata en plein la folie du malheureux Kérouman qui, depuis quelque temps déjà, donnait des signes trop certains de déraillement intellectuel.

Le logeur de la petite rue de Touraine (aujourd'hui rue Dupuytren), chez lequel avait habité Kérouman depuis son arrivée à Paris en 1829, et qui lui était sincèrement attaché, ne l'ayant pas vu rentrer de toute une nuit, se mit en quête de son locataire, dont il connaissait les excentricités de jour en jour plus marquées. A la préfecture de police on lui apprit que Kérouman avait été arrêté dans le jardin des Tuileries, pendant qu'il se livrait à une apostrophe véhémente devant la statue de Spartacus.

Cet homme, connaissant ma liaison avec Kérouman, vint m'apprendre ce qui était arrivé. Je me rendis aussitôt chez M. le baron Lacrosse qui, bien que député de l'opposition, appartenant au centre gauche de la chambre, jouissait d'une assez grande influence, afin de le prier d'intervenir pour faire placer Kérouman dans un établissement convenable. Le pauvre aliéné n'appartenait plus à la marine, avec laquelle il avait rompu tout rapport; il avait épuisé ses dernières ressources dans un voyage en Égypte, entrepris sous l'empire de préoccupations maniaques, se rattachant au magnétisme.

N'ayant pas trouvé M. Lacrosse, je lui laissai quelques mots pour expliquer le motif de ma visite. Dès qu'il rentra chez lui, l'honorable député de Brest accourut, rue de Tournon 6, dans les bureaux de la *Phalange*, dont j'étais un des rédacteurs, offrant de faire en faveur de Kérouman toutes les démarches qui seraient nécessaires. Ce fut en effet sur la demande de M. Lacrosse, que le ministère de la marine plaça Kérouman dans l'établissement de Charenton, où il paya sa pension durant trois années. Mais l'état du malade ne s'améliorant pas, tout au contraire, on l'évacua sur Bicêtre, d'où il a été de nouveau retiré par l'intermédiaire du département de la marine et placé plus convenablement à Charenton, ainsi que je l'ai précédemment rapporté.

VII. L'engorgement intellectuel peut tuer ou rendre fou.

Il a été écrit à propos de Proudhon, par quelqu'un (M. Emile de Girardin, — mieux fait que personne pour comprendre le supplice d'une

telle situation), — que l'ancien rédacteur en chef du *Peuple* avait été
étouffé par son exubérante pensée et faute d'avoir un journal par lequel pût s'écouler incessamment le flot de sa puissante séve intellectuelle. On peut dire aussi de Kérouman qu'il ne serait pas devenu fou
s'il avait eu un laboratoire pour expérimenter et vérifier ses conceptions à mesure qu'elles se produisaient dans son cerveau toujours en
travail, et un amphithéâtre pour y faire des cours de chimie ou de
quelqu'une des autres sciences qu'il avait approfondies comme en se
jouant. — Rien de plus facile, dira-t-on, que de trouver à Paris un
laboratoire, une salle, et d'ouvrir des cours. C'est vrai ; mais cela
exige encore quelques démarches, quelques préparatifs matériels et
quelques arrangements dont les hommes de la trempe de Kérouman
sont souvent incapables. Il eût fallu que quelqu'un se chargeât de tous
ces préliminaires et que, plaçant d'emblée l'homme de science au
milieu des objets exigés pour ses recherches, le professeur-né en face
d'un auditoire, il lui dît : Maintenant, à l'œuvre ! découvrez et enseignez !

Combien, dans cette hypothèse, la destinée de Kérouman eût pu
être différente de ce qu'elle a été ! Sa merveilleuse intelligence s'est
usée dans le vide ; son imagination s'est exaltée jusqu'au délire dans
les stériles excitations du café Procope.

Les déceptions qu'il avait éprouvées au sujet d'un nouveau mode de
salaison qu'il avait découvert pour les viandes de la marine, les mauvais tours qu'il prétendait qu'on lui avait joués pour faire manquer ses
expériences ou pour en dénier les résultats, n'auraient pas suffi pour
faire un fou d'un homme si admirablement organisé s'il eût eu des
occupations journalières et obligatoires en rapport avec ses aptitudes
et lui procurant les légitimes satisfactions d'amour-propre et de bien-
être auxquelles il pouvait prétendre.

Vain regret ! La société n'est pas encore, il s'en faut, constituée de
manière à tirer parti, pour son propre avantage et pour le plus grand
bien de ses membres, des aptitudes diverses qu'offre chacun d'eux. De
là il résulte que les plus précieux dons de la nature, non-seulement ne
sont pas utilisés dans l'intérêt commun, mais que souvent encore ils
tournent à la perte de celui qui les avait reçus : témoin Kérouman à
Charenton !

Nul certes, il y a quarante ans, n'eût présagé au jeune homme qui
passait alors, dans l'opinion générale, pour la tête la mieux organisée de
tout le personnel de la marine ; nul, dis-je, n'eût présagé pour Kérouman
la triste fin que le sort lui réservait.

Il reste encore à esquisser quelques traits de cette physionomie si
accentuée.

VIII. L'engouement napoléonien sous la Restauration.

J'ai laissé Kérouman au café Lambert, par une soirée de l'hiver de 1825, ou plutôt sur le champ de bataille de Waterloo, nous retraçant toutes les péripéties de la sanglante journée qui engloutit définitivement la fortune de Napoléon.

Une autre fois, à propos de la campagne de Russie, Kérouman partait d'un incident de conversation pour nous exposer à fond le pour et le contre de la polémique alors célèbre et *passionnante* qui s'était élevée entre le comte de Ségur et le général Gourgaud, l'un des compagnons d'exil du prisonnier de Sainte-Hélène. Kérouman, comme de juste, se prononçait en faveur du second, mais non pas sans tenir compte des raisons produites par le premier. Il n'épousait pas jusqu'à l'aveuglement l'engouement napoléonien de cette époque. En haine de la Restauration, l'enthousiasme pour le grand empereur s'était réveillé. De ses fautes, de son entêtement orgueilleux qui avait amené deux fois l'invasion de la France, personne ne s'en souvenait plus; les mères elles-mêmes avaient comme oublié leurs griefs contre le conquérant si prodigue du sang de leurs fils. On multipliait partout ses images; on portait toutes sortes de bijoux à son effigie; des épingles terminées par le petit chapeau légendaire; des bagues, des broches contenant des cheveux vrais ou apocryphes du héros. Il suffisait d'une certaine mimique de Talma, rappelant quelque peu Napoléon, pour donner la vogue à une tragédie plus que médiocre, telle que le *Sylla* d'Arnault. Jouée à Brest par Ligier, la pièce y avait été applaudie avec transport. Je me rappelle qu'en ce temps-là un jeune homme (M. Bizet), qui, depuis, a été maire de la ville, nous déclamait des tirades à l'imitation de Ligier, entre autres le monologue de Sylla qui finit par ce vers :

> J'ai gouverné sans peur et j'abdique sans crainte.

C'était bien le cas de dire avec un autre poëte : Rome n'est plus dans Rome. On voyait partout des allusions à l'héroïque empereur que venaient de tuer le climat et l'indigne captivité de Sainte-Hélène. A ses poëtes, à ses écrivains, à ses artistes, la France entière semblait dire, comme à la grand'mère les jeunes filles, dans la chanson de Béranger :

> Parlez-nous de lui, parlez-nous de lui !

Le *Mémorial de Sainte-Hélène* était, par nous autres jeunes gens, pieusement dévoré, et tout ce qu'y rapporte Las Cases tenu pour parole d'Évangile : cette lecture nous remplissait tour à tour d'indignation et d'attendrissement sur le martyre du grand homme, trahi dans ses généreux desseins, et par la fortune et par tant de gens qu'il avait comblés de ses bienfaits.

Comme indice caractéristique de l'esprit qui dominait alors et qu'on a baptisé depuis du nom de *chauvinisme*, je mentionne les tours de force de mémoire d'un de mes condisciples du collège de Saint-Brieuc, qui était venu, en même temps que moi, étudier la médecine à Brest. C'était Pichorel, aujourd'hui et depuis trente ans l'un des praticiens réputés du Havre. Pichorel s'était logé dans la tête toute la compilation intitulée : *Victoires, conquêtes des Français.* S'il était question d'un trait relatif à quelqu'un des généraux de la République et de l'Empire, si l'on voulait savoir la date d'un siège ou d'un combat, on pouvait s'adresser en toute assurance à Pichorel; il avait toujours la réponse prête. Pichorel était un répertoire ambulant de la période révolutionnaire et impériale de notre histoire (1).

L'enseignement médical faisant défaut, chacun de nous cherchait, suivant ses goûts, un aliment à sa curiosité intellectuelle.

IX. La Carotte. — Un remède contre la passion du jeu. — Papavoine.

Il y a quarante ans, un pont monumental n'unissait pas à Brest proprement dit l'autre partie de la ville située sur la rive droite de la Penfeld et connue sous le nom de Recouvrance. On passait de Brest à Recouvrance en traversant l'avant-port dans des bateaux grossiers. Une fois le port militaire fermé à onze heures ou minuit, il n'y avait plus de communication entre les deux villes. Kérouman habitait Recouvrance; lorsqu'il s'était laissé attarder par quelque récit ou par quelque discussion jusqu'après l'heure à laquelle cessait la circulation des bateaux de passage, il se voyait obligé de prendre l'hospitalité pour la nuit chez quelqu'un de ses camarades. C'est ainsi qu'il partagea plus d'une fois le lit de ma petite chambre garnie de la rue de Siam.

Une autre cause encore, il faut le confesser à notre honte, amenait quelquefois ces prestations d'hospitalité. Il y avait alors, à Brest, un café dans lequel s'était établie, sous le nom de la *Carotte*, une partie d'écarté où les parieurs étaient admis. Là, des mineurs mêmes, tels que l'étaient plusieurs d'entre nous, pouvaient exposer des sommes relativement considérables. Or Kérouman et son biographe actuel étaient l'un et l'autre, celui-ci plus que celui-là, enclins à l'essor *subversif* de l'esprit de rivalité et d'intrigue qui constitue, suivant Fourier, la passion du jeu.

---

(1) Depuis que ceci était écrit, mon ancien camarade, Pichorel, a été nommé chevalier de la Légion d'honneur en récompense de ses services comme chirurgien de l'hôpital civil du Havre.

Cette passion ne se réveillait chez Kérouman que par intermittence. Il n'en était pas de même, je dois l'avouer, de celui qui passe en revue aujourd'hui ces souvenirs quarantenaires. La funeste passion lui causa plus d'une angoisse cruelle, et il ne fallut pas moins, pour l'en guérir radicalement, que la puissante diversion opérée sur son esprit par les théories sociales ou socialistes, comme on voudra les appeler, qui se produisirent au grand jour après la secousse de 1830. Qu'on dise encore que Saint-Simon et Fourier ne sont bons à rien! Pour moi, je leur ai une reconnaissance profonde, malgré quelque brèche faite à mon petit patrimoine et certains obstacles apportés, dit-on, par eux à mon chemin dans le monde. Je suis tout consolé dès longtemps de mon manque à parvenir; un petit grain de philosophie tient lieu de bien des choses.

Un des habitués du café dont j'ai parlé en dernier lieu était Papavoine, le héros ou plutôt la victime d'un des drames judiciaires de cette époque. Papavoine, alors commis de l'administration de la marine à Brest, fréquentait le café Raguénès, mais non pas pour y jouer. Il se tenait ordinairement seul et silencieux, dans un des coins de la salle, dominé déjà sans doute par la monomanie qui le poussa quelques mois plus tard à égorger sans motif deux jeunes enfants dans le bois de Vincennes. Les débats de cette affaire, à laquelle on voulut rattacher quelque intention d'assassinat politique, et qui se termina par une condamnation à mort et par une exécution, étaient lus à Brest avec une avide curiosité, par ceux-là surtout qui avaient connu Papavoine. La médecine légale interviendrait aujourd'hui, avec plus de chances de succès probablement qu'en 1824, pour la protection d'un accusé présentant les mêmes conditions intellectuelles que le meurtrier des enfants du bois de Vincennes. On ne saurait trop se mettre en garde contre les fous; ils sont dangereux; ils causent trop souvent des malheurs horribles, mais ils ne commettent pas de *crimes*. Il ne faut ni les flétrir ni les tuer.

X. La bastonnade et sa pathologie. — Rognon, rogné; une exécution au bagne.

Pendant que j'étais élève à l'École de Brest, je fus employé alternativement dans les services de fiévreux et de blessés de l'hôpital Saint-Louis, consacrés aux militaires, marins et ouvriers du port, et dans les services correspondants de l'hôpital du bagne. Parmi les blessés de ce dernier hôpital se trouvaient communément quelques victimes de la bastonnade qui s'administrait alors aux condamnés pour diverses fautes. Les lésions résultant de l'application de vingt-cinq ou de cinquante coups de corde sur le dos, qui ne semblaient dans les premiers moments que des contusions peu graves, se convertissaient, les jours suivants, en escarres qui donnaient lieu à des dénudations étendues et à des plaies profondes dont la cicatrisation exigeait quelques trois mois, six mois et même plus de traitement à l'hôpital. La question d'humanité mise à part, je ne pouvais m'empêcher de trouver un peu étrange que la décision d'un commis de l'administration ou même d'un commissaire nous imposât des pansements si prolongés, en même temps qu'elle mettait à la charge du Trésor la dépense de tant de journées d'hôpital substituées à un nombre égal de journées de travail.

Un jeune forçat de 23 ans, qui était employé dans les bureaux, reçut un jour par l'ordre du commissaire du bagne, on ne sait pour quel manquement, un si grand nombre de coups et si vigoureusement appliqués que, apporté à l'hôpital, crachant le sang à pleine bouche, il y succomba dans la nuit. A l'autopsie, nous trouvâmes tous les muscles de la partie postérieure du tronc, depuis la nuque jusqu'aux fesses et au haut des cuisses, réduits en bouillie noirâtre, et la partie correspondante des poumons infiltrée de sang à une grande profondeur et désorganisée. Les causes de cet acte de sévérité restèrent un peu mystérieuses. Certains cancaniers aventureux allaient jusqu'à faire du jeune forçat un Roméo surpris en tentative de *criminal conversation*, ni plus ni moins qu'un lord chef du *foreign office*, le vieux Pam, par exemple. Quoi qu'il en soit de cette supposition, sans doute mal fondée, l'événement, quant au résultat, fut connu à Paris, et des ordres du ministre enjoignirent plus de modération dans l'emploi d'un châtiment qui pouvait si facilement aboutir à une peine de mort prononcée sans aucune des garanties d'un jugement régulier (1).

Parmi les condamnés que j'eus occasion de panser des suites de la bastonnade à l'hôpital du bagne, il se trouvait un homme d'une grande énergie qui, pour se venger d'un garde chiourme dont il croyait avoir à se plaindre, se précipita un jour sur lui, armé d'une paire de ciseaux avec laquelle il lui fit au cou des blessures graves, non toutefois mortelles. Ce forçat se nommait Rognon. Traduit pour cette tentative de meurtre devant le tribunal maritime dont les sentences relatives aux forçats s'exécutaient dans les vingt-quatre heures, lorsque le président, suivant l'usage, demanda à l'accusé son nom : « Aujourd'hui Rognon, demain *Rogné*, » répondit-il en portant la main derrière son cou et faisant le simulacre de l'action du couteau de la guillotine:

Ce qu'il annonçait eut lieu effectivement, et le lendemain, dans l'a-

---

(1) Il y a cependant encore eu, depuis, dans nos bagnes, des exemples de bastonnade ayant entrainé la mort.

près-midi, nous faisions, avec la pile de Volta, des expériences sur son chef et sur son tronc séparés l'un de l'autre et amenés, en dix minutes, de la place de l'exécution à l'amphithéâtre où un appareil d'une soixantaine de couples était tenu prêt à fonctionner. En voyant les grimaces expressives des diverses parties de la face sous l'excitation d'un courant électrique ; en voyant cette agitation, ces grands mouvements du corps se redressant presque sur son séant, on a peine à se persuader que toute vie soit éteinte et qu'il ne reste plus, dans cette tête particulièrement, aucune faculté de sentir. Les expériences avaient été préparées et elles étaient dirigées par un chirurgien auxiliaire, M. Bonnin, venu, comme Eugène Sue et quelques autres, de l'École de Paris.

L'exécution d'un forçat, cérémonie à laquelle je n'ai jamais assisté quoiqu'elle fût assez fréquente, offrait, assure-t-on, un spectacle des plus imposants. Tous les forçats étaient rangés en face de l'échafaud, à genoux, le bonnet à la main, sous les bouches de huit ou dix pièces d'artillerie chargées à mitraille, les canonniers à côté, mèche allumée au poing, pendant qu'un régiment de ligne, les armes pareillement chargées, se tenait formé en bataille devant cette masse agenouillée.

Sans avoir jamais recherché les émotions de ce spectacle, j'y ai cependant participé malgré moi. Je demeurais, lors d'une de ces exécutions, à l'angle de la rue de la Mairie et de la rue Fautras, rues que suivait la troupe pour se rendre à la place du bagne. Le régiment de service était précédé de sa musique, qui jetait dans les airs les sémillantes notes d'un joyeux morceau des partitions du *Barbier*, de la *Dame blanche* ou de *Fra Diavolo*. Peut-être, en ces circonstances, cherchait-on, en leur jouant ainsi les *allégros* du répertoire lyrique, plutôt que de leur faire entendre des motifs d'un caractère opposé, peut-être cherchait-on, dis-je, à distraire l'imagination des troupiers de l'idée du lugubre spectacle auquel on les conduisait. Quoiqu'il en soit, le contraste de cette musique exprimant, sous un soleil splendide (c'était par un magnifique jour d'été), les fêtes radieuses et les joies enivrantes de la vie, ce contraste, dis-je, avec la situation du misérable qu'un prêtre, en ce même moment, exhortait à la mort et qu'attendait l'échafaud dressé sous ses yeux ; ce contraste produisait dans l'âme une émotion des plus pénibles.

Combien, par bonheur, nos impressions sont en général fugitives ! De tous ceux qui, comme spectateurs obligés, ou à tout autre titre, avaient participé plus ou moins aux émotions que je retrace, lequel en passait moins gaiement sa soirée au théâtre, au café ou dans quelque réunion de plaisir ?

XI. Un mot sur l'expédition d'Espagne. — Retour de deux bataillons
de la garde par Brest.

Le temps que je passai à l'Ecole de médecine navale de Brest, soit
comme élève, soit comme chirurgien auxiliaire ou entretenu, fut marqué par trois grandes expéditions auxquelles la marine eut une part plus
ou moins large : l'expédition d'Espagne qui se terminait vers le temps
de mon arrivée à Brest; l'expédition de Morée en 1828, préparée par la
bataille imprévue de Navarin; enfin l'expédition d'Alger en 1830.

L'expédition d'Espagne avait rendu une certaine activité à notre marine militaire.

Malgré l'impopularité de la cause que nous allions soutenir dans la
péninsule ibérique, la guerre fut accueillie sans déplaisir par l'armée
et par la flotte, dont le personnel voit avant tout dans une guerre,
quelle qu'elle soit, une occasion de se distinguer, de gagner des grades
et des décorations. Je ne donne pas, bien entendu, cette remarque
pour un argument en faveur du maintien des grosses armées permanentes, qui ont bien aussi des inconvénients de plus d'un genre pour l'hygiène, au point de vue notamment de la normalité des fonctions
sexuelles et des conditions physiologiques de la reproduction humaine.
Par ce côté la question nous regarde, nous autres médecins : nous en
pourrions donc dire un mot, sans empiéter sur le domaine qui nous est
interdit. Mais ce n'est pas le lieu; je passe outre.

Pour concourir au but de l'expédition et seconder les opérations de
l'armée, qui était placée sous le commandement nominal du duc d'An-
goulême, il avait été formé deux escadres : l'une, dite escadre de l'O-
céan, était sous les ordres du contre-amiral Hamelin; l'autre ou escadre
de la Méditerranée, sous ceux du contre-amiral des Rothours. Mais,
avant la fin de l'expédition, le premier de ces officiers généraux tomba
en disgrâce, et M. Duperré fut envoyé pour prendre le commandement
en chef. Par suite de ces armements, presque tous les chirurgiens du
port se trouvèrent embarqués.

L'œuvre militante de la flotte ne fut pas d'ailleurs très-considérable.
La marine contribua cependant à la reddition de Cadix dont elle bloquait
la rade, et dont elle canonna quelques-unes des défenses. Un de nos vaisseaux (le Centaure) changea même son nom contre celui du fort de Santi-
Pétri, qu'il avait bombardé assez commodément, dit-on, sans beaucoup
d'avaries ni pour ses agrès ni pour le personnel de son équipage. M. le
baron Duperré fut nommé vice-amiral; mais la marine se trouva assez
mal partagée dans la distribution des récompenses, et le corps des
officiers de santé plus oublié que tous les autres.

Après la capitulation des cortès et le rétablissement de Ferdinand VII dans son pouvoir absolu (*rey neto*), deux bataillons de la garde royale rentrèrent en France par la voie de mer, et vinrent débarquer à Brest, ramenés sur les bâtiments de l'escadre, en même temps que la partie de l'infanterie de marine qui avait été employée à l'expédition.

On avait dressé un arc de triomphe pour la réception des troupes, et la ville offrit aux vainqueurs du Trocadéro un banquet dans la salle de spectacle : fête officielle à laquelle, malgré notre chauvinisme national, la population ne prenait aucune part, ni même la plupart des officiers et des fonctionnaires de la marine, si ce n'est par la souscription qui leur était à peu près imposée.

Ils étaient beaux cependant, et d'un aspect vraiment martial, ces corps de la garde, lorsque, avec leurs drapeaux lacérés et troués, le visage des hommes bronzé par le soleil d'Espagne, ils montaient du port en suivant la rue Royale, formés par sections, sous une pluie battante et froide de novembre ; car il semblait que le ciel de leur pays se mit de moitié avec l'opinion libérale pour faire mauvais accueil aux restaurateurs du roi Ferdinand. La besogne que notre armée venait de faire dans la péninsule était mauvaise sans doute à beaucoup d'égards ; mais elle l'avait bravement faite, comme toujours. Le *pourquoi* on se bat, ça ne regarde pas le soldat ; le *comment* seul est son affaire. Il y avait donc excès de sévérité et injustice de l'opinion envers nos guerriers revenant de l'expédition d'Espagne. Ils n'auraient pas mieux aimé, si l'on eût demandé leur avis, que de combattre sur le Rhin pour la cause libérale, ainsi que l'alternative en avait été posée au gouvernement de Louis XVIII, d'après certains aveux de ses propres organes dans les chambres.

XII. Don Miguel, puis dona Maria sont successivement reçus à Brest. — Lisbonne et Cadix, 1828. — Un mot des affaires de Portugal. — Comme quoi guerre et peste vont de compagnie. — Evacuation de Cadix.

Six mois plus tard, en mai 1824, don Miguel qui venait d'échouer dans une série de conspirations absolutistes contre son père, Jean VI, roi de Portugal, don Miguel arrivait inopinément en rade de Brest. Si peu édifiante que fût la tentative qui l'avait fait expulser de son pays, le prince fut reçu avec tous les honneurs, attributs de son rang. Il avait annoncé l'intention de débarquer le lendemain de son arrivée, à neuf heures du matin. Dès sept heures, la garnison tout entière était sous les armes. Par suite ou de quelque fantaisie de l'altesse royale ou d'arrangements à prendre, ou peut-être même d'un peu d'incertitude de sa part sur l'accueil qui l'attendait en France, l'Infant ne se décida à quitter la frégate qui l'avait amené et à se laisser conduire à terre dans un des canots de l'amirauté mis à sa disposition, que vers les trois heures de l'après-midi.

Des groupes de curieux, comme il y en a toujours en pareille circonstance, attendaient sur le quai du port le débarquement de l'altesse royale portugaise. On s'y entretenait des motifs, plutôt soupçonnés que bien connus encore, qui lui avaient fait quitter brusquement le Portugal. On savait, toutefois, que sa conduite n'avait pas été précisément inspirée par l'esprit du quatrième commandement de Dieu : *Tes père et mère honoreras.* La plupart n'épargnaient pas l'Infant à ce sujet. Comme chacun lui jetait la pierre, « que diable aussi, fit observer un avocat. beau hâbleur, les pères à présent sont immortels! » Or celui qui parlait de la sorte avait pour père un octogénaire enrichi dans la boulangerie, qui laissait bel et bien son fils, M. l'avocat, tirer le diable par la queue. Cette façon de plaider en faveur de don Miguel les circonstances atténuantes nous semblait, à raison de la situation de son défenseur d'office, une plaisanterie tant soit peu cynique.

D'après les ordres de Paris, on fit à l'Infant exilé une réception des plus solennelles. Il fut donné à l'hôtel de la préfecture maritime une grande soirée en son honneur. A son entrée dans les salons, don Miguel, suivant la coutume portugaise, alla présenter sa main à baiser aux dames : cette main, sur laquelle on aurait pu voir peut-être des taches de sang, car il passait pour avoir poignardé lui-même, ou fait poignarder sous ses yeux le marquis de Loulé, le plus fidèle serviteur de son père. La première dame vers laquelle se tendit la main de l'Altesse Royale la baisa non sans faire un peu la moue; la seconde n'approcha pas les lèvres jusqu'au contact; la troisième, enfin, fit semblant de ne pas comprendre dans quel but cette main s'avançait vers son visage. Visiblement contrarié du peu de courtoisie des dames françaises, et de leur manque de respect envers son auguste personne, don Miguel ne poussa pas plus avant la cérémonie du baise-main. Il honora, pendant une heure à peine, la fête de sa présence et se retira dans les appartements qu'on lui avait préparés, peu satisfait de son début sur la terre de France, qu'il jugea sans doute infectée de jacobinisme.

Le jour fixé pour le départ de l'Infant, toute la garnison prit de nouveau les armes et borda la haie, depuis l'hôtel Saint-Pierre, siège de la préfecture maritime jusqu'au delà des glacis. Don Miguel devait partir dans la matinée; mais, soit caprice de sa part, soit pour tout autre motif, il ne partit point ce jour-là, et après être restées tout le jour sous les armes, les troupes durent rentrer à la nuit close dans leurs casernes, pour recommencer le lendemain la même corvée en l'honneur de Son Altesse. Le troupier, bon enfant, aime, dit-on, les princes quand même; on doit convenir qu'il a pourtant pas mal d'occasions de pester à leur

sujet; ne fût-ce qu'à propos du rôle obligé de comparse qui lui revient
dans le cérémonial des réceptions princières. Il y eut bien quelques
journées d'hôpital occasionnées par les honneurs qu'on n'avait pas cru
pouvoir s'abstenir de rendre à un fils de roi, qui venait d'attenter au
pouvoir et à la liberté de son père. Quatre ou cinq pleurésies, huit ou
dix bronchites de plus ou de moins, voire deux ou trois pneumonies,
bagatelle !

Quelques années plus tard, c'était dona Maria qui, devenue reine du
Portugal, par suite de la mort de son aïeul Jean VI et de l'abdication
de son père don Pedro, empereur du Brésil, se voyait repoussée de ses
États par son oncle et fiancé don Miguel, rentré en triomphe dans Lisbonne à la tête du parti absolutiste. La jeune reine venait à son tour débarquer en fugitive à Brest, où elle fut reçue avec les mêmes honneurs
officiels que son oncle, mais avec d'autres sentiments de la part de la
population. Quoiqu'elle ne fût ni jolie ni vraiment gracieuse de sa personne, ses quatorze ans (l'âge intéressant de Joseph et de Colette dans
leurs romances respectives), la cause constitutionnelle et libérale que
dona Maria représentait dans son pays, tout se réunissait pour lui concilier les sympathies du public en France et à Brest tout particulièrement.

Mais je n'ai pas pris la plume pour raconter l'odyssée des princes. Je
veux cependant dire encore quelques mots de ceux de Portugal, m'é-
tant trouvé à Lisbonne en 1828, pendant le régime de terreur absolutiste établi par don Miguel.

Le bâtiment sur lequel je me trouvais alors embarqué, la corvette-
hôpital *le Rhône*, avait rallié dans le Tage la frégate *la Thémis*, com-
mandée par le capitaine de vaisseau Le Coupé, afin d'aller concourir
avec elle à l'évacuation de Cadix, dernier point de la péninsule occupé
par nos troupes. Malgré nos cocardes blanches, nous étions, nous autres officiers français, un sujet de défiance pour l'ombrageux gouvernement de don Miguel. La police observait, assure-t-on, nos démarches
dans cette capitale, dont les prisons regorgeaient d'hommes convaincus
ou soupçonnés de tendances constitutionnelles.

Après la révolution de 1830, le mauvais vouloir de don Miguel envers la France éclata par de tels procédés que, malgré la longanimité
patiente du roi Louis-Philippe, l'amiral Roussin dut, en 1832, aller forcer
les passes du Tage pour avoir raison des insolences miguélistes envers
le gouvernement de Juillet.

On sait comment, soit de gré, soit de force, don Pedro quitta ses
États du Brésil, et de retour en Europe alla, les armes à la main, revendiquer contre son frère cadet les droits de sa fille ; comment, avec

un détachement d'auxiliaires, qui lui arrivaient de la Grande-Bretagne, le choléra fut importé, en 1833, dans le Portugal, de là en Espagne, puis dans nos ports de la Méditerranée, à Toulon, à Marseille en 1835, d'où en Algérie, qui le renvoya de nouveau à Marseille en 1837, avec un régiment rentrant d'Afrique en France.

La guerre et la peste cheminent souvent de compagnie et se donnent volontiers la main pour ravager et dépeupler la terre. Quand donc les hommes sauront-ils enfin se délivrer de ces deux fléaux?

En dépit de la doctrine prétendue orthodoxe, mais en réalité non moins impie qu'inhumaine du comte Joseph de Maistre, sur la nécessité de l'expiation par le sang, — le sang glorieusement versé sur les champs de bataille ou ignominieusement répandu sur l'échafaud, — les esprits avancés ne voient plus aujourd'hui dans la guerre et dans la peine de mort que des sacrifices désormais sans compensation et sans utilité. Pour ce qui est des pestes, nous ne pouvons plus aussi croire, avec le bon Ambroise Paré « qu'elles viennent de l'ire de Dieu, » d'autant que lui-même, avec une raison et une sagacité supérieures à son temps, il leur cherchait et leur trouvait déjà d'autres origines point du tout mystiques. Aujourd'hui, en plein dix-neuvième siècle, il est bien temps de comprendre et d'oser affirmer que les fléaux pestilentiels sont, pour une grande part du moins, le résultat de l'ignorance et de l'incurie de l'homme. Tant que, au lieu de régir convenablement son domaine terrestre en coopérateur intelligent de Dieu, l'homme y laissera de vastes contrées incultes, les hauteurs dénudées, les plaines ouvertes aux inondations des fleuves et changées par suite en marécages infects, exhalant la maladie et la mort, il doit s'attendre à recueillir, pour prix de sa mauvaise gestion, le choléra, la fièvre jaune et la peste. Il est temps que l'hygiène, s'élevant à des vues d'ensemble, fasse appel à l'association des peuples, pour assurer, par des efforts communs, la préservation générale.

Il y avait peu d'esprits livrés à de telles préoccupations en 1828.

Le Rhône et *la Thémis* quittèrent les eaux du Tage l'un des derniers jours d'août de cette année, et naviguèrent de conserve jusqu'à la rade de Cadix.

Le premier dimanche qui suivit notre arrivée, nous eûmes le spectacle d'un combat de taureaux. Notre séjour sur la rade de Cadix, qui ne fut que d'une couple de semaines, se trouva attristé par la mort du commandant d'un des navires français de la station, un lieutenant de vaisseau du nom déjà illustre de Dupetit-Thouars, qui se noya dans la traversée de Cadix à Sainte-Marie, son canot ayant chaviré sur la barre. Il était venu le matin même faire visite à notre commandant.

Nous embarquâmes à bord du *Rhône* les malades de la garnison, et bon nombre d'entre eux emportaient des souvenirs plus ou moins désagréables de leurs exploits galants sur l'héroïque terre d'Espagne. Parmi nos passagers se trouvaient deux médecins militaires de beaucup d'instruction et d'un commerce très-agréable, MM. Morard, deux frères jumeaux: entrés ensemble dans la vie, ils avaient, pareillement, toujours marché du même pas dans leur carrière.

Avant de mettre à la voile, nous vîmes de notre bord les troupes françaises sortir de la place, emportant les regrets de la population, et les troupes du roi Ferdinand y faire leur entrée, non sans inspirer d'assez vives craintes aux habitants, garantis jusque-là par notre présence contre les excès de la réaction absolutiste.

XIII. Mon premier séjour à Pontanezen. — Ce que vaut le chlorure d'or comme antisyphilitique.

Ici j'ai anticipé sur le cours des événements. Il faut remonter à quelques années en arrière pour trouver l'Ecole de médecine de Brest à son maximum de torpeur, faute d'enseignement et faute d'émulation.

Sur la fin de l'année 1824, un encombrement de malades s'étant produit au point que les hôpitaux ordinaires de la marine ne suffisaient plus, on se vit forcé d'ouvrir des services dans la succursale de Pontanezen, située dans la campagne à deux grands kilomètres de Brest. A cette occasion, il y eut besoin de nommer quelques chirurgiens auxiliaires de troisième classe, au nombre desquels je fus compris. A la suite d'un examen pour la forme, le conseil de santé me déclara admissible, et le lendemain je recevais un ordre de service signé de l'intendant M. Redon de Beaupreau, à la destination de Pontanezen.

Il y avait longtemps que cette résidence n'avait reçu de malades.

Elevées en 1779 et 1780, sur l'avis de l'inspecteur général du service de santé de la marine, Poissonnier-Desperrières, les constructions de Pontenezen datent de l'époque où l'escadre du comte d'Orvilliers, après le glorieux combat d'Ouessant, puis à la suite d'une croisière infructueuse sur les côtes d'Angleterre en vue d'un débarquement qui ne put s'opérer, était rentrée à Brest, rapportant sur les cadres sept mille hommes en proie au scorbut et à une fièvre maligne (probablement le typhus). Elles avaient été de nouveau utilisées comme hôpital après la funeste bataille du 15 prairial an II, illustrée par le magnanime sacrifice des marins du *Vengeur*. A cette seconde époque, Broussais, d'après une de ses lettres citée par M. Lefèvre dans l'intéressante histoire du service de santé de la marine que publient les *Archives de méde-*

cine navale, Broussais fut employé à Pontanezen comme chirurgien de troisième classe. « Vous souvient-il, écrivait en 1809 à un de ses anciens camarades de la marine l'auteur du *Traité des phlegmasies chroniques,* — vous souvient-il comme nous franchissions la distance de Pontanezen à Brest pour assister à ses savantes leçons? » Il s'agissait ici du chirurgien Duret que Broussais appelle « l'Ambroise Paré de la marine, ». et dont il avait singulièrement à cœur de connaître l'opinion sur son ouvrage nouvellement publié. — « Vous souvient-il, continue Broussais, comme nous bravions la pluie, le vent, la crotte, afin de ne point laisser d'interruption dans notre cours? »

Tout souvenir du passage de Broussais à Pontanezen s'était effacé en 1824. Sans cela, nous autres qui étions alors ses fervents admirateurs, nous n'eussions pas manqué de citer avec orgueil cette circonstance. L'idée que, vingt-cinq ou trente années auparavant, Broussais, le grand Broussais avait habité la même petite chambre qu'occupait l'un d'entre nous; qu'il avait parcouru ce même petit chemin boueux de la Vierge qui nous conduisait, par la traverse, de Pontanezen aux glacis, cette idée aurait parlé sans doute à nos imaginations, et nous aurions voué un culte local à la gloire du fondateur de la doctrine physiologique, tombée peut-être aujourd'hui dans un discrédit excessif et injuste.

Quoi qu'il en soit de cette réflexion à propos du célèbre novateur dont incidemment il sera encore question un peu plus loin, les bâtiments de Pontanezen, depuis les temps de la guerre d'Amérique et ceux de la république française, n'avaient plus, que je sache, renfermé de services hospitaliers. Ils servaient presque uniquement à recevoir, à son arrivée, la *chaîne*, en d'autres termes, les grands convois de forçats dirigés périodiquement sur le bagne, convois qui grossissaient successivement depuis leur point de départ, en prenant dans les villes situées sur leur passage les condamnés que les prisons fournissaient. Hideux spectacle que celui de la chaîne! Mais c'est un tableau que la plume de Victor Hugo a retracé dans *les Misérables.*. Il n'est permis à personne, et moins qu'à tout autre à un écrivain d'occasion tel que moi, de revenir sur un sujet que ce grand maître a saisi et qu'il fait revivre dans une de ses pages immortelles pour édifier la postérité sur les restes de barbarie qu'offrait encore çà et là le dix-neuvième siècle.

Au lieu d'être conduit immédiatement au bagne, le personnel de la chaîne était d'abord dirigé sur l'établissement de Pontanezen, et là on procédait au nettoyage, à l'examen minutieux des nouveaux forçats, tant sous le rapport des moyens d'évasion qu'ils pouvaient cacher, que sous le rapport de leur état sanitaire. Ce dernier point était confié à un chirurgien de la marine qui séparait les hommes atteints de la gale ou de quelque autre maladie contagieuse, afin de les traiter avant

qu'ils ne fussent admis dans les salles du bagne avec les autres condamnés.

C'était donc une chose qui ne s'était pas vue depuis longtemps que
l'ouverture de services de malades à Pontanezen, comme cela eut lieu
en novembre 1824. Ces services, affectés aux vénériens et aux hommes
atteints de légères blessures ou de maladies chirurgicales chroniques,
furent maintenus depuis cette époque jusqu'à celle de l'achèvement et
de l'occupation du nouvel hôpital de la marine, vers 1836 ou 1837.

Pendant mon premier séjour à Pontanezen, qui fut de courte durée
(on nous licencia, nous autres auxiliaires, au 1er janvier 1825), la direction était confiée à M. Fischer, chirurgien de première classe, qui
devint plus tard médecin en chef. M. Fischer prit le service des vénériens auquel je fus attaché. Il expérimenta, suivant l'idée de Chrétien
(de Montpellier), le traitement de la syphilis par le chlorure d'or employé en frictions sur la langue. Indépendamment de ce qu'il était un
peu lourd et lent de sa personne, M. Fischer faisait les choses en conscience : il avait dans la poche de son tablier de salle les vingt petites
doses de chlorure en poudre destinées aux vingt sujets mis en expérience, et au lit de chacun il développait soigneusement un de ses petits paquets, le versait bien exactement tout entier sur la langue du
malade, et se tenait au pied du lit jusqu'à ce que la friction eût été
ponctuellement exécutée pendant le temps déterminé qui était de trois
ou quatre minutes, sans que le malade laissât écouler au dehors sa sa-
live, qui eût entraîné une partie de la substance médicamenteuse. Cela
ne laissait pas que d'allonger notablement la durée des visites à notre
vif déplaisir, et nous donnions au diable le chlorure d'or, dont il n'y eut
d'ailleurs pas lieu de se louer ; car son emploi fut bientôt abandonné
complétement. Ce fut pour moi la confirmation anticipée d'un aphorisme
que j'ai entendu professer, quinze ans plus tard, par M. Ricord dans
ses piquantes et instructives conférences de l'hôpital du Midi. « L'or ne
fait de bien, disait plaisamment le spirituel syphiliographe, que de
client à médecin, jamais en sens inverse : de médecin à malade, l'or,
comme dans la ritournelle de *Robert-le-Diable*, l'or est une chimère...
Il ne faut pas songer à s'en servir *isto modo.* »

Très-différente a été la fortune clinique de l'iodure de potassium, qui
ne commença d'être employé contre les accidents tertiaires de la vérole que bien longtemps après. Le *Traité pratique des maladies vénériennes*, publié par M. Ricord en 1838, ne fait encore aucune mention
de cet agent précieux, dont l'auteur fut cependant un des premiers à
introduire et à préconiser l'usage dans le traitement de la syphilis constitutionnelle, surtout lorsqu'elle est caractérisée par des affections du

système osseux : douleurs ostéocopes, périostoses, ostéites et caries. Lorsqu'on se rappelle tout ce cortége d'accidents formidables qui s'observaient fréquemment dans les services de vénériens sans que l'on eût autrefois aucun moyen curatif efficace à leur opposer, il faut bien convenir que l'emploi de l'iodure potassique dans la période tertiaire de la syphilis a été un grand bienfait. De ces cas désolants à l'égard desquels l'art ne possédait que de vains palliatifs et la banale ressource du calmant par excellence, l'opium, nous en avions un certain nombre dans les salles de Pontanezen. Je me rappelle, entre autres déplorables victimes du *lues venerea*, un pauvre ouvrier charpentier du port en traitement depuis près d'une année pour la série la plus complète qu'on pût voir des ravages du virus : il pleurait comme une Madeleine, en dépit des railleries de ses voisins, ce grand gars de Gouënou, s'apitoyant sur le sort de sa vieille mère dont il était l'unique appui et se lamentant, en langue bretonne, d'être puni de Dieu aussi cruellement pour avoir *péché une seule fois.* Hélas! il ne suffit pas d'un acte de contrition pour être quitte avec dame vérole, et elle ne châtie pas en raison du nombre des méfaits : plus d'un novice a payé d'une longue et lamentable suite de tourments, par l'évolution complète des accidens spécifiques, son malencontreux début dans la carrière aléatoire des amours faciles. Pitié pour ceux que Vénus a si cruellement accueillis, et tâchons, nous autres médecins, de purger la terre d'un monstre dont Hercule ne soupçonnait pas l'existence lorsque, vainqueur de l'hydre et des féroces tyranneaux ou brigands de la Grèce, il filait, voluptueusement couché, aux pieds d'Omphale.

La sécurité des antiques paillards manque, hélas! à leurs modernes successeurs : témoin le funeste sort du père illustre de Gargantua ; car, suivant l'épitaphe que lui consacra un contemporain qui, à coup sûr, n'était point Ronsard,

> Fin mars cinq cent quarante-sept,
> François mourut à Rambouillet
> De la vérole qu'il avait.

Erudimini...

J'avais pris facilement l'habitude de l'existence calme et tranquille qu'on menait alors à Pontanezen. Je m'accommodais aussi de la cuisine des sœurs qui ne traitaient vraiment pas mal notre table. Je quittai Pontanezen avec regret et j'y revins plus tard avec plaisir, quoiqu'il eût un peu changé ses allures, comme on le verra ailleurs.

Celui de nos camarades avec lequel je m'étais le plus lié pendant ces cinq ou six semaines de vie champêtre et quasi-recluse était un chirurgien entretenu, Lûcas, que nous appelions peu charitablement *monocle,* parce qu'il avait perdu un œil. Il fut embarqué comme chirurgien major sur le brick *l'Olivier* qui mit à la voile de Brest, au printemps de 1829, je ne sais pour quelle destination, mais qui périt sans doute corps et biens, car on n'en a jamais eu de nouvelles. La mer, quel gouffre !

XIV. Retour dans ma famille. — Le vieil officier de santé auquel la médecine aurait dû Broussais.

Les concours, cet excellent mode d'admission et d'avancement par lequel se recrute le corps des médecins de la marine militaire en France, les concours ne venaient pas, il y a quarante ans, avec la fréquence et la régularité qu'ils ont eues depuis. Ennuyé d'attendre l'occasion qui ne se présentait point de conquérir le modeste grade de chirurgien de troisième classe, obligé de faire des économies sur le revenu, déjà anticipé, de la très-modeste ferme que m'avait laissée ma défunte mère, et qui constituait tout mon avoir, je m'en retournai dans la petite ville de basse Bretagne qu'habitait ma famille, un pauvre endroit nommé Corlay, qui a pourtant sa poésie et qui me rappelle d'aimables souvenirs. Là je continuai, sans méthode à la vérité, au gré de ma curiosité vagabonde plutôt qu'au point de vue de l'utile, à m'occuper des connaissances qui ont trait à la médecine.

Un ex-chirurgien militaire, qui avait fait les dernières campagnes de l'empire et que sa situation de fortune dispensait de l'exercice professionnel, M. Racinet fils, qui a été député des Côtes-du-Nord à la Constituante de 1848, avait, avec une gracieuse obligeance, mis sa bibliothèque à ma disposition. Il habitait, à la distance de trois grandes lieues bretonnes, Gouarec, bourgade baignée par le Blavet. Chaque quinzaine j'allais à Gouarec, par des chemins affreux, tantôt à pied, tantôt à cheval, prendre une couple de volumes du grand *Dictionnaire des sciences médicales*, que j'échangeais, la quinzaine suivante, contre deux autres volumes.

Quelques ouvrages, la plupart dépareillés, provenant de la bibliothèque de mon grand-père maternel, et parmi lesquels figuraient surtout les productions philosophiques du dix-huitième siècle, complétaient ma pâture intellectuelle, et me préservaient de tout ennui au fond de ma retraite.

Dans le petit chef-lieu de canton où je me trouvais, non plus que dans toute la contrée à quatre lieues à la ronde, il n'y avait qu'un seul praticien, un officier de santé septuagénaire qui, malgré l'absence de toute concurrence locale, n'avait jamais joui d'une grande vogue (1). Il mou-

---

(1) Le même chef-lieu de canton et les communes environnantes étaient pareillement restées, pendant bien des années, sans aucune sage-

rut entre mes mains, comme je suis bien tenté de le dire, d'un catarrhe vésical, ou plutôt par suite de ces accidents urinaires causés chez les vieillards par le développement hyperthrophique de la prostate, circonstance si fâcheuse quand elle se complique de rétrécissements urétraux. On jugera du degré d'instruction du brave homme par le langage qu'il me tint lorsqu'il me manda près de lui, sachant que j'avais étudié à Brest pendant une couple d'années : «J'attribue, me dit-il, les accidents que j'éprouve à *une révolution de sperme.*» Il me fallut faire un grand effort pour ne pas éclater de rire, malgré l'état de souffrance accusé sur le visage et par l'attitude du patient. Le malheureux vieillard n'urinait que goutte à goutte, de loin en loin, depuis trois jours, malgré des efforts incessants. Il avait tenté de se sonder sans y réussir. J'eus le bonheur d'introduire une sonde et de vider la vessie. Mais l'ischurie se renouvelant et les accidents qu'elle entraîne se développant de plus en plus, je conseillai d'appeler un docteur. On en alla chercher un à 9 lieues, à Saint-Brieuc, M. Lécuyer, ancien chirurgien de la marine, qui vint une seule fois. L'affection des voies urinaires suivit la marche fatale qu'elle a si souvent chez les vieillards. Le malade en précipita lui-même le dénouement en prenant un jour une rôtie au cidre qu'il ne put digérer et qui l'étouffa. Voici maintenant la particularité qui m'a fait consigner ici mon premier revers de praticien.

Pendant que je lui donnais des soins, le père Guérin (pour l'appeler par son nom, car il y a dans le monde Guérin et Guérin n'ayant, comme en peuvent mieux juger que tous autres les lecteurs de la GAZETTE MÉDICALE DE PARIS, n'ayant, dis-je, entre eux rien de commun que les six lettres de leur signature), le père Guérin, donc, me raconta un jour comme quoi c'était lui qui avait fait cadeau de Broussais à la médecine! — Broussais se trouvait alors (c'était en 1826) à l'apogée de sa gloire et dans tout l'éclat de sa renommée retentissante; le bruit que faisait son nom était parvenu jusqu'aux oreilles de M. Guérin, quoique ce dernier n'eût guère souci de se tenir au courant des progrès de la science ou des innovations du moment; ce qui n'est pas toujours la même chose.

« C'est pourtant moi, me disait donc un jour le père Guérin, qui ai fait de Broussais un médecin; c'est moi qui ai décidé la vocation de

femme, lorsque, vers 1824, il s'en établit une qui avait suivi les cours de la Maternité de Paris. Jusque-là des commères, dénuées de toute notion théorique, assistaient seules les femmes en couches. Lorsque survenait quelque grave accident ou bien une de ces présentations qui exigent nécessairement l'intervention de l'art, la mère et l'enfant étaient voués à la mort.

Broussais, qui lui ai mis la lancette à la main, et qui lui ai appris à faire sa première saignée. »

Suivant le récit de M. Guérin, il se trouvait en 1792, à Dinan, aide-chirurgien dans le 2ᵉ bataillon des Côtes-du-Nord avec Broussais, alors simple fusilier, mais dont il distingua tout de suite la supériorité intellectuelle. — « Mon pauvre Broussais, aurait dit un jour le sous-aide Guérin au futur fondateur de la doctrine physiologique, — tu auras bien du mal dans le métier de soldat, sans assurance de parvenir aux grades supérieurs, sans occasion d'utiliser de longtemps les éminentes facultés de ton esprit. Crois-moi, mets-toi à l'étude de la médecine, et tu as tout de suite une carrière plus douce, et pour l'avenir une brillante perspective. »

Broussais aurait senti la justesse de l'argument, et peu de temps après il se trouvait lui-même employé comme officier de santé de la marine aux hôpitaux de Saint-Malo et de Brest, puis embarqué en cette qualité sur un bâtiment de guerre. Ce ne fut que plusieurs années plus tard, après avoir, en 1802, passé sa thèse inaugurale sur la *fièvre hectique*, thèse dans laquelle il soutenait cette doctrine de *l'essentialité* qu'il devait bientôt si ardemment et si puissamment combattre ; ce ne fut, dis-je, qu'en 1805 que Broussais entra dans le service médical de l'armée.

Qu'y avait-il de vrai dans le récit du père Guérin, qui passait d'ailleurs pour enclin quelque peu à *gausser*, comme on dit dans notre pays ? C'est ce que je n'ose décider (1). Pourtant il devait y avoir quel-

---

(1) A l'article Broussais de la *Nouvelle biographie universelle*, qui porte la signature du docteur C. Saucerotte, on lit ce qui suit :

« Broussais (François-Joseph-Victor), célèbre médecin français, né à Saint-Malo le 17 décembre 1772, mort le 17 novembre 1838. C'est dans le village de Pleurtuit, où son père exerçait la médecine, que s'écoulèrent ses premières années. Broussais avait 12 ans lorsqu'il fut envoyé au collége de Dinan ; il y terminait ses études lorsque éclata la révolution. Enrôlé dans une compagnie de volontaires, il fut obligé de revenir au bout de deux ans, pour se rétablir d'une grave maladie, près de ses parents qui le décidèrent à embrasser la profession médicale. Admis successivement aux hôpitaux de Saint-Malo et de Brest, il obtint en peu de temps une commission de chirurgien de marine, et se distingua dans plusieurs campagnes contre les Anglais. »

Le père de Broussais étant médecin lui-même, cette circonstance explique l'option de son fils pour la profession médicale, sans qu'il fût besoin du conseil et de l'intervention d'un tiers. Cependant, comme ce n'est pas toujours aux impulsions de la famille que les jeunes gens

que chose de fondé dans ce qu'il me racontait : comment sans cela
M. Guérin aurait-il su que Broussais avait débuté par être soldat dans
un bataillon de volontaires des Côtes-du-Nord?

---

obéissent le plus volontiers, il se peut que l'influence du sous-aide Guérin ait contribué pour une part à l'entrée de Broussais dans la carrière médicale.

De son côté, M. A Lefèvre, ancien médecin en chef de la marine et ancien directeur du service de santé au port de Brest, dans l'ouvrage que j'ai déjà mentionné, rapporte ce qui suit :

« Broussais, attaché depuis quelque temps aux armées républicaines guerroyant en Bretagne, fut requis pour le service de la marine; il se présenta devant le jury de salubrité de Brest. Jugé capable, on l'employa, le 11 messidor an III (30 juin 1795), comme chirurgien de troisième classe, au service de l'hôpital de Pontanezen, où il se distingua par son zèle et par son ardeur. Embarqué plus tard sur la frégate *la Renommée*, destinée à faire une campagne en Amérique, Broussais, ayant perdu son père et sa mère, débarqua et obtint d'aller continuer ses services à Saint-Malo, son pays natal, où il fut embarqué en qualité de chirurgien de deuxième classe, d'abord sur la corvette *l'Hirondelle*, du 22 septembre 1796 au 19 mai 1797, puis sur le corsaire *le Bougainville*, d'où il débarqua le 28 janvier 1798. Ce ne fut cependant que deux ans après, en l'an VIII, qu'il laissa définitivement la marine pour passer dans l'armée de terre, emportant le meilleur souvenir du temps qu'il y avait passé à son service, et des avantages qu'il en avait retirés pour son instruction.» (Archives de médecine navale, juin 1866.)

Il vaut la peine de mentionner comment Broussais avait du même coup perdu son père et sa mère. « La demeure de ses parents, dit M. Mignet, avait été envahie par les chouans. Son père avait vainement essayé de s'y défendre. Il y avait été égorgé, ainsi que sa femme, par les chouans qui avaient ensuite mutilé leurs corps et dévasté leur maison. En apprenant cette horrible nouvelle, Broussais fut saisi de la plus profonde douleur. Son émotion fut si forte que lorsque, après quarante ans, cet ineffaçable souvenir se représentait à lui, on le voyait pâlir et trembler comme au jour de la catastrophe. La cause de la Révolution à laquelle on venait d'immoler ses parents, était déjà celle de ses convictions; elle devint alors celle de son ressentiment filial. Il lui demeura fidèle toute sa vie. » (*Notice historique sur Broussais*, par M. Mignet, lue à l'Académie des sciences morales et politiques, le 27 juin 1840.)

Plus d'une famille conserve de la guerre civile de cette époque, en Bretagne, des souvenirs de deuil semblables à celui qui affectait si vi-

Dans l'hiver de 1832 à 1833, après avoir suivi une visite de Broussais au Val-de-Grâce, je l'accompagnai, moi troisième seulement, à l'amphi-

---

vement l'âme de Broussais. Pour en citer un qui me touche, une nuit du mois de frimaire an VIII, mon grand-père maternel, Charles Rogon de Kertanguy, qui avait, quoique noble, embrassé la cause de la Révolution, fut enlevé de son domicile, la Noë-Hâlé, en Coëtmieux, entre Lamballe et Saint-Brieuc, par des Chouans que conduisait un gentilhomme, son voisin de campagne. Deux serviteurs dévoués suivirent à quelque distance, jusque sur le territoire de Brehand-Montcontour, la bande qui emmenait le vieillard ; mon grand-père avait alors 60 ans. Là, ces deux hommes, effrayés peut-être pour leur propre compte, perdirent de vue les ravisseurs et la victime. Depuis ce moment la famille n'eut aucune nouvelle de ce qu'était devenu son chef. Les recherches auxquelles on se livra ne purent même faire découvrir où gisait son cadavre.

Ceci se passait à l'époque de la dernière levée de boucliers des rebelles de l'ouest, lorsqu'ils pénétrèrent de nuit, par surprise, dans Saint-Brieuc. (Voyez sur cet épisode de la chouannerie et sur la mort héroïque du procureur de la commune ou maire de la ville, Poulain Corbion, une Note à la fin de la brochure.)

Pour revenir à Broussais, il y a encore lieu de consigner à son sujet quelques particularités qui ne manquent pas d'un certain intérêt biographique.

Ce fut avec la part de prises qu'il toucha comme chirurgien du *Bougainville*, et qui ne s'élevait pas à moins de 14 mille francs, que le futur réformateur médical se rendit en 1799 à Paris pour y achever ses études. Il se trouva donc qu'un peu de cet or anglais qui, par la main de Pitt, soldait partout les ennemis de la France, procura à Broussais le moyen de conquérir son diplôme de docteur.

Après sa réception, il essaya, déjà marié et père, de pratiquer la médecine à Paris ; mais la clientèle mettant plus de lenteur à venir que les ressources du jeune ménage à s'en aller, Broussais dut renoncer au rôle de modeste praticien dans cette capitale où il devait un jour faire la loi comme chef d'école.

Par le crédit de Pinel et de Desgenettes, il obtint une commission de médecin à l'armée des côtes de l'Océan, 4 novembre 1805. Depuis cette époque jusqu'à sa mort, arrivée le 17 novembre 1838, Broussais ne cessa pas d'appartenir à l'armée. Il fut, après 1830, nommé professeur à la Faculté de médecine de Paris ; mais déjà la vogue de sa doctrine déclinait. Ses leçons, auxquelles j'ai pu assister, comptaient un petit nombre d'auditeurs, tandis que l'amphithéâtre suffisait à peine pour contenir la foule qui se pressait à celles d'Andral.

théâtre où il se rendait dans le but de mesurer et de peser des cerveaux, car c'était au temps de son engouement pour la phrénologie. Là, me trouvant pour ainsi dire en tête à tête avec le célèbre novateur, je me hasardai à lui parler de l'histoire que m'avait contée le vieil officier de santé, notre compatriote. Sans opposer une dénégation formelle, Broussais me dit qu'il ne se rappelait pas la circonstance dont je l'entretenais. Je n'eus garde d'insister.

XV. L'annonce d'un concours me fait revenir à Brest. — Commensalité à trois — La bonne femme Mariana. — Repas de noce qui faillit se terminer comme celui des Lapithes.

Ayant perdu l'espoir d'entrer dans le corps des officiers de santé de la marine, je m'apprêtais à me rendre à Paris pour y continuer mes études médicales, lorsque, vers la mi-septembre 1827, une lettre d'un de mes camarades de Brest vint m'informer qu'il allait s'ouvrir dans ce port un concours très-avantageux ; qu'une vingtaine de places, au moins, étaient annoncées pour la troisième classe. Je changeai mes dispositions et j'arrivai à Brest, que j'avais quitté depuis plus d'une année, quinze jours environ avant la date fixée pour l'ouverture des épreuves.

Je trouvai la situation de l'Ecole sensiblement différente de ce que je l'avais vue.

Appelé du poste de Lorient à celui de second chirurgien en chef au port de Brest, M. Foullioy avait pris la direction du service des blessés à l'hôpital Saint-Louis, et il avait donné une impulsion qui se ressentait un peu partout. J'essaierai plus loin de la caractériser.

Pour le moment, toutes les préoccupations étaient au concours qui allait s'ouvrir.

Afin de revoir ensemble les matières sur lesquelles portaient les épreuves du concours, et pour éviter les pertes de temps causées par la nécessité d'aller au dehors manger à une pension, nous avions pris des chambres contiguës sur le même palier, deux de mes bons camarades et moi. C'étaient Théodore Turquet (de Lannion), et Emile Bernard (de Châteauneuf), praticiens plus que trentenaires aujourd'hui, chacun dans sa ville natale. Mais l'occasion se présentera de leur donner une vieille et cordiale poignée de main, au premier surtout, que j'ai rencontré plus d'une fois depuis, ami dévoué en toute circonstance, aussi bien qu'esprit judicieux et homme de bon conseil. Nous nous faisions apporter nos repas par une brave femme bas-bretonne, bien connue de tous les élèves et jeunes chirurgiens de ce temps-là, et qui s'était vouée entièrement à leur service.

C'était un type curieux que la mère Marie-Anna (prononcez Mariana), petite femme d'une cinquantaine d'années approchant, sèche, laide,

bizarrement costumée, défigurant étrangement la plupart des mots français, ayant presque l'air d'une idiote, mais ne manquant ni d'intelligence
pour les commissions dont on la chargeait, ni de cœur dans les fonctions
de domesticité collective et ambulante qu'elle avait adoptées par goût
plus encore que par intérêt. Chaque matin, Mariana, dans ses gros souliers
ferrés, sa cape bretonne sur la tête et sur les épaules, faisait sa tournée
dans les logements d'une douzaine d'entre nous, pour cirer les chaus-
sures, brosser les habits (art dans lequel elle ne se piquait pas d'excel-
ler) et pour prendre les commissions de chacun. Toutes les clefs étaient
constamment à sa disposition, et jamais aucun de nous n'eut à se repentir de la confiance illimitée qu'on accordait à Mariana. C'était vraiment la mère aux carabins, qualification qu'elle se donnait elle-même,
non sans un petit sentiment de vanité. Si quelqu'un s'était avisé devant elle de dire du mal de ses *cérugiens*, comme elle nous appelait,
Mariana, toute pacifique qu'elle était d'ordinaire, eût été femme à sauter à la gorge du médisant:

Mariana avait une fille, mais qui n'avait, il faut se hâter de le dire,
aucune espèce d'accointance avec les clients de sa mère, et que la
plupart d'entre nous, nous ne connaissions pas même de vue. Cette
fille étant venue à se marier avec un ouvrier tailleur de pierres, nous
eûmes l'idée d'ouvrir entre nous une souscription pour faire les frais de
la noce à laquelle nous résolûmes d'assister en masse. Le banquet nup-
tial eut lieu, hors des portes, au delà des glacis, dans une guinguette
alors en vogue, la taverne de la mère Erard, qui ne le cédait en renommée culinaire à aucun des restaurants les plus huppés de la ville.
Suivant le vieil usage populaire et bourgeois, on chanta au dessert à
tour de rôle. Un d'entre nous, qui n'y mit pas malice à coup sûr, eut la
malencontreuse fantaisie d'entonner les *Gueux* de Béranger :

> Les gueux, les gueux,
> Sont des gens heureux ;
> Ils s'aiment entre eux,
> Vivent les gueux !

Les gens de la noce *pour de bon*, les camarades du marié surtout,
prirent cela pour une insulte, et peu s'en fallut qu'ils ne fissent un mauvais parti aux amphitryons. L'orage gronda avec violence un moment :
déjà l'on quittait ses places, plus d'un ouvrier montrait le poing aux
messieurs... Les paroles conciliantes des plus graves d'entre nous ; l'intervention chaleureuse de Mariana se jetant, comme autrefois les Sa-
bines, entre les groupes irrités prêts à en venir aux mains, c'est-à-dire
entre les amis de son gendre et ses chers *cérugiens*, se portant garante
des bonnes intentions du chanteur ; enfin les efforts de quelques-unes
des jeunes invitées qui avaient, je le supçonne, des intelligences dans

les deux camps, toutes ces influences lénitives ou lénifiantes finirent par apaiser l'irritation qui s'était produite, et la soirée se termina paisiblement par un bal où tout se passa d'une façon convenable. Il y avait plus qu'une moralité, il y avait toute une révélation dans cet incident. L'antagonisme entre ouvriers et bourgeois, entre agents du labeur manuel et agents du travail plus spécialement intellectuel, ne s'est que trop accentué depuis, jusqu'à amener, sous l'influence d'une grande crise révolutionnaire, un commencement de guerre sociale et des batailles de rues qui, espérons-le, ne se renouvelleront plus désormais chez nous.

XVI. Le concours de 1827. — M. Foullioy ; son influence sur l'École de Brest ; son envoi avec Kéroumau dans la Grande-Bretagne ; sa promotion au grade de chirurgien en chef, puis d'inspecteur adjoint et enfin d'inspecteur général ; sa mort prématurée.

Les épreuves du concours nous furent favorables à mes deux commensaux et à moi.

Cela ne va pas sans émotion, un concours, surtout quand l'avenir professionnel en dépend. Les noms des candidats étaient mis dans une urne ; les questions à traiter dans une autre. On attendait avec anxiété l'appel de son nom et l'énoncé des questions que le concurrent appelé tirait lui-même de la seconde urne. Je me souviens qu'au moment où mon tour vint de paraître devant le jury du concours qui siégeait dans une salle située au-dessus du laboratoire de la pharmacie, Kérouman qui se trouvait là, occupé à filtrer une macération de quinquina pour préparer du sulfate de quinine, Kérouman, dis-je, me prit par le bras et m'accompagna jusqu'au pied de l'escalier, en fredonnant à mon oreille le refrain d'une romance alors populaire :

> Espérance !
> Confiance !
> C'est le refrain
> Du pèlerin.

Et pour plus d'à propos, il changeait le nom commun en nom propre.

Au nombre de mes camarades de promotion se trouvait Dutroulau, aujourd'hui inspecteur des bains de mer à Dieppe, qui a été longtemps médecin en chef à la Guadeloupe, et qui a publié sur les maladies des Européens dans les pays chauds un *Traité* dont la Gazette Médicale de Paris a eu les prémisses, il y a quinze ou seize ans.

Sitôt reçus chirurgiens de troisième classe, quelques-uns d'entre nous furent embarqués sur les bâtiments destinés à l'expédition de Morée, d'où ils revinrent singulièrement désillusionnés sur le compte des Grecs modernes.

Ceux qui n'embarquèrent pas immédiatement, et j'étais de ce nombre, furent employés successivement dans le service des blessés de l'hôpital Saint-Louis, pour se former aux pansements sous la direction de M. Foullioy.

Brillant opérateur, discoureur élégant et facile, en toute chose amoureux de la forme peut-être un peu même aux dépens du fond, M. Foullioy faisait de loin en loin quelques leçons à effet ; mais il ne s'astreignit jamais à faire un cours régulier. Il y avait deux ou trois grandes opérations qu'il affectionnait particulièrement et auxquelles il s'exerçait sans désemparer pendant des mois et des saisons entières. C'est ainsi qu'à une certaine époque, à tous les cadavres apportés à l'amphithéâtre de dissection, les garçons-servants, qui étaient, comme les infirmiers des salles de malades, des forçats, avaient ordre d'introduire dans la vessie des pierres de différents calibres, que M. Foullioy venait ensuite extraire par les divers procédés et méthodes de la lithotomie.

Comme chef de service, M. Foullioy était d'une exigence minutieuse pour certains détails. Il avait pour l'Angleterre en général et pour les pratiques de la chirurgie anglaise en particulier une prédilection qui était poussée à l'extrême. La propreté exquise qu'il avait vu régner dans les salles de blessés des hôpitaux britanniques, M. Foullioy avait pris à cœur de l'importer chez nous, et il renchérissait encore, je présume, sur ce qui se fait dans les services nosocomiaux d'outre-Manche. D'après son ordre, chaque jour, dès cinq heures du matin, hiver comme été, on devait laver à grande eau les salles et tenir les deux rangées de fenêtres ouvertes jusqu'à l'heure de la visite. Il fallait que la toilette de chaque blessé fût faite avec le même soin, pour ainsi dire, que celle d'un gentleman de la fashion : si, à la visite du chef, tout, chez les entrants de la veille, barbe, visage, mains, jambes et pieds, ne se rencontrait pas dans un état irréprochable, peau nette de toute souillure ou crasse, ongles taillés, suivant la règle, carrément aux orteils, c'était un sujet de grave réprimande, non pas pour les infirmiers, mais pour les chirurgiens sous-aides, qui étaient rendus responsables de toute négligence sous le rapport cosmétique aussi bien que sous le rapport de la bonne et méthodique exécution des pansements. C'est là, pendant que j'étais attaché au service des blessés, salle 3 de l'hôpital principal de la marine de Brest, que j'ai appris combien il faut employer de savon et d'eau chaude après la personne d'un calfat ou d'un callier de la soute au charbon pour arriver à en faire quelque chose qui ressemble à un blanc.

Cette exagération d'une qualité précieuse, exagération dont on rabat facilement par la suite, a cependant l'avantage de vous laisser pour la vie une excellente habitude chirurgicale.

Il faut aussi rendre à M. Foullioy cette justice qu'il réveilla, pour un temps du moins, le goût de l'étude et l'émulation dans l'école de Brest. Il exerça, en somme, une influence favorable qui s'étendit jusque sur la tenue et sur la conduite des jeunes chirurgiens, auxquels il savait inspirer le sentiment de la dignité personnelle et celui du respect pour leur profession.

En 1829, M. Foullioy reçut du gouvernement la mission d'aller dans la Grande-Bretagne étudier les procédés de salaison des viandes de la marine anglaise, qui étaient d'une qualité supérieure aux nôtres. Kérouman, alors pharmacien de 2ᵉ classe, lui fut adjoint dans cette mission, et en devint l'agent essentiel. Ils s'arrêtèrent surtout en Irlande, dans les villes de Cork et de Limerick, où s'opèrent la plus grande partie des salaisons de la marine anglaise. Mais au lieu de se borner à rapporter l'observation de ce qui se pratiquait dans la Grande-Bretagne, Kérouman s'ingénia pour découvrir un mode de salaison différent, et de retour en France, il en proposa un qui devait être, suivant lui, beaucoup plus avantageux que tous ceux jusque-là en usage. Sur sa demande, appuyée par M. l'inspecteur général Kéraudren, une commission fut nommée au ministère de la marine à l'effet de suivre les expériences destinées à prouver la bonté du procédé nouveau de salaison et sa supériorité sur ceux qui étaient employés, soit en Angleterre, soit en France. Kérouman se plaignit beaucoup du mauvais vouloir des membres de la commission. Ceux-ci prétendirent n'avoir pas été mis à même de constater des résultats qui leur permissent de donner un avis complétement favorable ni de conseiller au ministre l'acquisition du procédé aux conditions qu'y mettait l'inventeur. Tout cela aboutit pour Kérouman à une rupture avec le ministère de la marine, puis avec M. Kéraudren lui-même, auquel il tenait par le lien le plus étroit.

M. Foullioy retourna, lui, à Brest reprendre ses fonctions de second chirurgien en chef, et en réalité de premier chirurgien; car les infirmités du titulaire, M. Delaporte, ne lui permettaient pas de faire un service actif.

J'ai signalé le remarquable talent de parole dont M. Foullioy était doué. Jeune, il en avait déjà donné une preuve restée longtemps dans les souvenirs de l'école de Brest, lorsque, à un de ses concours, il avait eu, pour question de physiologie, à traiter de la *voix humaine*.

Pendant l'hiver qui suivit son voyage de 1829 dans la Grande-Bretagne, lorsque, aux soirées de la préfecture maritime, M. Foullioy se mettait à raconter ses observations sur le genre de vie des Anglais, sur le développement prodigieux de l'industrie et de la marine chez nos voisins, on faisait cercle pour l'écouter, et les femmes elles-mêmes prêtaient une oreille attentive au narrateur, tant il savait donner d'intérêt et de charme à ses récits (1).

Nommé quelque temps après premier chirurgien en chef à la place de M. Delaporte, qui fut mis à la retraite sans l'avoir demandé, M. Foullioy se vit ensuite appelé à Paris avec le titre d'inspecteur adjoint, puis enfin promu inspecteur général (1844) en remplacement de M. Kéraudren, qui ne se retira pas non plus de son plein gré, quoiqu'il fût loin de justifier la théorie de M. Flourens, ou plutôt de Lordat, sur l'insénescence intellectuelle, dont le professeur de Montpellier offrit, lui du moins, un type des plus remarquables.

Ce n'était point assurément un homme sans mérite que M. Kéraudren, qui s'était maintenu à la tête du corps des officiers de santé de la marine pendant quarante ans; mais c'était surtout un homme habile au point de vue de l'intérêt de sa position, toujours attentif à guetter d'où soufflait le vent de la faveur et s'inquiétant moins dans les décisions qu'il prenait de ce qui était juste en soi que de ce qui serait agréable aux gens influents et puissants du ministère.

M. Foullioy avait un sentiment plus élevé de ses devoirs comme chef. Il occupa avec distinction le poste d'inspecteur général jusqu'à sa mort survenue presque subitement, lorsqu'il était encore dans la force de l'âge, au mois de novembre 1848, par suite d'une attaque de goutte portée sur le cœur. Il a laissé des regrets non-seulement dans le corps des officiers de santé, mais aussi dans tout le département de la marine et chez les diverses personnes, médecins et autres, avec lesquelles ses hautes fonctions l'avaient mis en rapport. Un de ses fils, aujourd'hui capitaine de vaisseau, a épousé mademoiselle Romain-Desfossés, fille de l'amiral.

Les restes de M. Foullioy ont été transportés à Brest, et un tombeau, surmonté de son buste, lui a été élevé dans le cimetière de cette ville.

_____

(1) M. Foullioy avait pu d'autant mieux observer la société anglaise qu'il avait épousé une demoiselle appartenant à une famille distinguée d'Angleterre. Madame Foullioy était fille du général Blunt qui avait commandé en second l'armée portugaise sous lord Wellington et qui était venu se fixer à Lorient après la paix de 1815. Cette union, qui fut des plus heureuses, avait été, dans toute la force et la vérité du terme, un mariage d'inclination de la part des deux époux. Le père de la jeune personne s'y était vivement opposé d'abord; mais il céda de bonne grâce le jour où sa fille eut atteint l'âge de majorité.

NAVIGATION.

XVII. Embarquement sur la corvette-hôpital *le Rhône*. — L'état-major.

Je reçus, au mois de février 1828, mon premier ordre d'embarquement. Je fus placé comme second médecin sur la corvette de charge ou gabare le *Rhône*, installée en bâtiment-hôpital pour transporter en France les convalescents, militaires ou marins, provenant de nos diverses colonies.

C'était une pensée d'humanité, en même temps que de bien public, qui avait inspiré cette mesure et fait affecter un des bâtiments de l'Etat à la mission de rapatrier des hommes épuisés par la maladie sous le climat dévorant des régions intertropicales. J'ai autrefois rapporté l'honneur de cette pensée à M. Hyde de Neuville, qui tenait le portefeuille de la marine dans le cabinet présidé par M. de Martignac ; mais c'était une erreur, car le *Rhône* avait déjà effectué ce service et ramené de nos possessions des Antilles des convois de malades en 1827 : or le ministère Martignac ne fut constitué que le 4 janvier 1828. Ce qui est vrai, c'est que M. Hyde de Neuville porta un vif intérêt à la mission dont le *Rhône* était chargé.

A raison de son affectation spéciale, la corvette le *Rhône* avait un chirurgien-major ou médecin-major du grade de 1re classe, quoique les navires de son rang n'eussent droit, d'après le règlement, qu'à un officier de santé de 2e classe. Il lui avait été aussi attribué, par une disposition exceptionnelle, un pharmacien pour la préparation et la distribution des médicaments ; celui-ci était un auxiliaire de 3e classe. Nous étions trois, par conséquent, à former le personnel médical du bord.

Un embarquement tel que celui du *Rhône*, avec sa cargaison de malades, n'était pas fait pour tenter l'aristocratie du grand corps de la marine. Aussi avions-nous un état-major tout plébéien.

Le commandant était un lieutenant de vaisseau, M. Ménétrier, n'ayant aucune morgue, loin de là, sachant garder toutefois son autorité, bon marin, d'une prudence et d'une sollicitude extrême dans la conduite de son bâtiment. Il avait épousé une nièce de M. l'inspecteur général Kéraudren, et pas n'était besoin d'avoir passé plus de huit jours à son bord pour savoir à quel point le capitaine Ménétrier était épris de sa femme. On pouvait le donner pour le modèle des époux. Sur quelques rivages que le fissent aborder les hasards de la navigation, ni créoles, ni signardes, ni Andalouses n'avaient pour lui d'attrait ; ou s'il appréciait leurs charmes, c'était uniquement en artiste, en amateur désintéressé de la forme et de la grâce, car les plus séduisantes n'eussent pas réussi à exciter dans son cœur l'ombre d'une velléité infidèle. Quoiqu'il fût encore assez vert, malgré une gastralgie dont il se plaignait habituellement, notre capitaine aurait été retenu pendant dix ans loin du nid conjugal ; il aurait visité successivement toutes les Cythères des deux mondes, qu'il n'eût pas été tenté, à l'entendre (et il était sincère en le disant) qu'il n'eût pas, dis-je, été tenté de donner le plus petit coup de canif dans le contrat. A part quelques réminiscences de sa vie d'aspirant à Venise pendant les deux dernières années de l'Empire, réminiscences qu'il se plaisait aussi à conter quelquefois, toutes ses pensées, en dehors du service, étaient pour sa femme et pour sa fille : il ne parlait que d'elles ; il en parlait sans cesse, à tout propos, et dans les termes d'une véritable idolâtrie. L'imprudent! aurait pensé peut-être le méphistophélique auteur de la *Physiologie du mariage;* rien n'eût été plus propre que ce perpétuel hosanna conjugal à éveiller les convoitises et curiosités de quelque don Juan, si par aventure il s'en fût trouvé parmi les gens qui avaient part à ces épanchements et confidences intimes du brave capitaine. Quoi qu'il en soit, c'était un type rare de perfection maritale que M. M... J'ai entendu des sophistes, se fondant principalement sur les mauvais exemples donnés dans le passé par les souverains dont les faits et gestes de tout genre sont plus à jour que ceux de la foule obscure de leurs sujets, mettre en question si l'homme était réellement fait pour la monogamie. Ah! si tous les époux se trouvaient taillés sur le patron ou bâtis (pour parler marine) sur le *gabari* de mon ex-commandant du *Rhône,* jamais on ne se fût avisé d'élever ce doute impertinent.

Peut-être un peu par suite de cette prédominance des affections de la famille chez lui, le goût du commandant pour l'économie était fortement prononcé. Son train de vie à bord se ressentait de cette disposition parcimonieuse. Ceux des passagers auxquels leur grade d'officiers supérieurs donnait droit à sa table auraient seuls pu trouver à redire ; mais à aucun d'eux l'idée n'en serait venue, tant par ailleurs le capitaine Ménétrier se montrait à leur égard avenant et plein d'attentions. Cet officier, que recommandaient des qualités solides et dont je me rappelle avec plaisir l'affabilité, mourut capitaine de corvette vers l'âge de 48 ans.

Le second du *Rhône* était un enseigne de vaisseau provenant des maîtres ou sous-officiers, et en ayant gardé une rudesse et une trivialité de manières qui ne rendaient pas toujours agréables les rapports qu'on avait avec lui. Or tous ceux qui ont navigué savent que c'est au second du navire que l'on a affaire pour toutes les choses dont on peut avoir besoin à bord, ainsi que pour l'usage des embarcations, etc. Le commandant est un roi sur son bâtiment; le second est son ministre par les mains duquel tout doit passer.

Les deux autres officiers du bord étaient des capitaines au long cours employés comme enseignes auxiliaires, mais qui furent admis avec leur grade dans le corps royal de la marine pendant qu'ils étaient embarqués sur le *Rhône*. L'un d'eux était un piocheur, sage et rangé comme une fille, ne descendant jamais à terre, sur quelque rade que l'on fût, si ce n'est pour affaire de service; l'autre était un provençal du nom de Sardou et probablement de la parenté de l'auteur dramatique aujourd'hui en si grande vogue, auquel on doit la *Famille Benoiton* et *Nos bons villageois*. L'enseigne Sardou ne dédaignait, lui, aucune des distractions que la terre peut offrir après les privations d'une traversée; il se montrait même fort empressé auprès des dames, lorsqu'il s'en trouvait quelques-unes au nombre des passagers que transportait la corvette.

Le commissaire du bord était un aimable garçon qui, en des temps plus heureux, avait vécu de la vie de Paris et qui aimait à en savourer les souvenirs.

Mon premier chirurgien-major, M. Noël, se tenait volontiers à l'écart, étant d'un caractère un peu froid, avec tendance à la mélancolie, excellent homme d'ailleurs, que j'ai retrouvé à Brest vingt ans plus tard médecin du bagne, et qui, en cette qualité, se mit à ma disposition avec une parfaite obligeance pour les renseignements que je recherchais sur l'épidémie cholérique de 1849 dans cet établissement. M. Noël, ayant fini son année d'embarquement, quitta le *Rhône* après la première campagne que je fis à bord, et il fut remplacé par M. Aze, dont l'un des fils est à son tour aujourd'hui médecin de première classe de la marine.

J'avais pour camarade de poste et de table le pharmacien auxiliaire de troisième classe, car les officiers de santé embarqués en sous-ordre ne faisaient point partie de l'état-major; ils mangeaient avec les élèves de marine quand il y avait des élèves à bord. Ici nous étions réduits à tenir *gamelle* à deux dans les conditions les plus défavorables et les plus tristes. Sauf exception (*exceptis excipiendis*), le groupe de deux pèche essentiellement; il a pour le moins l'inconvénient d'être monotone et fade. Ce n'est pas sans raison que les Grecs, qui avaient d'instinct le sentiment de toutes les harmonies, avaient posé pour règle, à propos des commensaux qu'une réunion de table comporte, si l'on veut qu'il y règne de l'entrain et de la gaieté sans confusion : « Ni moins que les Grâces ni plus que les Muses. »

Comme si ce n'était pas assez de l'ennui de ce perpétuel et insipide tête-à-tête, on nous donna pour notre service et pour notre cuisine le plus maladroit et le plus sale des novices de l'équipage, un garçon dont on ne pouvait autrement tirer aucun parti. Heureusement que, s'il ne brillait pas précisément par le prestige du bel esprit, mon compagnon de poste avait pour l'achat des provisions un peu plus d'aptitude que moi et qu'il voulut bien consentir à s'en charger. Mais nous ne profitâmes guère de nos emplettes. La cage à poules qui renfermait nos volailles fut bousculée dans un coup de mer qu'essuya *le Rhône* à la sortie de Brest, et la moitié de nos canards et de nos poulets périt dans la bagarre. Le surplus de nos comestibles éprouva aussi des avaries ; de sorte que nous fûmes presque réduits à vivre, pendant toute la traversée, de la ration du bord, viandes salées, fayots et gourganes, autrement dit haricots secs et fèves.

Cette première campagne était à destination des Antilles, où nous allions prendre des malades pour les ramener en France. On profitait du voyage de la corvette-hôpital pour combler les vides survenus dans les corps de troupes employés aux colonies, et nous y transportions une centaine d'hommes tant de la ligne que de l'artillerie. Mais en sus de nos passagers, nous embarquâmes aussi une somme de deux millions et demi ou trois millions en or et en argent monnayés, pour la solde des fonctionnaires coloniaux de tout ordre. Ces valeurs étaient renfermées dans de petits barils bien cerclés et cachetés soigneusement, au nombre de dix ou douze et d'un poids considérable. Certain canotier, après avoir, de l'embarcation qui les apportait en rade, monté sur son épaule un de ces lourds barils et l'avoir déposé sur le pont, disait en le montrant du doigt à ses camarades : « Avec ce qu'il a dans le ventre, ce gredin-là, on en ferait-il des noces ! »

Avant notre départ, pendant que nous étions sur la rade attendant un vent d'est qui nous permît de sortir du goulet, nous fûmes témoins du phénomène de la phosphorescence de la mer dans tout son éclat. Le temps de la première quinzaine de mars était doux et beau cette année-là ; lorsque dans la soirée nous regagnions le bord à la rame, chaque coup d'aviron semblait dégager des flots un millier d'étincelles. Ce pronostic de tempête ne fut pas trompeur.

XVIII. Départ pour les Antilles.

Nous appareillâmes le 17 mars dans la matinée par un beau soleil printanier. C'est une scène intéressante, surtout quand on y assiste pour la première fois, qu'un appareillage. Le navire, jusque-là inerte, semble enfin prendre vie. Un mouvement inaccoutumé se fait sur le pont ; tous ceux qui doivent participer à la manœuvre sont à leur poste. C'est à ce moment qu'on peut prendre une idée du rôle et du degré d'importance de chacun à bord. Le commandant, monté sur le banc de quart ou sur la dunette, donne gravement ses ordres. Le second se tient à sa portée pour les répéter au besoin et veiller à leur exécution. Depuis quelque temps déjà on vire au cabestan pour enlever les ancres. Les troupiers, ennuyés de leur inaction à bord et charmés d'avoir une occasion de se rendre utiles, se sont mis aux barres et ils poussent avec entrain, faisant résonner le pont sous leurs pas cadencés. Bientôt la masse flottante est libre des entraves qui la fixaient solidement au fond de mouillage ; les voiles tombent ou se hissent livrées successivement à la brise qui les enfle ; le navire prend de l'aire, il se met en marche... Adieu pour un temps la France ! Chacun donne une pensée à ce qu'il laisse de plus cher derrière lui, et se prépare à ce nouveau genre de vie entre ciel et eau, qui ne laisse pas d'avoir son agrément et ses incidents particuliers.

Nous sortions de la rade et nous traversions le goulet en même temps qu'une autre corvette, le *Tarn*, dont le commandant était capitaine de frégate. Par respect pour la hiérarchie, notre capitaine n'aurait voulu pour rien au monde prendre les devants sur *le Tarn* ni passer au vent du navire de son supérieur en grade. Quand nous le gagnions de vitesse, on faisait diminuer notre voilure. Une fois au large, les deux navires s'écartèrent de plus en plus et se perdirent de vue avant la nuit.

XIX. Coup de vent dans le golfe de Gascogne.

La mer était déjà forte. Le *Rhône* commençait à rouler et à tanguer sur la vague de plus en plus grosse et houleuse. La plupart de nos passagers étaient en proie au mal de mer ; les nausées et le vertige nautique n'épargnaient pas non plus ceux d'entre nous qui, comme le commissaire, le pharmacien et moi, faisions notre début dans la navigation.

Le lendemain matin nous avions un gros temps, quoique le ciel fût clair encore. On voyait la mer moutonner au loin. La violence du vent d'ouest-sud-ouest augmenta de plus en plus. Avant midi le soleil avait disparu complètement sous de gros nuages. Le baromètre avait beaucoup baissé depuis la veille, et nous essuyions une véritable tempête qui nous tint à la cape dans le golfe de Gascogne pendant toute une semaine. La bourrasque persista avec des alternatives de violence telles qu'il fut deux fois question d'aller relâcher dans un port de la Grande-Bretagne d'abord, puis à la Corogne, après que le vent ayant halé le nord-ouest nous eut fait faire quelque route dans la direction du sud.

Des passagers qui, le premier jour, encombraient le pont, on n'en voyait plus guère le lendemain. Quiconque n'ayant pas, comme on dit, le pied marin, se hasardait sur ce plancher incessamment agité de mouvements d'inclinaison étendus, courait des bordées involontaires et périlleuses, durement arrêtées par un heurt contre la paroi du navire ou le bastingage. Pour atténuer cette chance d'accident, on avait tendu sur le pont des cordes destinées à servir de point d'appui et à faciliter ainsi la circulation.

Dans la batterie dont les sabords restaient forcément fermés, nos troupiers gisaient au milieu de l'ordure, indifférents à tout et complétement oublieux de la cambuse. De là s'exhalait une odeur aigre et fade qui redonnait la nausée, alors qu'on se croyait délivré de l'affreux mal qui, en pareille occurrence, faisait dire à Panurge : « Heureux, trois et quatre fois heureux celui qui plante choux ! »

XX. Le mal de mer.

J'avais, comme les autres, payé mon tribut à ce rude commencement de navigation. Mais grâce, je le présume, à la persistance opiniâtre avec laquelle je m'étais tenu au grand air sur le pont, je fus remis plus vite que la plupart de mes compagnons d'infortune, beaucoup plus promptement, par exemple, que mon camarade de poste, le pharmacien, qui resta pendant les huit jours de mauvais temps sans bouger de son cadre (lit de bord suspendu), ayant sa cuvette à côté de lui et une provision de citrons qui lui étaient d'un mince secours malgré leur réputation antinauséeuse.

Le mal de mer m'avait rappelé tout de suite ce que j'avais éprouvé la première fois que j'étais monté dans une voiture suspendue. C'était bien le même genre de malaise, mais triplé et quadruplé. L'état de vertige et de dégoût nauséeux qui constitue la naupathie s'accompagne d'une torpeur intellectuelle et d'une indifférence pour toute chose qu'aucune autre situation ne réalise au même degré. Il semble qu'alors on ait le cerveau non moins vide que l'estomac. Ni pensée ni sentiment quelconque ne survit chez le malheureux en proie au paroxysme du mal de mer ; il gît inerte au premier endroit venu, et on lui passerait dix fois sur le corps sans qu'il fît un mouvement pour se retirer. Le coup qui briserait l'univers le trouverait non-seulement sans peur comme le sage d'Horace, mais parfaitement indifférent ; il ne s'agirait que de lever un doigt pour prévenir la catastrophe, que le doigt ne bougerait pas plus que s'il appartenait à une statue.

Dans l'angoisse du mal de mer, Harpagon verrait enlever sa cassette sans essayer de la défendre et sans crier au voleur ! Don Juan serait entouré des plus séduisantes filles d'Ève sans ressentir l'aiguillon d'un désir ni l'éveil d'une tentation. Ainsi en est-il des autres passions qui sont toutes pareillement anéanties pendant cette éclipse totale de la vie de relation qu'amène la naupathie portée au plus haut degré ; en sorte que cet état figurerait assez bien la perfection rêvée par certaines sectes d'ascètes et de mystiques.

Dès que je fus délivré du mal de mer, je me mis à réfléchir sur les causes probables de ce singulier état pathologique. Nul doute qu'il dépendît essentiellement des mouvements d'oscillation du navire, puisque le vertige et la nausée avaient débuté chez moi comme chez les autres personnes qui en avaient souffert, en même temps que le roulis et le tangage avaient commencé à se faire sentir ; puisque, ainsi que j'en avais fait la remarque, le malaise s'aggravait lorsque je me portais vers les extrémités du bâtiment qui décrivent des arcs de cercle étendus, et qu'il diminuait, au contraire, lorsque je me tenais vers le centre, au pied du grand mât, où les mouvements sont moins prononcés. Mais comment agissent les oscillations du navire pour donner lieu aux symptômes de la naupathie?

XXI. Les explications données du mal de mer. Discussion à ce sujet.

J'avais été immédiatement frappé de la ressemblance qu'offre le mal de mer avec ce qu'éprouvent souvent sur la fin d'une saignée les personnes que l'on saigne debout ou assises, comme cela se pratiquait si abusivement autrefois sous le régime des saignées périodiques dites de précaution. Alors, en effet, en même temps qu'il se trouve mal, le phlébotomisé est pris d'envies de vomir et de vomissements comme il arrive dans le mal de mer. Ce dernier mal pourrait donc dépendre aussi d'un trouble analogue dans la circulation du sang : ce que semblerait confirmer encore le soulagement apporté à la naupathie comme à la syncope par la position horizontale et par la déclivité même de la tête.

Je tins dès lors mon explication théorique du mal de mer, qui me parut confirmée par toutes les observations que j'eus lieu de faire ultérieurement dans mes autres campagnes. Cette explication, je la publiai à la fin de ma thèse inaugurale, en 1840, dans les termes suivants :

« Le mal de mer doit être attribué au trouble apporté dans la circulation du sang par les mouvements alternatifs d'inclinaison, soit latérale (roulis), soit antéro-postérieure (tangage), qu'exécute le navire. Ce trouble a pour résultat, non pas de congestionner le cerveau, comme le prétendait Wollaston, mais de le priver, au contraire, de l'afflux d'une quantité de sang suffisante pour la stimulation normale de ce centre nerveux. »

Plus tard, à l'occasion de communications adressées à l'Académie des sciences sur le même sujet, je développai cette proposition dans un Mémoire que je fus admis à lire devant cette classe de l'Institut dans sa séance du 25 janvier 1847, Mémoire qui fut inséré à la même époque

dans les Annales d'hygiène publique et qui fut réédité avec de notables
additions en 1851 (1).

Ma manière de voir a trouvé beaucoup d'adhésions, soit parmi mes
anciens camarades de la marine, soit parmi d'autres médecins ayant
subi les épreuves de la navigation ; elle a aussi été repoussée par
des hommes d'un grand mérite, notamment par M. Fonssagrives, qui
voit de préférence la cause prochaine du mal de mer dans la commotion
qu'éprouverait la partie antérieure du cerveau, privée du bain protec-
teur qu'offre habituellement à la masse cérébrale le liquide sous-arach-
noïdien. Ce liquide, suivant l'éminent professeur, serait déplacé par la
force centrifuge résultant des oscillations du navire, et il laisserait quelque point du cerveau exposé à une préjudiciable commotion. (*Traité
d'hygiène navale*, par J. B. Fonssagrives. Paris, 1856, p. 180.)

Si le liquide céphalo-rachidien subit un déplacement du fait de la
force centrifuge que développent les oscillations du navire, pourquoi ne
pas tenir compte pareillement de l'effet de cette même force perturba-
trice sur les autres liquides de l'économie et, en premier lieu, sur la
grande masse du liquide sanguin dont la bonne distribution importe
tant à l'exercice normal des fonctions physiologiques?

Contre la théorie qui fait dépendre le mal de mer de commotions
successives du cerveau, j'ai déjà objecté ceci : c'est qu'on ne conçoit
guère comment l'économie pourrait s'arranger de ces commotions qui
devraient par leur persistance aggraver de plus en plus le trouble primitivement produit, tandis que l'on comprend très-bien qu'elle s'ha-
bitue graduellement (car il y en a d'autres exemples) à subir une modification dans les conditions circulatoires des liquides de l'organisme.

Les auteurs du *Dictionnaire de médecine et de chirurgie* dit de
Nysten, MM. Littré et Robin admettent aussi que le mal de mer est
causé par un trouble de la circulation générale. « Lorsque, disent-ils, le
corps est soumis à des mouvements alternatifs d'ascension et de descente, le sang n'arrive plus régulièrement au cerveau comme dans le
cas où nous reposons sur un milieu stable. Il en résulte, pour la circulation, des alternatives d'afflux et de retard dans l'arrivée du sang à
divers organes, qui causent un trouble de leur activité et du cerveau,
analogue à celui que déterminent les pertes de sang chez certaines
personnes qui sont prises de vomissements après la saignée. Ce trouble
est transmis aux viscères par les nerfs qui les rendent solidaires avec
l'encéphale. »

---

(1) *Le mal de mer, sa nature et ses causes*, par le docteur Ch. Pellarin. Paris, 1851, V. Masson, éditeur, rue de l'Ecole-de-Médecine,

Voilà qui se rapproche beaucoup de l'explication par moi donnée du mal de mer, tandis que précédemment ce mal était généralement attribué aux secousses communiquées aux viscères par les mouvements du navire : comme si l'équitation sur un cheval qui trotte ne secouait pas bien plus rudement que les balancements lentement ondulatoires d'une masse flottante, sans jamais causer cependant au cavalier rien qui ressemble à l'écœurement de la naupathie !

C'est, au surplus, un titre scientifique assez médiocre, j'en conviens, que d'avoir été le premier à rapporter la cause effective du mal de mer à certaines modifications déterminées dans les conditions circulatoires du sang par le balancement du navire. Si mince pourtant que soit ce titre, il paraît qu'un docteur américain, du nom de Fischer, n'a pas dédaigné de se l'approprier en publiant comme sienne, dans le NEW-YORK JOURNAL, en 1848, ma théorie du mal de mer. Ceci prouve, contrairement au proverbe : *On ne prend qu'aux riches*, que tant pauvre soit-on, l'on peut encore être volé quelquefois. J'aurais probablement ignoré toujours ce trait de piraterie yankiste *in rem meam*, si je ne l'avais vu signalé par M. Fonssagrives dans son excellent *Traité d'hygiène navale*.

Mais c'est trop longtemps s'arrêter sur le vilain mal de l'initiation à la vie nautique, auquel on est encore à trouver un remède efficace. Je me suis laissé entraîner par un sentiment de paternité pour lequel il me reste à réclamer l'indulgence du lecteur.

XXII. Un mot sur nos passagers.

Il est temps de nous remettre en route, d'autant que la mer est redevenue belle et qu'une jolie brise nous pousse, grand largue, vers notre destination. Le navire, bien soutenu grâce à cette orientation des voiles, permet à chacun de circuler sans risque sur le pont. Aussi nos passagers s'empressent-ils d'y venir respirer un air pur et déjà un peu tiède, en même temps que réchauffer au soleil leurs corps engourdis et brisés par le mal de mer. C'est le moment de faire connaissance avec quelques-uns d'entre eux.

Commençons par les dames, ainsi le veut la galanterie. Il y en avait trois à bord.

L'une était une demoiselle qui avait déjà résidé à la Martinique dans une riche famille de planteur comme demoiselle de compagnie et qui retournait, je crois, y reprendre les mêmes fonctions. Mademoiselle Hélène (on ne la désignait que par son petit nom) n'était ni jolie ni de la première jeunesse. Elle n'avait pas besoin, d'ailleurs, de posséder des agréments de premier ordre pour devenir, dans les circonstances où

nous nous trouvions, l'objet de quelques attentions et de certains hommages.

Notre seconde passagère était une dame créole qu'on appelait la comtesse, probablement parce qu'elle était titrée, mais qu'on ne désigna
bientôt plus, lorsqu'on parlait d'elle à bord, qu'en ajoutant à son titre
héraldique la qualification peu courtoise de *vieille*, parce qu'elle avait
des prétentions par trop surannées à la jeunesse. Soit grâce à son ama-
bilité et à son esprit, soit par la séduction de certaines douceurs et
friandises, fruits secs, confitures, liqueurs fines et biscuits dont elle
s'était approvisionnée, la vieille comtesse s'empara d'un pilotin, enfant
de Paris et assez gentil adolescent, qui se fit son sigisbé en dépit des
railleries de ses camarades (1). C'était, au surplus, une femme d'une
conversation intéressante, qui avait beaucoup voyagé en Europe et
même aux Etats-Unis d'Amérique, pays qu'elle portait aux nues et
qu'elle nous dépeignait comme un Eldorado. Dans le trajet de Paris à
Brest, elle avait eu une clavicule cassée par un accident de diligence,
et la compagnie Laffitte et Caillard avait été condamnée à lui payer,
outre les frais du traitement, 5 ou 6,000 francs de dommages-intérêts.

La troisième dame enfin que le *Rhône* transportait aux Antilles était
la jeune femme d'un capitaine d'artillerie, accompagnant son mari qui,

---

(1) *Pilotin.* On nomme ainsi de jeunes novices ou de grands mousses
de l'âge de 14 à 16 ans qui, ayant reçu quelque instruction, sont attachés au service de la timonerie. Ils ont, sous la direction du chef timonier, le soin des sabliers, de la boussole, etc. Ils concourent à jeter le
loch au moyen duquel on mesure, de demi-heure en demi-heure, la vitesse de marche du navire. Ils *piquent* l'heure à bord, c'est-à-dire qu'ils
la sonnent en frappant avec le battant de la cloche un de ses côtés ; on
frappe deux coups pour chaque heure, un coup pour une demie. Le
groupe de la timonerie a aussi parmi ses fonctions la surveillance des
pavillons servant aux pavois et aux signaux ; il inscrit ces derniers,
ainsi que les réponses ; il fait le *point*, c'est-à-dire qu'il détermine et
pointe sur une carte marine le lieu où se trouve le vaisseau d'après la
vitesse et la direction de la route. Mais cette donnée a besoin des cor-
rectifs fournis : 1° par l'observation astronomique, celle du soleil, par
exemple, qui donne chaque jour, lorsqu'elle est possible, la latitude
exacte du lieu ; 2° par les indications de la montre marine ou chrono-
mètre qui, malgré les perfectionnements apportés à cet instrument, ne
donnent pas avec la même précision la longitude. Aussi les navigateurs
se méfient-ils toujours de cette dernière donnée. — Pour en revenir à nos
pilotins, ce sont d'ordinaire des jeunes gens qui visent à passer plus tard
les examens de capitaine au long cours.

pour avancer plus vite, avait eu la fatale idée de demander un emploi dans les colonies. Ils venaient de la Fère, et ils avaient avec eux leur premier-né, un petit garçon de six mois que la mère allaitait. Ce jeune couple (le mari n'avait pas 30 ans) était charmant de manières, et il s'attira la considération et l'attachement de tout le monde pendant la traversée, sur laquelle il contribua pour sa bonne part à répandre du charme et de la gaieté. Hélas! quinze jours après son débarquement à Fort-Royal (aujourd'hui Fort de France), le capitaine était atteint de la fièvre jaune à laquelle il succombait, et la malheureuse veuve, restée seule avec son enfant; à 2,000 lieues de tous les siens, devenait folle de désespoir. — Mais écartons ce nuage de deuil, d'un deuil anticipé. Pour l'instant nous voguons sur une belle mer, exempts, pour la plupart, de préoccupations sombres touchant l'avenir.

XXIII. De l'étiquette du bord et de quelques petites mésaventures nautiques.

C'est pendant les premiers jours de navigation qu'on fait son apprentissage de la vie du bord, et qu'on se met au courant de certains usages dont l'ignorance peut vous occasionner de légers désagréments et même quelques petites mortifications. Sur les bâtiments de l'Etat, le gaillard d'arrière est réservé aux officiers : tout ce qui n'a point le grade d'officier ne doit s'y présenter que pour affaire de service. Il est de règle aussi, dès que le commandant paraît sur le pont, qu'on passe du côté du navire opposé à celui où il se trouve. Ce n'est que sur son invitation qu'on est autorisé à en agir autrement.

Pour citer une minutie entre les petites mésaventures communes du début, n'allez pas, dans votre inexpérience, cracher par dessus le bord *au vent*. Il vous arriverait la même chose qu'à celui qui crache en l'air ; ce qui ferait rire aux dépens du mal avisé. A plus forte raison faut-il bien se garder, sous les premières impressions du mal de mer, d'aller lancer une fusée du même côté, c'est-à-dire à contre-sens de la brise. En marine, savoir s'orienter est un point essentiel.

L'espace, l'air et le jour sont parcimonieusement mesurés à chacun. Les chambres des officiers, qui s'ouvrent sur ce qu'on nomme le carré, pièce commune servant de salle à manger et de lieu de réunion; les postes des élèves, situés à l'arrière de l'entrepont, reçoivent un faible rayonnement de lumière au moyen d'un verre lenticulaire épais fixé dans une pièce de bois ou châssis de 25 à 30 centimètres carrés qu'on appelle un hublot. Grâce à une charnière dont il est muni, le hublot peut s'ouvrir et se fermer à volonté, suivant l'état de la mer. On ressent un si vif besoin d'air frais, surtout quand on navigue dans les pays chauds, qu'on éprouve à chaque instant la tentation d'ouvrir son hublot : tentation perfide, car pour peu que la mer clapotte ou que le bâtiment roule un peu, on reçoit inopinément une vague par le hublot, autrement dit on embarque une baleine, chose particulièrement désagréable ; on a tant de peine ensuite à sécher le parquet ou les meubles inondés par l'eau salée !

Mais ne nous arrêtons pas trop à ces bagatelles, qui, bien que le réalisme ait sa vogue, risqueraient d'ennuyer le lecteur : lui aussi, comme autrefois le préteur, *de minimis non curat*.

Favorisée par les vents, notre corvette a fait du chemin. Divers indices annoncent l'approche des chaudes régions. A la surface de l'eau dont la nuance devient de plus en plus foncée, flotte autour des flancs du navire, cette petite plante marine (*fucus natans*) vulgairement connue sous le nom de raisin du Tropique. Nous venons d'entrer, en effet, dans cette partie de l'océan Atlantique qu'on appelle aujourd'hui mer de sargasses, et que les premiers navigateurs espagnols qui, à la suite de Christophe Colomb, firent la traversée entre l'ancien et le nouveau monde désignaient déjà sous le nom de mer des herbes ou mer des prairies. Un autre ciel et d'autres astres se découvrent à nos regards. Voici que s'élève sur notre horizon, brillante de tout son éclat, cette belle constellation dite la *Croix du Sud*, qui est pour le pôle austral ce que la Grande Ourse est pour le pôle boréal. Nous sommes passés de la zone tempérée dans la zone torride ; mais le passage ne s'est pas effectué sans qu'ait été célébrée une facétieuse cérémonie chère aux matelots.

XXIV. Le baptême du Tropique.

Un soir, après le souper de l'équipage, on entend du haut des airs, une voix héler le bâtiment : c'est le héraut du père *Tropique*. Au nom de son maître, qui vient d'apercevoir un navire s'apprêtant à franchir les frontières de ses Etats, il demande quel est ce navire, qui son commandant, quelle nationalité ? etc. D'après les réponses qui lui sont transmises au moyen du porte-voix, l'envoyé de S. M. Tropique annonce l'intention de son auguste maître de faire le lendemain sa visite à bord, afin de procéder, avec l'agrément du gracieux commandant du *Rhône*, qu'il connaît de longue date, à la cérémonie du baptême des nouveaux venus dans les régions torrides.

En confirmation de cette promesse, un courrier, en costume de postillon presque aussi correct que celui du *Postillon de Longjumeau* de l'Opéra-Comique, s'affale lestement, malgré ses grosses bottes, le long de l'étaie du mât de misaine, et vient apporter un pli émanant de la chancellerie céleste du Tropique et indiquant toutes les dispositions à prendre pour la solennité du lendemain.

Le lendemain, en effet, le vieux père Tropique, avec sa grande perruque blanche, enveloppé de fourrures comme pour un voyage en Sibérie, apparaît tout grelottant sur le pont. Il est accompagné de son chapelain, que précèdent un bedeau et un enfant de chœur, ce dernier portant l'eau bénite et le goupillon. Une chapelle a été érigée près du grand mât; elle présente à l'entrée un vaste baquet, tenant lieu des fonds baptismaux. Il y a là aussi une pompe pour l'aspersion en masse de la foule des fidèles. La cérémonie débute par un prône ou sermon approprié à la circonstance, débité avec onction et semé de traits plus ou moins édifiants que l'assistance accueille avec une sympathie expressive. Les néophytes sont ensuite appelés à tour de rôle et, au besoin, amenés de gré ou autrement (*coge intrare*), dans la chapelle où ils reçoivent l'initiation, non sans avoir fait leur offrande ; car ici les officiants, comme en général les prêtres des divers cultes, ne se montrent pas oublieux non plus de la question du casuel. Seulement ici il n'y a point de tarif : donne qui veut et chacun ce qu'il veut. Mais il est bien entendu que, sauf certaines considérations particulières, l'arrosement et l'immersion sacramentels sont en raison inverse du chiffre de l'offrande. Il ne s'attache d'ailleurs dans l'esprit des matelots aucune pensée d'impiété ni de dérision à cette parodie d'un des rites du christianisme.

Ce sont les petites et courtes saturnales du bord que les fêtes du passage sous le tropique ou bien sous la ligne. J'apprends, non sans regret, qu'elles tombent en désuétude et que la tradition s'en perd de jour en jour à bord de nos bâtiments de l'Etat. Ce n'était pas trop cependant que d'accorder, dans le cours d'une longue navigation, quelques heures de bon temps, de demi-émancipation et de liesse à ces pauvres esclaves de la discipline navale, dont la vie si dure est soumise à tant de privations et à tant de dangers.

XXV. La Martinique.

Après un mois de navigation, nous aperçûmes les côtes de la Martinique et bientôt les trois Pitons qui dominent la ville de Fort-Royal, aujourd'hui Fort-de-France. La campagne nous apparaissait dans le lointain sous l'aspect de verdoyantes prairies aux herbes singulièrement hautes et touffues. C'étaient des champs de cannes à sucre.

A mesure que le navire approchait du rivage, nous distinguions, entremêlées de bouquets d'arbres, les maisons, plutôt des maisonnettes, remarquables à la couleur rouge brique de leurs toits, aux nuances vives et variées de leurs façades ; ce qui est d'un aspect plus pittoresque et plus plaisant à l'œil que la masse uniformément grise des constructions de nos villes d'Europe. Mais à quoi bon parler des maisons de Fort-Royal de 1828? Elles ont été remplacées deux ou trois fois depuis cette époque par suite des tremblements de terre qui ont détruit la ville, notamment en 1838, et enseveli sous les ruines une partie des habitants. Agitée d'un travail intérieur qui dénote sans doute que ses divers éléments ne sont pas encore arrivés à leur degré le plus parfait de constitution et d'arrangement respectif, notre planète joue de temps à autre d'assez mauvais tours à certains groupes de ses habitants. Ces cataclysmes qui, depuis les temps historiques, sont très-limités, si on les compare à ceux des périodes antérieures qui ont laissé les immenses traces de bouleversements que la géologie et la paléontologie constatent et cherchent à expliquer, ces cataclysmes font présumer, à raison de leur atténuation successive, qu'une époque viendra, d'une durée plus ou moins longue, où la terre, semblable à un être organisé parvenu à sa période adulte, offrira une stabilité rassurante pour les générations futures (1).

La corvette n'eut pas plutôt jeté l'ancre sur la rade qu'elle fut accostée par une douzaine d'embarcations parties de terre. A raison de la périodicité de ses voyages, le *Rhône* était pour la population de Fort-Royal comme un ami au-devant duquel on va quand il revient après un temps d'absence. Bientôt le pont se trouva envahi par des femmes de couleur qui venaient demander le linge à blanchir, par des marchands d'oranges, d'ananas et d'autres fruits, que le capitaine d'armes ne tarda pas à faire déménager pour cause d'hygiène. Avant eux, étaient déjà montés à bord quelques fonctionnaires et habitants notables qui avaient hâte d'avoir des nouvelles de la métropole. De leur côté ils nous apprirent, entre autres faits locaux, que le jeune chirurgien qui m'avait précédé sur le *Rhône* et qui, lors du dernier voyage du bâtiment, était resté à la colonie par permutation avec un collègue, y avait succombé à une attaque de fièvre jaune. Cette nouvelle jeta une teinte sombre sur les premiers moments de notre arrivée. Le *vomito*, sans être à l'état épidémique, manifestait encore sa présence par une succession de cas assez fréquents.

Le lendemain de notre arrivée, je profitai de la première occasion pour descendre à terre.

En mettant le pied sur le sol de la Martinique, je songeais, malgré

(1) Un de mes amis, M. Jules Feillet, capitaine de frégate en retraite, a proposé, pour les pays les plus exposés aux tremblements de terre, l'emploi exclusif du bois et mieux du fer, rendu inoxydable par un doublage en cuivre, dans la construction des maisons et autres édifices. (Journal L'ÉCONOMISTE FRANÇAIS du 4 avril 1867.)

moi, aux histoires de serpents. J'ai eu dès mon enfance horreur de ces reptiles. En traversant la promenade de la Savane, à laquelle aboutit le débarcadère, il me semblait à chaque pas avoir sur mes talons le terrible *fer-de-lance* ou *trigonocéphale*. Il n'y avait pas huit jours que nous étions dans le pays, qu'il m'arrivait de me hasarder à travers les halliers sans plus penser, pour ainsi dire, au mortel ennemi qu'ils pouvaient recéler. Pourtant j'avais vu, dans les premières habitations que j'avais visitées, pas mal d'exemples de mutilations causées par la morsure des serpents. Au sujet de plus d'un nègre estropié, spécialement par la perte de quelque partie du pied ou de la main, lorsque je demandais à un de ses camarades comment il avait été blessé : « *serpent qu'a mordu li*, » répondait-on presque invariablement. Le docteur Rufz estime qu'il périt à la Martinique, par le venin des serpents, 10 personnes au moins chaque année sur 200 environ qui sont mordues. Presque toutes les victimes sont des noirs employés sur les plantations.

Je n'eus à subir aucune atteinte des crochets venimeux du redoutable *botrops lancéolé ;* mais je ne restai pas de même à l'abri des piqûres agaçantes et cuisantes du moustique (*culex ferox*). C'est une des calamités des pays chauds que ces insectes; il y faut ajouter la bête à mille pattes et le dégoûtant cancrelat, les fourmis rouges qui causent aussi de cruelles démangeaisons, enfin la chique qui, une fois logée dans vos chairs, y cause de graves désordres, si l'on ne parvient pas à l'extraire.

Voilà bien des espèces malfaisantes à la charge de la faune des Antilles, moins libéralement dotée en espèces du caractère opposé. Elle possède, à la vérité, ses brillants colibris et son gentil oiseau-mouche ; ce n'est pas assez pour faire compensation.

En revanche, ces contrées étalent les trésors d'une flore admirablement riche et variée. Là une luxuriante végétation, qui ne connaît point le repos, donne en abondance et sans interruption les aromes et les fruits. Il suffit de citer parmi les premiers la vanille, la cannelle, le girofle ; parmi les seconds l'ananas, la goyave, la mangue, la sapotille, etc. On trouve au premier abord à ces fruits exotiques une saveur des plus agréables; mais on s'en lasse bientôt, même de l'ananas dont l'acidité a besoin d'être corrigée par le vin sucré, et l'on ne tarde pas à regretter nos fraises et nos pêches délicatement parfumées, notre délicieux chasselas, nos exquises poires cresanes et de beurré, si parfaites, mangées à point.

XXVI. Nègres et mulâtres.

Mais en tout pays le sujet d'observation le plus intéressant, c'est l'homme lui-même. Aux Antilles je voyais pour la première fois une population de nègres, population à l'état d'esclavage, il est vrai. En haine de l'oppression, j'étais un négrophile ardent; l'aristocratie de la peau ne trouvait point grâce à mes yeux, non plus que les autres aristocraties fondées sur le hasard de la naissance. J'étais, comme on voit, bien préparé pour l'endoctrinement saint-simonien. Cependant la vue des travailleurs noirs sur les plantations ne produisit point sur moi l'effet pénible auquel je me serais attendu. Cette population esclave ne paraissait, en général, ni trop malheureuse ni sensiblement humiliée de son sort. Lorsque moi-même, en regard de ces gens, assurés du moins de leur pitance quotidienne en échange du travail qu'on exigeait d'eux, trouvant dans l'intérêt même du maître la garantie de quelques ménagements et de quelques soins, n'ayant pas à souffrir des intempéries ni à prendre souci du lendemain, je me retraçais l'aspect de la misère de nos pays d'Europe; lorsque j'évoquais, par exemple, ces longues processions de mendiants en haillons et grelottants de froid, que je me souviens d'avoir vus défiler, leur chapelet à la main, les jours de distribution d'aumônes (on leur donnait un liard ou deux par tête), devant le presbytère et les maisons un peu aisées de ma petite ville de Bretagne; — j'étais tenté de trouver que ceux qui méritaient le plus d'émouvoir la compassion, c'étaient encore nos frères et compatriotes blancs, les indigents et les dénués de la métropole. Soit dit sans que j'entende me faire à aucun titre l'avocat de l'esclavage, et toute réserve gardée en faveur de la dignité humaine qu'outrage aussi la misère; car la misère ne se borne pas à tuer l'homme, trop souvent elle le dégrade, non pas, j'en conviens, au même point que l'esclavage : à la charge de ce dernier, et pour marquer d'un trait caractéristique la différence des deux conditions, je dois mentionner les stigmates des lanières du fouet que j'aperçus empreints sur les lombes d'une couple de noirs des habitations.

La race nègre a ses qualités ainsi que ses défauts. Un penchant affectif très-prononcé chez elle, c'est l'amour des enfants. La négresse s'attache d'une façon particulière au nourrisson blanc qui lui est confié. Par nature, les négresses seraient incapables, je crois, de ces odieux méfaits qui sont reprochés aux nourrices mercenaires de notre pays, et contre lesquels se poursuit en ce moment, devant l'Académie impériale de médecine, une discussion féconde en révélations affligeantes.

Au-dessus des nègres, il y a la population de couleur. Celle-ci tient des deux facteurs qui ont concouru à la produire des qualités précieuses : du nègre une certaine vigueur organique, la puissance de résister au climat; du blanc les aptitudes intellectuelles; — de l'un et de l'autre, les facultés artistiques qui sont très-marquées chez beaucoup d'hommes de couleur; enfin une élégance de formes, une grâce et une souplesse de mouvements que la jeune mulâtresse possède à un plus haut degré peut-être qu'aucune autre femme au monde.

Ces métis forment, entre la race blanche et la race noire, un groupe intermédiaire dont l'absence laisserait un vide, à bien des points de vue regrettable, dans les populations. Or il est à remarquer que cette classe de gens de couleur ou d'individus de *sang mêlé* n'aurait jamais pu provenir d'unions légales que le préjugé et la législation elle-même interdisaient sévèrement autrefois. Beaucoup de blancs, à l'exemple d'un des illustres fondateurs de la démocratie américaine, Jefferson, ne se faisaient pas scrupule d'avoir commerce avec de jeunes négresses, leurs esclaves, qui n'auraient jamais consenti à contracter avec l'une d'elles un lien légal pour la durée de la vie. A propos de ces rapports irréguliers, *immoraux*, desquels est issue la classe des gens de couleur, il faut bien dire une fois encore : *felix culpa* (1).

La création de cette classe intermédiaire n'a malheureusement pas été un élément d'harmonie sociale. Une scission profonde s'établit bientôt entre les trois *nuances* de la population. C'était comme un ricochet de mépris, d'envie et de haine allant de chacune de ces trois classes aux deux autres. Méprisée et repoussée par les blancs, la population de sang mêlé méprisait et repoussait à son tour les noirs qui, de leur côté, avaient pour elle encore plus de haine que pour les maîtres blancs.

Je doute que ces fâcheuses dispositions respectives aient complétement cessé depuis l'abolition de l'esclavage dans nos colonies. Il y a cependant nécessité pour le maintien et l'extension de la culture dans ces magnifiques contrées, il y a, dis-je, nécessité que des races différentes interviennent simultanément et combinent leurs efforts. Les hommes de la race blanche sont incapables d'exécuter dans la zone

---

(1) Il est à remarquer que les unions entre sujets de deux races différentes, ont à peu près exclusivement lieu entre l'homme de la race supérieure et la femme de la race inférieure. Il y a de ce fait bien des raisons physiologiques et morales. A ce propos, toutefois, une réflexion quant au rôle respectif de chaque sexe pour la reproduction de l'espèce : la femme, plus scrupuleuse et plus délicate dans le choix des objets de ses affections ; la femme, qui pour donner son amour regarde souvent au-dessus de son niveau social, jamais au-dessous ; qui est attirée surtout par la distinction, par les élégances de toute nature ; la femme n'aurait-elle pas pour mission spéciale de maintenir les supériorités acquises, tandis que l'homme, qui répugne beaucoup moins aux mésalliances, aurait, lui, pour office d'élever les types inférieurs ?..

torride les travaux de culture du sol. De son côté la race noire, qu'on peut sous certains rapports et sans lui faire injure, appeler inférieure ou mineure (au point de vue anthropologique il existe entre les différentes races de réelles inégalités, c'est une vérité de fait incontestable) ; la race noire, dis-je, ne saurait, livrée à elle-même, constituer un état social qui la mette à même d'exploiter fructueusement les richesses naturelles de ces pays. Il lui faudrait tout au moins pour cette tâche des ingénieurs, des directeurs agricoles et industriels qu'elle est incapable de fournir présentement. Il faut donc que les deux races trouvent moyen de s'entendre à l'amiable ; il y va de l'intérêt de l'une et de l'autre. C'est, autant qu'il est permis d'en juger, conforme aussi aux vues de la providence qui n'a pu destiner de vastes territoires où la vie se déploie avec une puissance prodigieuse, à rester indéfiniment dans un état d'abandon sauvage et d'improductivité.

Serait-il donc par trop téméraire de rechercher la fonction spéciale de chaque race dans l'œuvre totale dévolue à l'humanité ? Et, se plaçant à ce point de vue, n'a-t-on pas quelque sujet d'admettre que la diversité des races correspond à la diversité des conditions climatériques, et que les inégalités, les différences d'aptitudes qu'elles présentent, impliquent le besoin de leur coopération, de leur association pour l'exploitation intégrale du globe ? Leur association, ai-je dit, mais non point l'asservissement d'une race humaine quelconque par une autre. La supériorité ne confère aucun droit d'oppression à l'égard des faibles.

Aujourd'hui, après la mesure de l'affranchissement, la grande difficulté qui surgit aux Antilles comme dans les Etats du sud de l'Union américaine, c'est d'amener volontairement le nègre au travail et de faire qu'il y prenne goût. Oh ! si quelque bonne Fée, d'un coup de sa baguette, transformait le travail en plaisir, comme tout irait à merveille, non-seulement dans le Nouveau-Monde, mais aussi dans l'Ancien !.. Ce qu'il n'est pas permis d'attendre d'une intervention miraculeuse, maintenant qu'on ne croit plus aux miracles, la science pourra le faire peut-être un jour... Partout posée désormais, la question du travail offre un nœud gordien que ne tranchera l'épée d'aucun Alexandre, mais que dénouera pacifiquement la main du travailleur lui-même, à la clarté du flambeau de la science...

Pour expliquer les réflexions qui précèdent, ai-je besoin de faire observer que nul n'a plus que le médecin sujet de se dire :

Nihil humani a me alienum.

De quelque façon qu'on l'envisage, l'hygiène a par tous les côtés des rapports intimes avec la question du travail.

XXVII. Procès des hommes de couleur de la Martinique.

A l'époque de mon voyage aux Antilles, nous étions au lendemain du procès des hommes de couleur de la Martinique, MM. Fabien, Bissette et Volny, condamnés aux travaux forcés à perpétuité pour avoir fait circuler dans la colonie une brochure intitulée : *De la situation des hommes de couleur libres aux Antilles*, brochure si peu violente d'ailleurs qu'elle avait été adressée aux ministres et aux Chambres. Avant leur embarquement pour la métropole et nonobstant leur pourvoi contre le jugement, les condamnés avaient été marqués au fer rouge, conformément à la décision des juges coloniaux ; après quoi ils furent transportés à Brest pour y subir leur peine au bagne.

Cependant l'opinion en France s'émut de tant de rigueur et d'arbitraire. Les chefs du parti libéral à Brest, qui étaient en même temps à la tête des premières maisons de banque et de commerce, MM. Guilhem, Dubois, Chauchard, employèrent toute leur influence auprès de l'autorité en faveur des condamnés martiniquais. Ceux-ci, au lieu d'être mis immédiatement au bagne parmi les voleurs et les assassins, furent détenus au château de Brest jusqu'à révision de leur jugement par la Cour de cassation.

Pendant leur détention à Brest, MM. Fabien, Bissette et Volny recevaient journellement des marques d'intérêt et de sympathie auxquelles la tolérance de l'autorité ne mettait aucun obstacle. Leur défenseur près la Cour de cassation, M. Isambert, étant venu à Brest visiter ses clients, y fut l'objet d'une ovation. On sait comment, grâce au zèle infatigable du savant jurisconsulte, le jugement fut enfin cassé par la Cour suprême.

J'ai rappelé cette affaire des hommes de couleur de la Martinique parce qu'un de mes camarades, Maingon, que je rencontrai à Fort-Royal, embarqué sur la frégate montée par le contre-amiral Bergeret, commandant la division des Antilles, me conduisit un jour chez madame Fabien, femme de l'un des condamnés. C'était une personne d'assez bonnes manières, d'une complexion délicate, aux doigts singulièrement effilés et souples comme ceux des créoles en général ; elle paraissait non-seulement triste, mais souffrante. Rien chez elle, ni dans les traits ni dans le teint, n'accusait une origine africaine, rien, si ce n'est peut être une nuance un peu plus foncée des paupières que ne l'ont d'ordinaire les blanches pur sang.

Je n'avais pas eu personnellement de rapports avec son mari, mais j'étais lié avec plusieurs des jeunes Brestois qui allaient fréquemment voir les détenus au château (1) ; je pus donc donner à madame Fabien des renseignements circonstanciés sur les témoignages de sympathie dont il était l'objet à Brest, ainsi que ses compagnons d'infortune. Elle se montra fort touchée et reconnaissante de ce que je lui disais.

Aucun des trois condamnés martiniquais n'est survivant aujourd'hui. Volny, le plus nul des trois, retourna mourir aux Antilles. Bissette, fixé à Paris, fit diverses publications sous le règne de Louis-Philippe. Aux premiers jours de la révolution de février 1848, on le voit figurer dans l'état-major du général Courtais ; peu de temps après on le trouve aux Antilles, faisant une sorte d'opposition réactionnaire aux vues de Schœlcher et d'Arago qui venaient d'abolir l'esclavage. Depuis longtemps déjà M. Isambert avait eu lieu, m'assure-t-on, de se refroidir à son sujet. Fabien fut celui des trois qui justifia le mieux jusqu'au bout l'intérêt qu'on avait pris à leur malheur.

XXVIII. Embarquement des malades. — La Guadeloupe.

Après quinze jours passés sur la rade de Fort-Royal, nous embarquâmes les malades que nous devions rapatrier. Il arriva trop souvent qu'au lieu et place de convalescents pour lesquels le retour au pays natal eût été salutaire, on nous envoyait de véritables moribonds, des phthisiques, des dyssentériques parvenus au dernier degré d'épuisement.

Sitôt installé à bord le contingent fourni par Fort-Royal, nous mîmes à la voile pour Saint-Pierre, la place de commerce et la ville la plus importante de la Martinique. Ici nous ne mouillâmes pas ; nous mîmes seulement en panne pour recevoir les malades. Ceux-ci étaient dans un état plus piteux encore que les premiers. C'était à ce point qu'il en mourut un dans l'embarcation même qui les amenait au bâtiment-hôpital.

Nous fîmes route immédiatement vers la Guadeloupe, et au bout de deux jours nous jetions l'ancre devant la Basse-Terre. Ici l'on peut parcourir la campagne sans la préoccupation des serpents venimeux ; il

(1) Au nombre de ces jeunes gens je citerai mon ami A. Bécot, alors commis, plus tard l'associé de MM. Gautier-Dubois dans les affaires de cette importante maison de commerce avec l'Amérique du Sud, et particulièrement avec le Pérou. MM. Dubois et Bécot, que j'ai eu le plaisir de revoir à Paris dans ces derniers temps, ont bien voulu confirmer de leurs propres souvenirs et compléter sur quelques points ceux que je retrace ici, notamment en ce qui concerne l'affaire des hommes de couleur de la Martinique.

n'en existe aucune espèce à la Guadeloupe, immunité singulière dont la cause est attribuée vulgairement à l'existence d'une soufrière dans cette île.

Si la Guadeloupe est préservée des serpents, elle se trouve la victime privilégiée d'assez d'autres fléaux. Les ouragans et les tremblements de terre y ont maintes fois causé d'épouvantables désastres.

Comme indice de la violence d'un des derniers ouragans qu'eût essuyés la colonie, on me montra, sur la promenade du Champ d'Arbaud, un gros arbre gardant au travers de son tronc une planche qui, soulevée et poussée par la force du vent, s'y était enfoncée et y restait fixée comme une flèche.

Les camarades de l'hôpital de la Basse-Terre me firent un cordial accueil, et je me rappelle encore avec plaisir quelques bonnes soirées de causerie passées avec eux dans les cours de cet établissement. Quant aux services de médecine et de chirurgie, je ne pus m'en faire une idée, mon propre service me retenant à bord aux heures des visites de l'hôpital.

Nous prîmes à la Basse-Terre le complément de nos passagers : ce qui porta à une soixantaine le nombre de nos malades, dont trente au moins ne pouvaient quitter leurs cadres. La batterie presque tout entière était affectée à leur installation.

XXIX. Histoire de deux requins.

Le *Rhône* mit à la voile pour regagner la France le 10 mai.

Dans l'après-midi de notre départ, lorsque nous étions encore en vue des côtes de la Guadeloupe, on s'aperçut qu'un requin suivait le navire, se tenant dans le sillage, tout près du gouvernail. On s'empressa de jeter un hameçon garni de un ou deux kilogrammes de lard. Le glouton eut bientôt avalé le morceau, non sans s'accrocher à l'hameçon. Il ne s'agissait plus que de le hisser à bord. Dans ce but on lui passa sous le corps deux nœuds coulants formés avec une grosse corde. Mais au moment où le requin était déjà hors de l'eau, les nœuds glissèrent, la partie par laquelle il était suspendu à l'hameçon se déchira sous l'effort de la secousse, et il retomba dans les flots, nous laissant tous un peu désappointés.

Parmi ceux qui prêtaient la main avec le plus d'ardeur à ce gros coup de pêche manqué, se trouvait, il m'en souvient, un jeune novice vannetais, nommé Léonard, grand blondin à la chevelure bouclée, faisant le service de timonier, lequel, suivant ce que j'ai su depuis d'un de ses camarades, perdit un bras, quelques années plus tard, dans une circonstance pareille à celle que je viens de rapporter. Il naviguait comme second sur un bâtiment de commerce, lorsque, avec plus de succès, malheureusement pour lui, qu'à bord du *Rhône*, on pêcha aussi un requin qui fut amené à bon port. Le squale, étendu sur le pont, était tenu pour mort; on avait même commencé à le découper par tronçons et la tête était séparée d'une partie du corps. Le lieutenant Léonard, en tournant pour descendre l'escalier de l'intérieur, glissa sur le pont rendu visqueux, et il tomba assez malencontreusement pour qu'une de ses mains se trouvât placée entre les mâchoires du requin. Celles-ci se refermèrent, probablement par suite de ce phénomène nerveux qu'on nomme action réflexe, et l'extrémité du membre fut broyée et dépouillée de ses chairs. Il fallut sur-le-champ faire l'amputation de l'avant-bras.

XXX. Nos infirmiers. — Chauvin l'hydrophobe.

Le service médical nous avait donné jusque-là médiocrement d'occupation. Il en fut autrement lorsque nous eûmes à bord nos malades. Ce n'est pas qu'il y eût une médecine bien active à faire sur des hommes qui venaient de séjourner plusieurs mois dans les hôpitaux. Mais il fallait opérer leur installation, les pourvoir de tous les objets nécessaires, surveiller leur régime, entretenir la propreté, chose assez difficile avec des dyssentériques et des poitrinaires en proie aux diarrhées colliquatives.

Pendant le séjour à bord des malades passagers, on adjoignit au chef infirmier, outre son aide habituel, huit matelots ou novices pour concourir au service hospitalier. Il va sans dire que ce n'était pas la crème de l'équipage qu'on désignait pour cette fonction, à laquelle ces infirmiers improvisés apportaient non-seulement de l'inexpérience, mais encore assez peu de bon vouloir. La plupart regardaient comme une disgrâce, si ce n'est comme une humiliation, d'être employés aux soins des malades. Triste préjugé, par suite duquel ce qui devrait être le plus honoré, — une corvée répugnante ayant pour objet le service de l'humanité, — est précisément ce pour quoi l'on montre le moins d'estime!

Notre chef infirmier était un homme de près de 50 ans, originaire de la Saintonge, portant le nom de *Chauvin* auquel il faisait honneur, car en sus de deux rations de vin qui lui étaient accordées, il trouvait moyen d'élever au triple de ce qui lui était attribué sa consommation journalière. Ces libations copieuses ne produisaient pas chez lui l'ivresse; il portait, comme disent les marins, admirablement la voile. Un jour l'infirmier Chauvin tomba malade d'une pneumonie. Le chirurgien-major voulut substituer au vin la tisane. Ce qu'entendant maître Chauvin, « ah! monsieur, s'exclama-t-il avec un accent piteusement pathétique et en se redressant sur son lit le visage tout bouleversé, monsieur, si vous m'ôtez mon vin, je suis un homme perdu ! Vous aurez, je vous jure, ma mort à vous reprocher. Depuis que je me connais, je n'ai jamais bu d'eau ; ce sera pour moi un poison ! » Devant la terreur très-sérieuse du malade, on capitula ; il fut convenu qu'il garderait son vin, mais qu'il le couperait avec de la tisane.

C'est la première fluxion de poitrine que j'ai vu, non pas traiter par les alcooliques (on n'en était pas là en 1828), mais marcher rapidement vers la guérison sous l'influence de l'usage du vin dans de larges proportions.

Ce que nous avions passé à Chauvin nous semblait une énorme témérité. En ce temps-là, temps du règne exclusif de l'eau gommeuse et des émissions sanguines, une simple infusion béchique, une préparation de quinquina étaient réputées *incendiaires*.

XXXI. Nos morts. — Retour à Brest. — La quarantaine. — Nos passagers valides.

Nous perdîmes en haute mer quatre ou cinq malades, moins que nous ne nous y attendions, d'après l'état de bon nombre d'entre eux. Il semblait que l'espoir de revoir le pays ranimait ces cadavres et retenait dans leur sein un souffle prêt à s'échapper. Chose bizarre, aux approches des côtes de France, plusieurs de ces moribonds s'éteignirent. La même particularité avait été déjà observée dans les précédents transports de malades. Cruelle dérision du sort ! ils faisaient plus, en expirant, que se souvenir de la patrie bien-aimée ; ils en apercevaient déjà, de leurs yeux prêts à se fermer pour toujours, le rivage tant mais vainement désiré !

A notre arrivée en rade de Brest, on nous signifia une quarantaine de vingt-cinq jours. Les malades furent descendus au lazaret de l'île de Trébéron avec le chirurgien-major et le pharmacien. Je restai à bord pour soigner l'équipage et ceux des passagers qui n'étaient pas assez malades pour entrer à l'hôpital du lazaret.

Il est à noter qu'après avoir transporté des dyssentériques, nous observions toujours un certain nombre de diarrhées avec glaires sanguinolentes et ténesmes parmi les hommes de l'équipage. Aussi, en dépit de la doctrine médicale régnante, j'étais, quant à la dyssenterie, partisan dès lors de la contagion, opinion que ne mettaient point en doute les observateurs du siècle dernier, mais qui a dû, pour prévaloir de nos jours, être démontrée de nouveau à l'aide de faits irréfragables par mon compatriote, le docteur Piedvache (de Dinan), dans un mémoire couronné par l'Académie de médecine.

Pour terminer moins médicalement ce chapitre, disons un mot de nos passagers valides.

Nous ramenions en France le directeur des douanes de la Martinique avec sa famille et un riche planteur, M. de Jabrun, qui a été, pendant longtemps, délégué de cette colonie. Ces deux messieurs étaient commensaux du commandant; mais ils causaient volontiers avec tout le monde et d'une façon intéressante.

Faut-il mentionner parmi les personnes de passage à bord une belle grosse, grande et fraîche Parisienne qui avait profité de l'occasion du *Rhône* pour se rapatrier. Mademoiselle B..., beauté épanouie de vingt-six à vingt-huit ans, avait poursuivi jusqu'au delà de l'Atlantique un jeune créole auquel, pendant sa vie d'étudiant à Paris, elle avait rendu des services de plus d'un genre. Mais de retour aux colonies, il avait, l'ingrat, oublié tout, obligations et promesses. Ariane avait appris, en débarquant à la Pointe, que son prétendu était marié. Il n'y avait rien à tenter contre une position désormais inexpugnable. En femme d'esprit qui se sentait encore assez de jeunesse, assez de fraîcheur et d'entrain pour que, deux beaux grands yeux noirs aidant, il lui fût permis d'espérer prendre sa revanche dans le champ de bataille de l'amour et de l'hymen (*strugle for love*), elle revenait consolée, riant parfois elle-même de sa déconvenue, se montrant aimable, enjouée, agaçante... Ce qu'aura fait Paris de ces heureuses dispositions qu'on lui rapportait (l'eau va toujours à la rivière), je n'en ai rien su, et j'abandonne ce point à l'imagination des tireurs d'horoscope. Toujours est-il que les femmes en sont bien souvent pour leurs frais lorsque, par bonté d'âme, dans le décevant espoir d'un mariage, elles viennent de leurs deniers en aide à un étudiant jeté dans l'embarras, parce que, lasse d'acquitter des dettes toujours renaissantes, la famille s'est enfin décidée à couper les vivres. Combien j'en ai connu de ces trop confiantes demoiselles et mamans, car les mamans donnent très-bien dans ce panneau, séduites qu'elles sont par l'idée de procurer à leurs filles un établissement qui flatte leur amour-propre maternel, combien j'en ai connu, dis-je, qui ont ainsi travaillé, non pour la reine de Prusse, mais pour une héritière quelconque dont la dot a bientôt fait oublier au jeune légiste ou docteur en médecine les services reçus par l'étudiant! L'homme, en général, est un monstre d'ingratitude; ne comptez point, mesdames, le retenir par le bienfait. Il est vrai qu'au point de vue de l'amour, la réciproque peut se soutenir avec non moins de raison :

> Ce n'est point par effort qu'on aime,
> L'amour est jaloux de ses droits;
> Tout reconnaît sa loi suprême,
> Lui seul ne connaît point de lois.

La pensée est juste, si la strophe n'est pas pindarique pour être de J. B. Rousseau.

XXXII. Voyage déjà mentionné à Lisbonne et à Cadix.

Après avoir purgé sa quarantaine, *le Rhône* entra dans le port pour y subir quelques réparations.

Il reprit la mer vers le milieu du mois d'août 1838, pour se rendre à Lisbonne et de là à Cadix, afin de concourir, avec la frégate *la Thémis*, à l'évacuation de cette place par nos troupes.

Lisbonne et Cadix, ces villes sont trop connues pour que je m'arrête à les décrire.

En descendant à Lisbonne, ce qui nous frappa d'abord, ce ne fut pas encore tant la malpropreté des rues de cette capitale, que d'y voir circuler force capucins (il n'y en avait pas alors en France) et autres religieux dans les costumes de leurs ordres respectifs. Si les pauvres compagnons de saint François allaient pédestrement, d'autres membres de la milice sacrée chevauchaient sur des mules. Nous apercevions en même temps à bon nombre de fenêtres des demoiselles au teint olivâtre, à la taille et à la figure quasi-enfantine, qui nous faisaient des signaux d'appel prohibés dans les cités bien policées. Là on autorise et réglemente, il est vrai, le même genre de commerce qu'exerçaient fort indiscrètement les hétaïres non patentées de Lisbonne ; mais on l'autorise sous la condition d'une certaine réserve dans la forme des provocations adressées aux passants.

C'est vainement, hélas ! que la morale, la religion et la philosophie s'accordent pour condamner et flétrir la prostitution. Cette odieuse profanation de l'amour, dégradante pour l'un et l'autre sexe, autant pour celui qui achète que pour celui qui vend le plaisir, cette simonie de la chair est une souillure inhérente aux sociétés civilisées et qui croît plutôt qu'elle ne diminue avec les progrès mêmes de la civilisation. Pas plus l'éducation catholique des Portugaises et des Espagnoles que l'éducation anglicane ou presbytérienne des femmes de la Grande-Bretagne, ni que toutes les influences moralisatrices analogues, ne peuvent prévaloir contre les fatalités sociales qui, dans tous les pays, poussent une foule de malheureuses à chercher des moyens d'existence ou de luxe passager dans le trafic de leur jeunesse. Contre ce mal, contre cette lèpre immonde, il n'y a qu'une prophylaxie efficace : ce serait de ménager aux femmes des occupations lucratives, au lieu de leur enlever de plus en plus celles dont elles étaient en possession ; ce serait de mettre les femmes en mesure de se procurer, par un travail approprié à leurs aptitudes et convenablement rétribué, des ressources personnelles, gage de leur indépendance et sauvegarde de leur dignité ; ce serait encore de faciliter les mariages dont le célibat militaire (et aussi le célibat religieux) d'une forte proportion d'hommes réduit nécessairement les chances pour l'autre sexe, en même temps que les charges de plus en plus lourdes d'un ménage à établir et à entretenir détournent du lien conjugal bon nombre de jeunes gens, surtout dans les villes. Voilà quelques-unes des grandes causes de la prostitution publique et secrète auxquelles il faudrait obvier par une meilleure organisation du travail et par la réduction des armées. Tant qu'on se bornera contre le vice à l'estimable, mais impuissante ressource des sermons, des lectures édifiantes, ou même de la distribution de quelques couronnes de rosières plus ou moins bien placées, on n'aura pas fait grand'chose pour le triomphe des bonnes mœurs et pour la correction des mauvaises.

A Cadix tout se passait à peu près comme à Lisbonne, sauf qu'il y régnait plus d'animation et qu'on y rencontrait moins de capuchons sur la voie publique. Pour reprendre possession de la place, les moines attendaient, je présume, la disparition des uniformes français; car ils ne sympathisaient guère avec les libérateurs que leur avait envoyés S. M. Louis XVIII, suivant l'explication soldatesque de l'expédition d'Espagne par le chansonnier :

> Nous allons tirer d'peine
> Des moin's blancs, noirs et roux,
> Dont on prendra d'la graine
> Pour en r'planter chez nous.

La Restauration n'eut pas le temps de cultiver la graine; elle laissa ce soin à ses successeurs, qui ne s'en seraient pas trop mal acquittés, si l'on en juge par la façon dont elle a levé et prospéré dans notre pays. Mais ne nous plaignons d'aucune liberté, pourvu que de la liberté on accorde à tous également l'usage, aux libres penseurs aussi bien qu'à ceux qui ont cinquante mille chaires pour leur chanter pouille chaque jour et pour les accuser de tous les fléaux de ce bas monde.

En attendant que le jour vienne où le pour et le contre auront les mêmes facilités de se produire, où l'on pourra lutter à armes égales, en pleine lumière et au grand soleil, soit en faveur de la tradition, soit en faveur de la philosophie et du rationalisme, sans que les tribunaux interviennent sous un prétexte ou sous un autre ; en attendant, dis-je, le régime, proclamé en principe et jamais pratiqué, de la liberté intégrale de discussion, je reprends mon récit trop entrecoupé de parenthèses qui sentent le fagot.

Pendant l'occupation de Cadix par les troupes françaises, la musique d'un de nos régiments jouait trois fois par semaine sur la promenade intérieure de la ville ou place circulaire de San-Antonio. C'est là qu'il me fut donné de voir une sorte de défilé de ces gracieuses et vives Andalouses renommées pour la beauté de leurs formes, spécialement pour

la voluptueuse cambrure de leurs reins, pour l'éclat de leurs grands-
yeux noirs et l'agilité mutine de leurs délicieux petits pieds. Elles
se rendaient en foule à la place San-Antonio les jours de sérénade,
et comme des cavales dans un cirque, elle tournaient en cercle, divisées par groupes de six ou huit qui prenaient de temps en temps la
tangente pour aller, sur l'invitation d'un galant *caballero*, croquer
quelques bonbons dans les *pastelerias* du voisinage. Il y avait bien dans
certains regards un peu de mélancolie et de tristesse, car après un séjour de plusieurs années, qui n'avait pas été sans développer quelques
sympathies réciproques, la garnison française était à la veille d'évacuer
Cadix. Nos troupiers ne quittent pas un pays de jolies femmes sans que
leur souvenir, comme dit le poëte,

« Leur souvenir reste à plus d'une. »

Aussi bien des Carmen, des Dolorès et des Pilar avaient brûlé plus d'un
cierge devant l'image de leur commune patrone, Marie, pour obtenir
par l'intercession de la reine des cieux que l'occupation ne finît pas
encore. C'était peu patriotique, j'en conviens, mais l'amour met la patrie au second plan : c'est un sentiment essentiellement cosmopolite,
et si les barrières qui s'élèvent entre les nations, entre les races humaines même, doivent tomber un jour, l'amour y sera bien pour quelque chose. C'est à son creuset que la fusion s'opérera.

Une des particularités de l'Espagne, c'est le caractère mystique qui
s'affiche jusque sur les enseignes des établissements les plus profanes.
Au-dessus dé la porte d'un cabaret, nous lisions, par exemple : *Posada
de las ánimas* (auberge des âmes). J'imagine qu'il y avait toutefois,
dans l'établissement, quelque chose aussi pour la réfection des corps.

Ayant embarqué les malades de la garnison et une certaine quantité
de matériel, le *Rhône* était de retour à Brest le 7 octobre. Comme spécimen d'Andalouses, nous rapportions les femmes de deux sergents qui,
avec les autorisations réglementaires indispensables, et suivant toutes
les formes civiles et canoniques, avaient épousé leurs dulcinées. L'une
d'elles avait même obtenu l'emploi de cantinière au régiment de son
mari. Lorsqu'on les descendit à terre, à la vue des pieds de nos Bretonnes, qui n'ont pourtant rien d'excessif, elles s'écriaient dédaigneu-
sement en faisant une moue ironique : « *quellos pies!* »

XXXIII. Départ pour le Sénégal. — Naissance d'un Parisien par le vingtième
degré de latitude Nord.

Le 5 décembre 1828, le *Rhône* mettait à la voile pour le Sénégal, où il transportait cinq compagnies du 16e léger, régiment qui fournissait alors les garnisons de plusieurs de nos colonies.

L'officier qui commandait le détachement était un vieux capitaine de l'Empire, vrai type du troupier. Il parlait l'argot des casernes dans ce qu'il a de plus accentué avec une rondeur sans égale. Ce brave capitaine avait à son usage tout un répertoire de locutions d'un pittoresque achevé, mais d'une crudité telle que, malgré l'invasion progressive du *chic* dans le langage même des gens comme il faut, elles devront faire quarantaine longtemps encore aux portes des salons et surtout de l'Académie.

Le sexe féminin, cette fois, n'était représenté à bord que par la femme d'un sergent et celle d'un tambour. La seconde de ces dames était au neuvième mois d'une grossesse, et elle attendait d'un moment à l'autre sa délivrance.

Une couple de jours après que nous eûmes salué, à distance, le pic de Ténériffe laissé sur notre gauche, lorsque nous étions par le travers du cap Blanc (celui du Sahara, bien entendu, car il y a, comme on sait, trois caps de ce nom en Afrique), les douleurs de la parturition se déclarèrent. Le chirurgien-major, qui était M. Aze, fit l'accouchement dans un poste en toile disposé sur l'arrière de l'entrepont où couchait l'équipage. Tandis que la patiente poussait des cris à effaroucher et à priver de sommeil la bordée qui venait de quitter le premier quart de nuit pour prendre un temps de repos dans ses hamacs, la femme du sergent qui nous prêtait son aide et attendait le poupard pour l'habiller, l'assistante, dis-je, exprimait tout haut des réflexions peu flatteuses pour la Providence sur la rude part faite au beau sexe dans l'œuvre de la reproduction de l'espèce. Tout se passa bien d'ailleurs, et au point du jour il y avait un passager de plus à bord du *Rhône*, un enfant de troupe de plus au 16e léger, et, mieux que cela, un Parisien de plus dans le monde.

L'acte de l'état civil, dressé par le commis aux revues, assigna en effet au nouveau-né pour lieu de naissance légale Paris, la capitale de la France, comme cela se pratique pour les enfants français nés en mer. On mentionne seulement la latitude et la longitude du point où se trouvait le navire à l'heure de l'événement. Voilà comment on peut naître Parisien sous un tout autre méridien que celui de Paris, et par un parallèle fort différent du 48° de latitude nord.

XXXIV. Saint-Louis. — Gorée. — Emile Chevé.

Le 1er janvier 1829, nous apercevions la côte plate et aride de la partie du continent africain qui porte le nom de Sénégambie. Dans cette immense plaine de sable, où l'on ne découvrait pas la trace d'une habitation, nous vîmes seulement quelques cavaliers arabes ou maures formant comme une petite caravane.

Le lendemain nous jetions l'ancre par le travers de Saint-Louis, mais au large, à 5 ou 6 lieues de cette ville, les navires de la force du *Rhône* et même d'un tirant d'eau moins considérable, ne pouvant franchir la barre qui existe à l'embouchure du fleuve (le Sénégal) sur lequel est bâti notre principal établissement dans ces contrées.

J'eus la curiosité de passer la barre une couple de fois dans la chaloupe du bord, lorqu'elle se rendait à terre pour faire de l'eau. Les trois grosses lames que détermine l'obstacle formé par l'accumulation des sables, soulèvent et laissent retomber ensuite les embarcations, de manière à faire chavirer bon nombre de celles qui franchissent la barre, soit pour entrer dans le fleuve, soit pour en sortir. Les nègres, de beaux grands gaillards, ma foi, bien découplés et fortement musclés, avec un développement frontal tel que je ne l'ai jamais observé ailleurs dans la race noire ; les nègres *Iolofs*, qui nous apportaient de Saint-Louis la provision de viande fraîche destinée à la nourriture de l'équipage, avaient presque toujours eu leur barque ou pirogue chavirée au passage de la barre. Ils se jetaient alors à la nage, redressaient l'embarcation à laquelle étaient amarrés les quartiers de bœuf, et ils continuaient ensuite leur voyage comme si de rien n'était. Pour se défendre contre les requins, chacun de ces hommes portait un poignard attaché à la ceinture : protection bien incertaine contre les terribles mâchoires de ce vorace ennemi.

Dans une excursion que nous fîmes à terre, sur la rive gauche du fleuve, l'enseigne Sardou, le commissaire et moi, nous poussâmes jusqu'à un village nègre assez important. Il consistait en une centaine et plus de cabanes ou cases en bambou et en paille ; quelques-unes disséminées sans ordre, les autres alignées et séparées par des ruelles d'un mètre environ de largeur. A notre vue, les jeunes négresses, comme intimidées, rentraient dans les cases ; les enfants et les hommes, au contraire, venaient à nous. Un vieillard, sorte de marabout (ces nègres sont musulmans), était occupé à écrire de droite à gauche, suivant l'usage des Orientaux, quelques versets du Coran. C'est là que j'eus l'occasion de voir l'énorme baobab, ce roi des végétaux qui les surpasse tous par ses dimensions et par sa longévité deux ou trois fois millénaire.

Après avoir laissé à Saint-Louis la plus forte partie du détachement de troupes que nous avions à bord, nous appareillâmes pour nous rendre à Gorée, où nous mîmes à terre les deux dernières compagnies dont il se composait.

Là je rencontrai Emile Chevé, si connu depuis comme propagateur de la méthode d'enseignement musical créée par Galin, perfectionnée par lui, par sa femme et par son beau-frère, Aimé Paris qui en a été le second père en la sauvant de l'oubli où elle était tombée après la mort de l'inventeur. Emile Chevé! Aimé Paris! esprits si actifs, cœurs si dévoués, que rassemble aujourd'hui un même tombeau, élevé par la reconnaissance de leurs élèves et des appréciateurs de leur œuvre éminemment populaire, éminemment socialisante, dirai-je, si l'on veut me permettre ce néologisme.

Chevé, alors chirurgien de seconde classe, était chargé du service médical à Gorée. Il avait avec lui sa jeune femme qu'il avait épousée à Brest au moment même de partir pour le Sénégal, et qui l'avait déjà rendu père d'un fils qu'elle allaitait. Ce fils, né par conséquent d'un premier lit, était Amand Chevé, continuateur aujourd'hui de la tâche paternelle, bien qu'avec des modifications appropriées à sa nature et à son génie particulier.

Emile Chevé me fit à Gorée un accueil affectueux et tout à fait cordial. Il me dit de considérer sa maison comme la mienne, et commença par me retenir à déjeuner.

En sortant de table, il m'emmena visiter son service hospitalier, et il me conduisit auprès d'un de nos pauvres camarades qui se trouvait alité dans une des chambres de l'établissement, le corps couvert d'autant de plaies hideuses qu'en ait jamais pu offrir celui de Job sur son fumier. On ne pouvait le retourner sur sa couche qu'au prix de vives douleurs. L'épuisement était extrême; le malheureux n'avait plus que le souffle. Pourtant, chose à peine croyable, son imagination lascive rêvait encore et toujours de ces voluptés qui l'avaient mis en un si horrible état. Pour s'en procurer du moins le spectale, sur ce lit où il gisait attendant lui-même une fin prochaine, il avait recours, d'après ses propres aveux, à des expédients étranges, praticables seulement avec des nègres et des négresses, comme ceux qui le servaient et desquels il n'y a rien qu'on n'obtienne par l'appât d'une pièce de deux francs.

Rongé au dehors par le *lues venerea*, au dedans par le feu du satyriasis, l'infortuné semblait voué à une mort assurée et prochaine. Il eut une merveilleuse chance : grâce aux soins non moins dévoués qu'habiles de Chevé, grâce aussi à la salutaire influence que celui-ci exerça sur le moral de son malade, ce dernier put, au bout de quelques mois, être renvoyé à Brest, où il acheva sa guérison.

XXXV. Les Signardes. — Leurs mariages temporaires.

Le Sénégal, comme les Antilles, possède une race intermédiaire née du commerce des blancs avec les négresses. Il en est résulté une classe de femmes connues sous le nom de *signardes*, qui ne manquent pas d'agrément ; elles ont institué une façon de vivre et des mœurs qui sont particulières à nos établissements de la côte occidentale d'Afrique. Ces signardes ont presque toutes un peu de fortune et jouissent d'une complète indépendance ; elles ne se marient pas, mais elles contractent des liens temporaires avec les Européens, fonctionnaires et autres, qui vont résider au Sénégal. L'union subsiste aussi longtemps que le séjour de l'homme dans la colonie, et elle se dissout par le fait de son éloignement. Chacun de ces couples vit ainsi en ménage sans que l'opinion trouve à redire. Les enfants restent à la mère, pour laquelle ils ne sont pas une charge dans un pays où l'on vit d'une poignée de couscousse et où l'on n'a guère besoin de vêtements.

Grâce à ce concubinage régularisé, d'où l'hypocrisie et la disssimulation se trouvent bannies, il règne moins de libertinage au Sénégal que dans nos autres colonies où se rencontrent pareillement des mélanges de races différentes. Ici, comme partout, le mulâtre dédaigne et méconnaît sa mère la négresse, en cela semblable à ces parvenus qui rougissent de leur point de départ, et mettent tous leurs soins à le faire oublier.

Gorée n'est qu'un îlot, qu'une sorte de rocher aride dont on a bientôt fait le tour. Je ne fus pas peu surpris d'y voir courir dans les rues des autruches en liberté.

Le poisson sur cette côte est excellent, et d'une abondance telle qu'un seul coup de seine (grand filet de pêche) en procurait pour le repas de tout l'équipage, environ 150 hommes.

XXXVI. Un mot sur les malades à rapatrier.

Les malades que nous avions reçus de Saint-Louis, et ceux que nous prîmes à Gorée, étaient soit des dyssentériques, soit des hommes épuisés par les fièvres intermittentes. Le professeur Piorry aurait eu là une belle collection de rates hypertrophiées à soumettre à la mensuration. Nous embarquâmes aussi des hépatites chroniques, quelques-unes avec ascite.

Aujourd'hui l'on doit avoir à ramener de nos possessions de la côte occidentale d'Afrique une proportion plus forte de moribonds, depuis l'établissement de nouveaux postes dans les stations si affreusement insalubres de Grand-Bassam, du Gabon, etc. ; ou plutôt ces contrées sont tellement meurtrières pour les Européens qu'elles dispensent du soin de rapatrier la plupart de ceux qu'on y envoie et qui y font quelque séjour. Là on sacrifie, m'assure-t-on, dans un but d'influence problématique et d'avantages commerciaux fort minces, une centaine au moins de nos compatriotes chaque année, malgré l'emploi d'une troupe d'auxiliaires indigènes. J'apprécie l'expansion colonisatrice, mais à la condition qu'elle s'exerce avec discernement et sous la réserve d'un peu de respect pour la vie des hommes. Est-ce que l'existence de nos marins et de nos soldats n'est pas d'un plus haut prix que la possession, en lieux pestilentiels, de quelques comptoirs pour l'enrichissement de trois ou quatre puissantes maisons de commerce?

Après avoir longé les îles du cap Vert et être ensuite remonté jusqu'aux Açores pour profiter des vents d'ouest qui soufflent habituellement sur cette partie de l'Atlantique, le *Rhône* effectua son retour à Brest sans incident notable.

XXXVII. Voyage à Cayenne.

Après un mois de rade, *le Rhône* reprenait la mer pour se rendre à Cayenne. Nous avions à bord trois cents hommes du 16e léger. Parmi les sous-officiers, jeunes gens en majeure partie instruits et de bonnes manières, se trouvaient quelques chanteurs agréables. On commença par se grouper autour d'eux le soir, sur le pont, lorsqu'ils entonnaient quelques couplets de Béranger ou de Désaugiers. Ce n'était pas encore le temps des charges grossières et malsaines qui font fureur aujourd'hui dans les cafés chantants. Bientôt, encouragés par les applaudissements sympathiques des auditeurs, officiers, matelots et soldats, ils en vinrent à jouer des vaudevilles qui n'étaient pas du tout mal rendus. Un jeune fourrier imberbe était chargé des rôles de femme, et spécialement de l'emploi d'amoureuse. Ce fut notre traversée artistique.

Nous avions comme passagers un vieux commandant de l'armée impériale en non-activité depuis 1815, auquel le ministère Martignac venait de rendre l'emploi de son grade, et un ingénieur en chef des ponts et chaussées, M. Cousineri, hommes avenants tous les deux, mais qui eurent le mal de mer, sans désemparer, pendant toute la traversée pour ainsi dire.

Nous portions encore à Cayenne un lieutenant de vaisseau, M. Mercier, qui allait y prendre les fonctions de capitaine de port. Il avait avec lui sa femme, ses deux jeunes enfants, un neveu et une charmante nièce, adolescents l'un et l'autre, M. et mademoiselle de Maisonneuve. L'aînée des petites filles, âgée de quatre ans, avait la coqueluche en partant de Brest; à l'arrivée à Cayenne, elle était loin d'en être débarrassée. Il y avait même eu dans le cours du voyage des moments d'aggravation marquée. Certain jour, au milieu d'une quinte, l'enfant éprouva une asphyxie véritable. Déjà la figure et les mains étaient toutes bleues, la respiration se trouvait suspendue et l'insensibilité complète. En présence d'une mort imminente, je plongeai rapidement les pieds de la petite dans une casserole d'eau presque bouillante, en

même temps que je lui promenais sur la poitrine un linge imbibé de la
même eau, et j'eus la satisfaction de la voir revenir à la vie.—Le changement d'air est réputé très-efficace et conseillé journellement à ce titre
contre la coqueluche. Beaucoup d'observations viennent effectivement
à l'appui de ce conseil. Ici la petite malade avait parcouru 1,800 lieues
en allant des pays froids vers les pays chauds, considérés généralement
comme plus favorables dans les affections des voies respiratoires, et
cependant les quintes n'avaient diminué ni de fréquence ni d'intensité.
Cela dépendait-il de ce qu'un navire emporte avec lui une atmosphère
propre, qui ne se renouvelle pas complétement, même pendant une
longue traversée?

Les gros bâtiments ne peuvent aborder à Cayenne, ils restent mouil-
lés à trois lieues de terre (1). Une goëlette venait prendre et transportait au débarcadère ceux d'entre nous qui avaient à se rendre à la
colonie, soit pour affaire de service, soit pour motif de curiosité ou
tout autre.

XXXVIII. Rencontre d'un ancien camarade de collége.

Un de mes camarades de collége qui, ses humanités terminées, avait
d'abord étudié le droit à Paris, que j'avais revu ensuite à Brest clerc
de notaire, puis employé de l'administration de la marine, Guillaume
Habasque, s'était fixé comme avocat à Cayenne (2). Dès qu'il sut que

---

(1) On m'apprend qu'il en est autrement aujourd'hui par suite de
travaux exécutés dans la passe depuis l'époque dont je parle.

(2) Entré bientôt après dans la magistrature coloniale, Habasque fut
successivement juge au tribunal de Cayenne et conseiller à la cour de
la Guadeloupe. Il occupe aujourd'hui le même emploi à la Réunion. Je
l'ai revu à Paris en 1849, puis en 1865, avant qu'il partît pour sa
résidence actuelle. — Un de ses frères aînés, feu M. Habasque, qui pré-
sida longtemps le tribunal de Saint-Brieuc, a publié sur le département
des Côtes-du-Nord trois volumes de *Notices historiques*, *géogra-
phiques*, etc., compilation d'érudit, précieuse par la multitude de renseignements qu'elle contient. — Enfin, le conseiller Habasque a pour
gendre un chef de bataillon de l'infanterie de marine, M. Ligier, fils
de l'acteur célèbre qui venait immédiatement après Talma comme tra-
gédien. — Talma, puisque je l'ai nommé, avait aussi dans la marine un
fils qui portait son nom, et qui est mort, je crois, dans le grade de capitaine de vaisseau. — Quant au commandant Ligier, c'est un homme
actif, entreprenant, qui exploite en grand les forêts de la Guyane peu-
plées d'essences offrant, soit pour la construction, soit pour l'ébénis-

j'étais sur *le Rhône*, il m'adressa une cordiale invitation et me fit de
gracieuses offres d'hospitalité, dont j'usai sans façon pendant les deux
ou trois seuls jours qu'il me fut permis de passer à terre. Habasque,
qui était alors garçon, eut même à mon intention quelques invités. Au
moment de nous mettre à table, on nous distribua, pour remplacer nos
habits, de légères vestes blanches, comme c'est l'usage aux colonies,
afin que les convives aient moins à souffrir de la chaleur pendant le
repas. Ces vestes sont considérées comme linge de table, et chaque
maison un peu aisée en possède quelques douzaines.

Nous poussâmes le lendemain une reconnaissance jusqu'à la lisière
des grands bois vierges du continent, massifs touffus d'arbres immenses
entrelacés de lianes, dont rien dans nos pays ne saurait donner une idée.
Ce que j'ai gardé encore de mes impressions de Cayenne, c'est le souvenir de criques pittoresques, celui du parfum des orangers et des ci-
tronniers qui embaument l'air, et de myriades d'insectes aux brillantes
couleurs qu'on voit voltiger ou qu'on entend bourdonner de toutes
parts. Il se fait là un travail de vie prodigieux, et cependant nous étions
dans le commencement de l'hivernage ou saison des pluies.

XXXIX. Les déportés. — La débâcle des rocous.

Historiquement, la Guyane rappelle les déportations du Directoire,
envoyant pêle-mêle au delà de l'Océan, sous un climat meurtrier, des
terroristes, tels que Collot d'Herbois et Billaud-Varennes, et des royalistes, Pichegru, Barbé-Marbois, Tronçon-Ducoudray, Job-Aymé, etc.
Nulle trace ne subsistait, en 1829, du séjour de ces proscrits. L'insalu-
brité de la colonie avait d'ailleurs beaucoup diminué depuis le temps
où l'on envoyait là ses adversaires politiques comme à une mort presque certaine.

Si, à l'époque de mon voyage à la Guyane, les conditions hygiéniques
étaient meilleures qu'autrefois, la situation de notre colonie n'était pas
financièrement brillante, il s'en faut. Beaucoup de propriétaires se trouvaient ruinés par suite de la substitution qu'ils avaient malencontreusement faite de la culture du rocou sur leurs plantations à celle du
café et du chocolat. Cette plante tinctoriale ayant donné de gros bénéfices aux premiers qui s'avisèrent de l'exploiter, la foule des colons se
mit à la cultiver à leur exemple, sans réfléchir qu'une telle production
répondait à des besoins limités, et qu'au delà d'une certaine mesure

---

terie, les qualités de bois les plus recherchées. C'est une ressource immense qui, avant les travaux de M. Ligier, restait presque entièrement
négligée.

on n'en trouverait plus le placement. C'est ce qui ne manqua pas d'arriver. Nous ramenâmes en France deux pauvres diables de planteurs que la débâcle des rocous avait plongés dans la détresse, faisant d'eux la contre-partie de ces oncles d'Amérique dont l'espèce a cessé depuis longtemps, si jamais elle a été bien commune ailleurs qu'au théâtre.

XL. Nos passagers pour le retour.

Parmi les officiers qui prirent passage sur le *Rhône* pour rentrer dans la mère patrie, il y avait le lieutenant Émile Clément de la Roncière, fils d'un des plus brillants généraux de cavalerie de l'Empire et le futur héros d'un drame judiciaire, aux circonstances romanesques et quelque peu mystérieuses, qui partagea un moment en deux camps la plupart des salons, comme le fit plus tard le procès de madame Lafarge. L'accusé avait contre lui, non-seulement la parole du ministère public, mais encore les voix éloquentes de Berryer et de Barrot, chargés des intérêts de la partie civile, la famille du général de Morel; la défense avait pour organe M. Chaix-d'Est-Ange, aujourd'hui vice-président du conseil d'Etat.

Lorsque nous le ramenâmes de la Guyane, le lieutenant de la Roncière était un beau grand garçon, à la taille svelte, à la chevelure brune bouclée, à l'œil noir et vif, au ton quelque peu aristocratique et frondeur.

En punition de certaines légèretés de jeunesse, son père l'avait fait passer, ce qui le vexait par-dessus tout, de la cavalerie dans l'infanterie et envoyer à Cayenne.

A bord, et pendant toute la traversée, la Roncière se montra aimable et gai compagnon, causant beaucoup et avec tout le monde, et se plaisant à raconter ses aventures de toutes sortes. Les meilleures étaient celles de sa garnison de Pont-à-Mousson, en Lorraine. Là, il avait été successivement la coqueluche et la terreur des filles de l'endroit. Ses voyages à Bruxelles et à La Haye, où il allait visiter sa mère, riche Hollandaise, divorcée dès longtemps avec le général, son père, lui fournissaient aussi matière à des récits autobiographiques, plus piquants par la forme qu'édifiants par le fond. Chaque jour le jeune officier, en robe de chambre élégante, avec une casquette rouge richement brodée, allait s'asseoir près du banc de quart ou sur le coffre des signaux, ayant à ses pieds son chien Médor, un bel épagneul, et là, il tenait le dé pendant des heures entières. Le commandant lui-même était assez souvent au nombre des auditeurs, car, bien qu'il fût d'une sagesse exemplaire, il prenait plaisir à entendre le récit des fredaines d'autrui. Je ne sais si, de leur part, c'est afin d'avoir de nouveaux motifs d'être fiers d'eux-mêmes, mais j'ai connu plusieurs sages qui avaient ce goût-là.

Nous avions encore, au nombre de nos passagers, un capitaine de grenadiers, originaire de Lamballe, M. de Monmonier, qui roucoulait la romance avec assez d'agrément.

XLI. Une larme au petit mousse!

Un cruel événement, qui eut du retentissement dans tous les cœurs, vint assombrir la traversée.

Il y avait à bord un petit mousse de neuf ans, gentil gamin s'il en fut, pas mal espiègle, et ayant réplique à toutes les taquineries qu'on lui adressait. Dans les moments de laisser-aller, après le dîner de l'état-major, par exemple, il nous dansait sur le pont la *sabotière* (sorte de bourrée qui s'exécute en frappant bruyamment le parquet du talon de ses sabots), il dansait, dis-je, la sabotière avec un entrain dont chacun s'amusait, le capitaine tout le premier.

Ce mousse, du nom de Maillet, était fils d'un débitant de liqueurs et de tabac de la rue Fautras, à Brest. Il avait été confié au lieutenant ou second officier de la corvette, qui était lié avec sa famille.

Un jour le capitaine se trouvant dans sa bouteille (1) à bâbord, avisa le mousse Maillet qui s'amusait à passer du navire dans le canot suspendu en dehors à des barres en saillie qu'on appelle des porte-manteaux ou des pistolets. Voulant prévenir cette excursion, qui n'était pas sans danger pour l'enfant, il lui cria par la fenêtre de la bouteille : « Où vas-tu, Maillet? » A cette interpellation, le mousse surpris perd l'équilibre et tombe à la mer. Aussitôt le capitaine d'accourir sur le pont, les traits bouleversés, tenant son pantalon d'une main, criant au timonier : « La barre dessous! » — à l'officier de quart : « En panne! masquez les voiles! Maillet vient de tomber à la mer! »

Ordre en même temps de mettre une embarcation à l'eau.

Tout cela s'exécuta aussi rapidement que possible. Mais le bâtiment avait de l'aire (on filait au moins six nœuds); il continua donc encore sa marche pendant quelques minutes.

J'étais, au moment de l'accident, sur le pont, causant avec le commis aux revues. Nous courûmes à l'arrière, interrogeant du regard avec

---

(1) Pour les lecteurs étrangers à la marine, je donne ici la définition de ce mot d'après un dictionnaire technique, celui de Montferrier : « *Bouteille*, retranchement en bois, en forme de demi-tourelle, placé à tribord et à bâbord de la poupe d'un bâtiment et qui sert de latrines à l'état-major. » Il va sans dire que le commandant a sa bouteille à part, au niveau et à la portée de son logement.

anxiété la surface de l'abîme. Nous aperçûmes dans le remous du sillage le petit chapeau de paille du mousse, qui surnageait seul en tournoyant et qui disparut bientôt à nos yeux. De l'enfant, nul autre vestige : il avait probablement enfoncé comme un plomb et il avait été instantanément englouti.

L'embarcation se livra pendant au moins une demi-heure à des recherches, hélas! superflues. Comme la nuit approchait et que la houle commençait à se faire sentir, on fit signal aux canotiers de rallier le bâtiment.

Je ne saurais dire l'impression pénible que produisit sur tout le monde, à bord, ce malheureux événement. Qu'un homme tombe à la mer, soit que l'on ait sur-le-champ connaissance de l'accident de manière à pouvoir tenter de lui porter secours, soit qu'on s'aperçoive seulement de son absence à l'un des appels du matin ou du soir, cela cause dans l'équipage une sensation de tristesse générale et profonde. Lorsqu'il est annoncé qu'un homme manque à bord et qu'on cherche inutilement partout sans le découvrir, on n'est pas embarrassé pour savoir ce qu'il est devenu. La *désertion* étant hors de cause ici, comme on pense, reste seulement le chapitre des conjectures sur la façon dont le malheureux a péri. Peut-être a-t-il nagé et crié longtemps sans être aperçu ni entendu de personne? Il a pu voir, angoisse horrible! s'éloigner ce bâtiment, naguère sa demeure hospitalière et sûre, maintenant son seul, son dernier espoir de salut qui s'éloigne et disparaît... Chacun, en se livrant à ces suppositions, fait involontairement un retour sur soi-même et se dit qu'il pourrait lui en arriver autant : je suis en mer, et, par conséquent, en butte à toutes les mauvaises chances du perfide élément.

Ici, dans les circonstances de la mort du mousse Maillet, nulle place aux conjectures. Une ou deux personnes avaient cru entendre le bruit de la chute d'un corps dans l'eau. Le gouffre s'était aussitôt refermé sur sa proie. Voilà tout le drame! il avait duré l'espace d'une seconde à peine, mais il excitait dans nos âmes une poignante émotion. Ceux qui se trouvaient le plus frappés du coup, c'était le capitaine, cause involontaire du malheur, en cherchant à le prévenir ; c'était surtout le lieutenant qui avait pris sous sa sauvegarde le malheureux enfant et qui en répondait en quelque sorte vis-à-vis de la famille. Comment annoncer à la mère la catastrophe? Je n'ai jamais vu de visage plus bouleversé que celui du pauvre officier qui s'était mis de lui-même, en quelque sorte, dans cette mauvaise passe, dans cette cruelle position, en faisant ou en laissant embarquer l'enfant de ses amis. S'il y avait quelqu'un pressé d'arriver à Brest, ce n'était pas désormais le lieutenant Pilu.

XLII. Après le mousse le roi.

Nous avions quitté Cayenne le 6 mai. Les vents nous favorisèrent pendant les premiers temps de la traversée. En quinze jours nous étions arrivés à la hauteur des Açores. Le commandant faisait forcer de voiles, parce que le roi Charles X, dont le voyage en Bretagne était annoncé comme certain lorsque nous partîmes de France, devait se trouver vers la mi-juin à Brest. En sus du motif de curiosité qui nous était commun à tous, le commandant tenait singulièrement à ne pas manquer cette occasion de faveur royale. Étant très-bien vu du préfet maritime, qui était l'amiral Duperré, il ne doutait pas d'être présenté au roi et recommandé chaudement à sa bienveillance. Mais le vieux monarque avait renvoyé à une autre année sa visite à la vieille terre de la fidélité, comme on nommait la Bretagne en langage légitimiste. Or l'année suivante il était trop tard ; il lui fallait prendre la route d'un port de mer aussi, mais ce n'était pas de celui de Brest, ni pour y recevoir des hommages ; c'était pour retourner dans l'exil où devaient se terminer ses jours.

Le voyage royal aurait eu lieu d'ailleurs à l'époque indiquée, que nous n'aurions pu, curieux ou ambitieux, en faire notre profit. En effet, lorsque nous fûmes par le travers des Açores, point qui jouait un grand rôle dans la navigation à la voile, parce que, en traversant l'Atlantique, on était presque toujours obligé de le rallier afin de gagner la région des vents alisés ; lorsque nous fûmes, dis-je, par le travers des Açores, un vent persistant d'est et de nord-est vint contrarier notre marche, et nous ne pûmes entrer en rade de Brest que le 20 juin, tandis que nous avions eu l'espoir d'y être du 5 au 10. Nous apprîmes, à notre arrivée, que Brest n'avait point été honoré de la visite attendue et que c'était en pure perte que nous nous étions fait du mauvais sang à propos du retard subi dans le dernier tiers de la traversée.

XLIII. Séparation. — L'ancien *Rhône* et le nouveau.

Le temps d'embarquement du capitaine et de l'état-major du *Rhône* étant expiré, nous prîmes congé les uns des autres dans un dîner-gala, servi à l'hôtel de Provence. C'est à peine si, depuis ce jour-là, j'ai revu une ou deux fois quelques-uns de mes compagnons de bord. Sur une dizaine que nous étions au repas de corps d'adieu, tous échelonnés pour l'âge entre vingt-quatre et trente-huit ans, numéro du doyen de la table, combien sommes-nous de survivants aujourd'hui ? Deux, si je suis bien informé, trois tout au plus.

Notre navire lui-même, le *Rhône*, se perdit en 1834 sur les côtes de la Provence. Je ne lus pas sans quelque émotion, dans les journaux du temps, la mention de son naufrage, qui eut lieu toutefois avec cette heureuse chance que l'équipage entier fut sauf. L'ancien *Rhône*, qui avait été construit dans les chantiers de Gênes, sous le premier Empire, a été remplacé par un nouveau bâtiment du même nom, qui était employé naguère à ramener du Mexique la légion belge levée pour le compte de l'empereur Maximilien. Que n'a-t-il aussi ramené le malheureux prince!...

XLIV. Embarquement sur le stationnaire.

Débarqué du *Rhône* en juillet 1829, je fus employé pendant les derniers mois de l'été à Pontanezen. Il s'y trouvait alors un joyeux groupe d'auxiliaires, venus de l'école de Paris, Ducoux en tête. Mais je reviendrai sur cette bonne et insouciante vie de Pontanezen, à propos du dernier séjour que j'y fis en 1831.

Au mois d'octobre, on m'embarqua comme chirurgien-major sur la gabarre la *Charente*, qui faisait le service de *stationnaire* à l'entrée de la rade de Brest. En marine, le stationnaire est un bâtiment mouillé à poste fixe sur une rade pour surveiller les mouvements des navires qui entrent ou qui sortent, pour faire observer les règlements relatifs aux quarantaines, etc. J'allais tous les matins faire ma visite à bord et y déjeuner, quand je n'étais pas trop fatigué de l'aïlloli et de la bouillabaisse; car les officiers, tous Provençaux, n'admettaient pas d'autre cuisine que celle de leur pays.

Au bout de trois mois d'embarquement, temps réglementaire pour le poste de chirurgien du stationnaire, on m'employa dans un service de fiévreux de l'hôpital Saint-Louis.

XLV. Le concours de 1830. — M. Reynaud, le futur inspecteur général. —Incidemment Cuvier et l'inauguration de sa statue.

Un concours eut lieu au port de Brest en février 1830, pendant le cours même des préparatifs de l'expédition d'Alger. Malgré l'insuffisance numérique du corps des officiers de santé de la marine, insuffisance qu'allaient si bien faire sentir les armements nécessités par cette expédition, il n'était pourvu à son recrutement que de la façon la plus mesquine. On se bornait strictement à remplir les vides survenus dans les différents grades. C'est ainsi qu'une seule place de seconde classe était mise au concours entre vingt et quelques compétiteurs que nous étions pour la disputer. Cette place unique fut donnée, par considération d'ancienneté plutôt que pour cause de supériorité de mérite manifestée dans les épreuves, à un chirurgien de troisième classe qui comptait dix ans de grade.

Ce fut à ce concours que l'inspecteur général actuel du service de santé, M. Reynaud, fut nommé professeur, après de brillantes épreuves.

Quoiqu'il appartînt au port de Toulon, ce candidat eut bientôt fait de conquérir la faveur des juges, et surtout celle de la partie jeune de l'auditoire, par la façon dont il traita la première question qui lui échut. Ce n'était pas toutefois dans la solennité des séances du concours que nous admirions le plus l'élocution facile, la parole imagée, attachante de M. Reynaud; c'était le soir, au café *Lambert*, lorsqu'il nous entretenait des maîtres de la science qu'il avait approchés à Paris, de Cuvier, par exemple, et de Geoffroy-Saint-Hilaire, ces deux glorieux émules qui se trouvaient alors dans l'ardeur de leur célèbre lutte.

M. Reynaud arrivait de Paris. A la suite d'un voyage de circumnavigation pendant lequel il avait recueilli des matériaux pour l'histoire naturelle (1), le jeune chirurgien de marine avait été admis dans le laboratoire de Cuvier comme aide et comme collaborateur; il nous parlait de son illustre maître avec un enthousiasme qu'il n'avait pas de peine à nous faire partager. Il semble qu'à distance le prestige des grands hommes soit plus complet encore : *major e longinquo reverentia*. Ceux qui vont, comme je l'ai fait pendant quelques années, suivre, chaque lundi, les séances de l'Institut, ne sauraient conserver entier, même pour les plus justement renommés des hauts dignitaires de la science le sentiment d'admiration respectueuse et en quelque sorte idolâtre qu'éprouvent pour eux des gens qui ne les connaissent que par leurs découvertes, par leurs ouvrages et par le bruit de leur renommée.

Lorsque, suspendu aux lèvres de M. Reynaud, j'écoutais l'apothéose anticipée de Cuvier, je ne me doutais guère qu'à cinq années de là, le 23 août 1835, j'assisterais à l'inauguration de la statue du grand naturaliste sur la place de sa ville natale, Montbéliard, et que je me trouverais chargé du compte rendu quasi-officiel de la cérémonie dans la principale feuille de la province, l'*Impartial*, de Besançon. Nodier, au nom de l'Académie française; Duméril, au nom de l'Académie des sciences; Valenciennes, au nom du Muséum; M. Victor Tourangin, préfet du Doubs, comme représentant de l'administration et comme président annuel de l'Académie de Besançon; enfin, le maire de Montbéliard et un camarade d'enfance de Cuvier, M. Rossel, prirent successivement la parole devant la foule compacte et recueillie des compatriotes de l'illustre savant. Cette foule était composée principalement d'habitants de la montagne, paysans de bonne mine et de haute stature, belles et fraîches jeunes filles avec la petite coiffe du pays, étince-

(1) Voyage scientifique de *la Chevrette*, 1827, 1828.

lante de paillettes et attachée par un ruban rose sur le sommet de la
tête. Je fus frappé de l'attitude respectueuse de cette population, qui
toutefois paraissait fière et comme rayonnante de la gloire d'un enfant
de la contrée.—Favorisée par un temps superbe, la solennité fut digne,
à tous égards, de celui qui en était l'objet.

Mais je brouille les époques et les choses en me laissant entraîner
ainsi par l'enchaînement des vieux souvenirs.

Je reviens à Brest, et au commencement de cette année 1830 qui devait être signalée par de graves événements, qui allait bientôt marquer
une des étapes de la Révolution.

EXPÉDITION D'ALGER.

XLVI. Embarquement sur la *Médée*.

Pendant les premiers mois de 1830 on déploya à Brest, comme dans
nos autres arsenaux maritimes, une activité extraordinaire. Il s'agissait
de l'armement de tout ce que nos ports de guerre renfermaient de bâtiments susceptibles d'être mis en état de prendre la mer. Il ne fallait
pas moins que cela, en effet, indépendamment d'une multitude de bâtiments de commerce nolisés par le gouvernement, pour suffire aux besoins de la grande expédition décidée contre le dey d'Alger.

Que cette entreprise eût pour motif unique le désir de venger l'outrage fait à un représentant très-secondaire de la France par le chef d'un
Etat barbaresque, ou bien que le cabinet réactionnaire, présidé par le
prince de Polignac, cherchât dans une victoire au dehors le moyen de
triompher au dedans des libertés constitutionnelles avec lesquelles il
ne pouvait plus gouverner, toujours est-il que l'annonce de l'expédition
qui allait être dirigée contre ce vieux nid de corsaires fut accueillie
assez favorablement par l'opinion.

Il s'y mêlait une satisfaction d'amour-propre national. On savait que
l'Angleterre voyait d'un œil jaloux et inquiet cette tentative de la
France. Au moment même où la flotte mettait à la voile de Toulon avec
le corps expéditionnaire, le bruit courait qu'elle pourrait bien rencontrer sur la côte d'Afrique une flotte anglaise pour s'opposer au débarquement. Cette perspective, loin de la refroidir, enflammait l'ardeur
de nos marins.

Je me trouvais embarqué, comme second chirurgien, sur la frégate la
Médée.

Armée à Brest, la frégate, à son arrivée à Toulon, prit à bord un bataillon du 29e de ligne, colonel Delachaud, zélé légitimiste. Démissionnaire à la révolution, cet officier fut compromis dans l'affaire du
Carlo-Alberto, en 1832.

La Médée avait pour commandant un capitaine de vaisseau, M. du Plantys, vieil émigré, peu bienveillant pour les médecins, qu'il considérait tous comme enclins au matérialisme et infectés d'esprit libéral.

Le second officier du bord était un ancien lieutenant de vaisseau, M. Jullien, homme débonnaire, ne faisant point d'embarras, et qui n'en avait pas moins, en 1824, montré beaucoup de sang froid et d'énergie, comme capitaine du *Bayonnais*, dans une tempête qui mit ce brick en perdition pendant vingt-quatre heures.

Nous avions pour commis aux revues un élève-commissaire, grand admirateur de Walter Scott, M. le baron de Roujoux, aujourd'hui conseiller d'Etat. Parmi les officiers se trouvaient deux enseignes sortis de l'École polytechnique, MM. de Saulcy et Brun. Le troisième chirurgien, mon ami Desdeserts (1) et moi, nous avions pour camarade de poste un élève ou aspirant de seconde classe, actuellement contre-amiral et major général de la marine à Brest, M. le baron Méquet (2). (Commandant une des embarcations qui, le 14 juin, avant l'aube, portaient au rivage d'Afrique notre première brigade de débarquement, le futur amiral recevait là le baptême du feu, cérémonie qui s'est souvent renouvelée pour lui et dans de plus chaudes affaires, notamment devant Sébastopol, où il dirigeait l'une des deux batteries établies à terre par la marine.)

XLVII. — Ville encombrée.

Des faits généraux de l'expédition je ne m'occupe pas ici; ils sont du ressort de l'histoire.

Mon rôle est celui du simple chroniqueur rapportant ce qu'il a vu de son petit coin, les choses vulgaires plutôt que les grandes, les détails infimes laissés de parti pris dans l'ombre, plutôt que les faits éclatants et glorieux du drame. *Nihil humani a medico alienum.*

Lorsque le personnel de la flotte et de l'armée se trouva rassemblé à Toulon, plus une foule de curieux accourus de tous les points de la France et même de l'étranger, la ville pouvait à grand'peine suffire à

---

(1) Le docteur Desdeserts, esprit élevé, noble cœur, a fait, sans le chercher et d'une façon tout honorable, quelque bruit, vers 1848, dans... Landerneau, où il exerce la médecine depuis trente ans. Quand vint la réaction, en 1849, on le lui fit peu généreusement expier. — Il vient d'obtenir une médaille à l'occasion du choléra de 1865-1866.

(2) Depuis que ce passage est composé, l'amiral Méquet a été nommé au commandement de la station des Antilles.

héberger tout ce monde. Aux portes des restaurants on faisait queue pendant des heures entières pour arriver à obtenir, à quelque bout de table, une place bientôt disputée par d'autres survenants affamés. Et pourquoi ne le dirait-on pas? (comme si l'hypocrite dissimulation d'un mal sous prétexte de convenance empêchait le mal d'exister) aux portes d'autres établissements, publics aussi quoique dépourvus d'enseignes, la presse n'était guère moins grande; on prenait, s'il en faut croire ce qui me fut dit par plusieurs officiers, on prenait des numéros d'ordre. Malgré l'appel pour la circonstance, ou la venue spontanée à Toulon d'un certain nombre de courtisanes italiennes de supplément, les prêtresses de Vénus ne pouvaient suffire au culte de l'impudique déesse. Rien là d'ailleurs de spécial à l'expédition de 1830. Il en est ainsi, à peu de chose près, dans toute localité où se trouve agglomérée momentanément une grande masse de célibataires, — disons pour tout comprendre, d'adultes masculins, — à l'occasion, par exemple, d'un rassemblement d'armée quelconque. C'est là un des côtés de la guerre, de cette horrible guerre dont, au nom même de l'orthodoxie et pour l'accomplissement de la parole de Dieu, Joseph de Maistre et M. Veuillot proclament le règne éternel sur la terre.

Oui, Mars et Vénus se donnent la main, non pas la Vénus décente et féconde, mais la dévergondée, la vénale et l'immonde. Vous donc, messieurs les moralistes qui, comme nous, avec plus d'ostentation que nous peut-être, mais non certes avec plus d'amertume, déplorez la prostitution, cette honte et cette simonie, attaquez-vous aux causes mêmes qui la produisent et l'entretiennent, au lieu de vous borner à gémir sur un résultat qui, les causes subsistant, est un fait forcé, une nécessité fatale en quelque sorte. Ces causes de la prostitution sont essentiellement sociales : les deux principales, il ne faut pas cesser de le dire, sont la dépréciation du travail des femmes et l'existence des armées permanentes. Si les femmes avaient des moyens assurés d'existence et d'indépendance personnelle par le travail, on ne trouverait bientôt plus à recruter cette autre milice féminine, milice de l'infamie, qui a ses matricules dans les bureaux de la police à côté des dossiers de tous les genres de malfaiteurs. S'il n'y avait pas constamment, du fait de nos institutions militaires, 600,000 hommes, la fleur de la population mâle, condamnés au célibat pendant la période devigueur génésique et de meilleure aptitude à la reproduction, période comprise entre vingt et trente ans, le mariage et la vie de famille y gagneraient singulièrement sous le double rapport de la quantité et de la qualité. C'est clair comme une des quatre règles de l'arithmétique.

Tant que persisteront les deux causes que j'ai signalées, on aura beau enrôler les jeunes filles dans des congrégations pieuses sous le patronage de la Vierge deux fois immaculée; on aura beau donner, ce que je suis d'ailleurs loin de trouver mauvais, des aumôniers à nos régiments et à nos équipages, on n'aura rien fait de vraiment efficace contre la prostitution. Je serais curieux de savoir, par exemple, si depuis que les aumôneries ont été rétablies dans la flotte et dans l'armée, le nombre des inscriptions au bureau des mœurs a sensiblement diminué dans nos ports et dans nos villes de garnison. Voilà un moyen en quelque sorte mathématique d'apprécier l'influence de l'institution pour moraliser la vie sexuelle dans les troupes de terre et de mer.

Il y a des raisons, d'ailleurs, pour que dans les ports les excès de la débauche aient un caractère spécial et plus accentué que dans les autres villes. A la veille du départ pour une longue compagne, nos marins se trouvent, en prévision d'un certain genre d'abstinence, comme les bons catholiques, un peu gourmands, dans les jours gras qui précèdent l'entrée en carême; et à leur retour, ces mêmes marins, avec des convoitises surexcitées par la privation, rapportent en général un pécule qui leur permet, sans aller aussi loin que les flambards de la *Salamandre* célébrés par Eugène Sue, de faire, comme ils le disent, *un temps de noce* pour rattrapper le temps perdu.

Trêve de réflexions que plus d'un lecteur peut-être va trouver déplacées et inconvenantes : il y a tant de gens dont l'optimisme ou la pudeur farouche ne supportent pas que certaines plaies sociales soient mises à nu. En leur demandant grâce pour mon franc-parler, s'il n'a pas assez respecté leurs scrupules, j'abandonne ce sujet scabreux. — Aussi bien voici donné l'ordre et le signal du départ.

XLVIII. Départ de la flotte.

Dans l'après-midi du 25 mai la flotte appareilla par un temps superbe et par une bonne brise. Ce fut un des plus beaux spectacles nautiques qu'il ait été donné de voir. Chaque vaisseau et frégate, quittant successivement son mouillage, se dirigeait, toutes voiles déployées, vers la sortie de la rade dans l'ordre prescrit par l'amiral. On eût dit une troupe de cygnes prenant leur élan l'un après l'autre et nageant sur une longue file, séparés par des intervalles égaux. — Bien supérieure pour l'usage en ce qu'elle est indépendante du caprice des vents, la marine à vapeur, avec sa mâture réduite et ses coques nues, avec ses traînées de fumée qui obscurcissent l'air, ne saurait, à mon avis, présenter l'aspect imposant et pittoresque d'une escadre dont les mâts gigantesques, dont l'immense voilure, enflée par le souffle de la brise, projetaient au loin leur ombre mobile sur la surface des flots.

Me voilà décidément dans mon rôle de vieux, *laudator temporis acti*, regrettant les engins d'autrefois, mis au rebut par ce révolutionnaire infatigable, le Progrès.

Un vent favorable poussait la flotte vers sa destination. Le soir, afin d'éviter les abordages et de maintenir leurs positions respectives, les bâtiments allumaient des fanaux, l'un à l'avant, l'autre à l'arrière, et cette longue ligne de feux reflétés dans les eaux offrait pendant la nuit un beau coup d'œil.

Le 30 mai au matin, nous apercevions le rivage d'Afrique. Mais à ce moment un ordre de l'amiral fit virer de bord, soit à raison de quelques apparences de mauvais temps qui lui étaient signalées, soit pour attendre l'arrivée des navires de transport du commerce, en particulier de ceux désignés sous le nom de *bateaux-bœufs*, qui avaient été dispersés par un coup de vent.

Nous regagnâmes ainsi la hauteur des Baléares. Un très-petit nombre de bâtiments de la flotte eurent l'autorisation de toucher à Palme. Les autres, comme notre frégate, tiraient des bordées devant la baie de cette ville. Nous eûmes aussi en vue Cabrera, ce rocher sinistre où tant de prisonniers français expirèrent au milieu des tortures de la faim et de la soif, dans un dénûment absolu de toutes choses. Notre chef timonier, sa longue vue braquée sur l'îlot maudit, lui montrait le poing d'une façon très-expressive. Il était un des rares survivants de cette affreuse captivité de Cabrera; il en gardait aux Anglais et aux Espagnols un ressentiment implacable.

XLIX. Mouillage dans la baie de Sidi-Feruch et débarquement.

Aprés un long retard contre lequel on pestait généralement, surtout dans l'armée, la flotte reçut enfin l'ordre de mettre de nouveau le cap sur l'Afrique. Le 13 juin, dans l'après-midi, après avoir défilé devant Alger, elle mouillait sur la baie de Torre-Chica ou Sidi-Feruch, à huit lieues dans l'ouest de cette capitale des États barbaresques.

Les dispositions furent prises pour opérer le débarquement le lendemain dès le point du jour. Les soldats, pour s'y préparer, commencèrent par jeter à l'eau une partie des ustensiles dont on les avait pourvus et qu'ils jugeaient devoir être pour eux plus embarrassants qu'utiles.

Suivant les ordres donnés, dès minuit les embarcations de tous les bâtiments se rendirent autour du vaisseau amiral *la Provence*, et de là chacune d'elles était envoyée prendre le détachement de troupes qu'elle devait transporter à terre.

Le débarquement s'opéra sans pertes notables, sous le feu de quelques pièces de canon qui, mal établies et mal servies par les Turcs ou les Arabes, se trouvèrent après les premiers coups hors de service; la mousqueterie de l'ennemi fut plus opiniâtre, mais il se trouva bientôt débusqué de position en position par nos troupes dont l'élan était admirable.

A six heures du matin, nos premières embarcations revenaient de terre portant à la proue, en guise de trophées, des bouquets de verdure cueillis au rivage.

Le débarquement des divers corps de l'armée continua pendant tout le jour. Des bâtiments on voyait nos colonnes gravir successivement les premières pentes au bruit d'une fusillade plus ou moins nourrie, suivant le degré de résistance de l'ennemi : elles disparaissaient par instants dans les ravins ou dans des nuages de fumée de poudre, pour reparaître un peu plus loin sur une crête, poussant devant elles la masse des Arabes.

Les jours suivants furent employés au débarquemeut de l'artillerie et du matériel en général. On avait formé sur le rivage un camp, mis par l'établissement d'un fossé à l'abri des surprises de l'ennemi.

L. Excursion à terre.

Je descendis pour la seconde fois à terre le lendemain de la bataille de Staouéli ou de Sidi-Kalef, livrée le 19 juin contre le bey de Titterie. Nous étions cinq officiers de la frégate, le commissaire, M. de Roujoux, un lieutenant de vaisseau, M. Guillemette, un enseigne et moi. Sur le théâtre de l'action gisaient encore des cadavres d'Arabes, quelques-uns entièrement nus; ils offraient cette particularité singulière d'avoir tous le pubis rasé. Nous poussâmes notre excursion jusqu'aux avant-postes de l'armée qui étaient déjà à deux lieues dans les terres. Là, un capitaine de voltigeurs du 4ᵉ léger, qui, étant des environs de Mâcon, avait beaucoup connu la famille de M. de Roujoux dont le grand-père était sous l'empire préfet de Saône-et-Loire, nous engagea à déjeuner de la cuisine de ses hommes. Ce capitaine, M. Paté, plus tard général de division, exerçait il y a quelques années un commandement dans l'armée de Paris. On nous servit une soupe au riz et au lard que nous trouvâmes excellente, et du café qui était vraiment exquis. Ce café, que notre aimable amphitryon prépara lui-même, provenait de la tente d'un chef ennemi, tombée la veille aux mains de nos soldats avec tout ce qu'elle contenait de butin.

En regagnant notre bord, je visitai la première ambulance établie à terre. Elle était en toile, à trois cents pas environ du rivage. Il s'y trouvait une quarantaine de nos blessés, et une quinzaine de ceux de l'ennemi, Turcs ou Arabes, quelque peu étonnés de se voir l'objet des mêmes soins que les nôtres de la part des chirurgiens. Les Turcs se distinguaient par la beauté de leurs traits et par un air de fierté empreint sur leurs visages.

Du séjour que nous fîmes sur la baie de Sidi-Feruch, il me reste encore le souvenir de la tempête du 27 juin, pendant laquelle deux de nos vaisseaux chassèrent sur leurs ancres, éprouvant ou causant quelques avaries.

LI. Transport de blessés à Mahon

Les combats des jours suivants fournirent un certain nombre de blessés. Dans la journée du 1er juillet, on embarqua sur notre frégate cent soixante hommes, pris parmi ceux dont les blessures étaient assez graves pour exiger un mois de traitement. Nous avions à les transporter à Mahon, où un hôpital devait être prêt pour les recevoir. Ces hommes furent placés dans la batterie sur des matelas, quelques-uns sur de la paille seulement, la brièveté du trajet et la douceur de la température ne paraissant pas exiger des moyens de couchage plus confortables. A leur arrivée à bord, ces blessés n'avaient subi, la plupart, qu'un premier pansement remontant à trois ou quatre jours et plus pour quelques-uns.

De ce que j'eus alors sous les yeux résulta pour moi l'opinion qu'il faut réserver le débridement pour les plaies dans lesquelles se rencontrent quelques corps étrangers, quelques esquilles osseuses, ou bien qui présentent des symptômes actuels d'étranglement, mais qu'on doit, lorsqu'il n'existe pas de ces complications, s'abstenir des débridements préventifs.

J'avais peine à m'expliquer pourquoi des blessures produites par une balle qui avait traversé toute l'épaisseur des chairs d'un membre ne présentaient aucune trace d'inflammation et ne causaient pas de douleur quand le bistouri n'y avait pas touché; pourquoi, au contraire, d'autres plaies de la même nature et dans les mêmes parties, mais qui avaient subi des débridements, se trouvaient enflammées et très-douloureuses. J'eus bien le soupçon que cela tenait à ce que les premières étaient protégées contre l'action de l'air par l'eschare produite sur le trajet du projectile. Je n'eus plus de doute à cet égard lorsque j'eus connaissance, en 1839, des beaux travaux de M. Jules Guérin sur les plaies sous-cutanées. Aussi, la théorie qu'il a édifiée à ce sujet et la méthode qu'il en a déduite eurent-elles, dès le principe, mon humble adhésion. Chacun sait comment, malgré les nombreuses et puissantes attaques qu'elle a eu à subir, la méthode sous-cutanée a passé parmi les conquêtes définitives de la chirurgie moderne. Elle a opéré une révolution salutaire et bienfaisante dans la pratique; elle influe sur la conduite de ceux-là mêmes qui la combattent. Entre autres preuves qu'on en pourrait citer, je mentionne les pansements par occlusion généralement usités aujourd'hui, et qui donnent de si merveilleux résultats, dans les écrasements et les lacérations des mains et des doigts par exemple, lésions qui entraînaient presque toujours autrefois la nécessité de mutilations regrettables.

Quelques-unes des blessures que j'eus occasion de voir sur *la Médée* fournissaient des exemples de l'heureux hasard qui dirige parfois les balles à travers les parties du corps où se trouvent les organes les plus essentiels à la vie sans occasionner d'accidents mortels.

Un fusilier du 17e de ligne, Peteuil, avait reçu au-dessous de l'oreille gauche une balle qui était allée sortir en dehors et immédiatement au-dessous de l'œil du côté opposé. Quelque gêne pour respirer par le nez et un peu de douleur dans les mouvements de déglutition, voilà tout ce qu'il ressentait.

Le nommé Carado, du 49e, présentait le cas assez singulier d'une balle entrée par la face dorsale de la verge, à 2 centimètres de sa racine, et sortie au-dessous de la fesse gauche, derrière la tubérosité sciatique. Nul symptôme de lésion vésicale ou intestinale.

Defay, du même régiment, avait eu, le 25 juin, la jambe traversée d'avant en arrière, vers son tiers supérieur, par une balle ayant fracturé le tibia. Un appareil à fracture, appliqué à terre le 1er juillet, fut levé le 5, le blessé souffrant beaucoup de la pression exercée par les attelles. Des vers fourmillaient dans les deux plaies dont la surface était vermeille et d'un bel aspect, sans trace de pus. A part la démangeaison qu'ils causaient, ces parasites ne semblaient pas préjudicier aux blessures.

Genessé, voltigeur au 4e léger, avait été atteint d'une balle en arrière du grand trochanter droit; l'ouverture de sortie se montrait vers le point correspondant du côté opposé. Il n'y avait pas de fracture osseuse; car le blessé, dont les selles étaient très-fréquentes, exécutait avec facilité les mouvements nécessaires pour aider à le mettre sur la chaise percée; mais la sortie d'excréments par la première plaie vint nous convaincre d'une lésion intestinale à laquelle cet homme aura sans doute succombé.

Quoique plusieurs de nos blessés fussent affectés de diarrhée avec ténesme, nous eûmes la chance de n'en perdre aucun pendant leur séjour à bord, qui fut de cinq jours pleins. *La Médée* ayant mouillé devant Mahon le 5 juillet au soir, le lendemain nous commençâmes à descendre nos blessés à terre. Tout était censé prêt pour les recevoir; mais l'administration n'avait pas compté vraisemblablement sur une arrivée de blessés aussi prochaine : les lits n'étaient ni dressés ni garnis dans l'hôpital.

Pendant que nous étions sur la rade de Mahon, une dépêche nous apprit la reddition d'Alger. La frégate reçut l'ordre d'aller à Toulon prendre des approvisionnements pour l'armée. Là, on descendit au lazaret une vingtaine de malades que nous avions à bord, et l'on me laissa avec eux pour les soigner.

LII. Séjour au lazaret de Toulon.

Pendant que j'étais au lazaret de Toulon, il s'y rencontrait le général du génie Valazé et un groupe de jeunes gens portant les plus grands noms de la noblesse française, ancienne et nouvelle. Ces messieurs s'étaient joints à l'expédition comme volontaires, et une fois Alger pris, ils se hâtaient de retourner à leur vie de plaisirs. Pour tuer le temps et pour combattre l'ennui de la quarantaine, on les voyait recourir à des distractions de toute sorte et même se livrer, dans les allées, au trivial jeu du bouchon.

Frappé des inconvénients du régime quarantenaire et des abus auxquels donnait lieu la façon dont il était pratiqué, j'employai mon loisir à rédiger là-dessus un factum que j'adressai au *Constitutionnel*. Il dut arriver dans les bureaux du journal à peu près en même temps qu'y tombaient les ordonnances du 24 juillet, en même temps que se produisaient dans Paris les premiers mouvements de la révolution qui allait briser le trône de Charles X.

De vagues rumeurs, sur la lutte engagée dans Paris, nous étaient apportées au lazaret par les visiteurs qui venaient au parloir conférer avec nous à distance respectueuse. Le jour même de notre sortie de quarantaine, parvenait à Toulon la nouvelle officielle du triomphe de la révolution et l'ordre transmis, au nom du gouvernement provisoire, d'arborer les couleurs nationales.

LIII. Pièce de vers en l'honneur de la révolution de juillet.

Imbu que j'étais d'une récente lecture du *Mémorial de Saint-Hélène*, une des premières conséquences que j'entrevis des journées de juillet, ce fut l'accomplissement du vœu de Napoléon, pour le transport de ses restes en France. Tout en allant avec quelques camarades au romérage d'Ollioules, qui tombait le premier dimanche après l'arrivée des nouvelles de Paris, j'achevai de rimer une sorte de dythyrambe en l'honneur de la victoire populaire, et je terminais ce morceau en mettant dans la bouche du grand empereur, converti à la liberté, ce souhait de reposer sur les bords de la Seine, qu'il avait exprimé plus d'une fois pendant la longue agonie de l'exil.

Un enseigne de vaisseau qui était de notre excursion aux gorges d'Ollioules (laquelle, pour le dire en passant, fut traversée par un superbe orage avec pluie torrentielle); un enseigne, qui est devenu depuis amiral, et un de mes collègues, se rendirent le lendemain auprès du nouveau sous-préfet pour demander l'autorisation de faire lire, sur le théâtre, la pièce de circonstance. Le sous-préfet (c'était M. Léon Thiessé) qui venait d'être expédié à Toulon des bureaux du *Constitutionnel* dont il était un des rédacteurs, après avoir pris connaissance du manuscrit, déclara qu'il applaudissait aux sentiments exprimés, mais qu'à raison de la division des esprits dans la ville, une pareille lecture, faite au théâtre, pourrait susciter de la part de quelques spectateurs, des manifestations en sens contraire et amener, par suite, des désordres ; que la prudence lui faisait donc un devoir de refuser provisoirement l'autorisation demandée.

Envoyé bientôt à Brest avec les mêmes fonctions, M. Thiessé, deux mois plus tard, autorisait, dans cette dernière ville, ce qu'il n'avait pas cru pouvoir permettre à Toulon. La pièce fut imprimée, et on la vendit au profit des blessés de juillet.

Je confesse donc avoir appelé de mon vœu, en 1830, une mesure que réalisa, dix ans après, le cabinet du 1er mars 1840. Il est vrai que je n'étais pas, comme M. Thiers, ministre du roi Louis-Philippe, ni chargé, à ce titre, de préserver la dynastie d'Orléans d'une concurrence redoutable.

LIV. Le chef de timonerie, l'œil collé sur sa longue-vue : « Oh ! oh ! qu'est-ce ? je vois à terre flotter le drapeau tricolore. » — Le commandant furieux : « Aux fers ce timonier visionnaire ! »

La révolution de juillet fut l'occasion d'un incident burlesque à bord de *la Médée.* Je n'en fus pas témoin, puisque j'avais été débarqué ; mais il me fut conté dans tout son piquant par mon camarade Desdeserts.

Dans les premiers jours d'août, la frégate avait quitté Alger avant que la nouvelle des événements de Paris y fût parvenue ; elle était envoyée à Marseille. Quand on fut à une distance qui permettait d'entrevoir confusément cette ville, le chef de timonerie (c'était, comme il a déjà été dit, un vieux marin de l'Empire), qui tenait sa longue-vue braquée sur les points éminents de la côte, avisa le drapeau tricolore et le signala sans dissimuler la joie que lui causait la vue des couleurs nationales.

A cette nouvelle, grand émoi comme on pense. Le commandant accourt sur le pont, pâle de colère, traite le timonier de visionnaire et de jacobin et le fait mettre aux fers à fond de cale.

Cependant les longues-vues continuaient d'interroger anxieusement le point sur lequel on avait cru voir arboré l'étendard aux trois couleurs. Bientôt il n'y eut plus de doute possible : l'équipage et même la plupart des officiers laissaient éclater leurs transports d'allégresse. Le commandant, consterné, jugea prudent de lever la punition infligée au chef de timonerie. Une fois en communication avec le lazaret, on connut le changement survenu dans l'Etat; gaiement ou à contre-cœur, chacun en prit son parti. Un seul officier de la frégate, M. de Bréda, donna sa démission.

Les matelots se fabriquèrent immédiatement des cocardes tricolores et, dès le soir, tous les chapeaux en étaient ornés, tant par amour de la chose que pour le plaisir de vexer un peu le commandant.

Le même sentiment de joie éclatait, on peut le dire, dans tout le personnel de la marine, sauf chez quelques favoris de la Restauration. Et il n'y avait pas trois mois que des ovations avaient été faites au Dauphin, venu à Toulon pour inspecter la flotte et l'armée expéditionnaires. Fiez-vous après cela aux démonstrations officielles de dévouement! Tous les gouvernements en ont reçu jusqu'à leur dernière heure.

LV. De Toulon à Paris.

Le nouveau gouvernement avait donné l'ordre de renvoyer dans leurs ports respectifs, les officiers des divers corps de la marine qui se trouvaient à Toulon sans emploi. On me délivra une feuille de route pour Brest; ce qui, à ma grande joie, me procurait l'occasion de voir, pour la première fois de ma vie, Paris. Et cela dans quel moment ? au milieu de l'ivresse d'une révolution victorieuse, au lendemain d'une de ces grandes besognes, d'un de ces cataclysmes que le peuple de Paris opère de temps en temps, croyant assurer chaque fois le triomphe définitif de la liberté, mais pour s'apercevoir bientôt qu'il n'a, au prix du sang versé, au prix d'une rude secousse et de cruels sacrifices, qu'il n'a, dis-je, acheté qu'une déception de plus... Liberté, garanties, pondération savante des pouvoirs, illusion hélas ! pure illusion que tout cela, tant que subsiste le morcellement insolidaire qui entraîne fatalement dans toute la manœuvre sociale la duplicité d'action, se traduisant par la lutte entre gouvernés et gouvernants, entre le pauvre et le riche, entre l'ouvrier et le patron. Pour remédier à un tel mal, il faut autre chose qu'un remaniement de constitution, qu'un changement de l'attelage du char de l'Etat ou même de la forme de ce char classique, toujours cahotant désormais, quel que soit l'automédon qui le guide....

Sur la route de Toulon à la capitale, j'eus l'occasion d'observer le contre-coup des journées de juillet, des *trois glorieuses*, comme on les saluait alors : certaines populations se montraient plutôt inquiètes que joyeuses ou fières de l'événement ; d'autres faisaient éclater leurs transports d'allégresse.

A Lyon, je m'arrêtai un jour et j'assistai à une représentation du grand Théâtre. On donnait *la Muette*. Le fameux duo : *Amour sacré de la patrie*, fut applaudi avec un frénétique enthousiasme. Un an plus tard hélas ! les conséquences économiques de la révolution si chaudement acclamée, amenaient la population ouvrière de Lyon, les canuts, à s'insurger et à inscrire sur leur drapeau le terrible dilemme : « Vivre en travaillant ou mourir en combattant ! »

A Chalon-sur-Saône, les têtes bourguignonnes me parurent fortement exaltées: disposition qui se maintint pendant tout le règne de Louis-Philippe, car nulle part, si je ne me trompe, la Société des Droits de l'homme et les affiliations républicaines ne firent plus de recrues que dans cette partie de la France.

La diligence traversa de nuit Dijon, ville dans laquelle s'était produite, à l'occasion de la présence de madame la Dauphine, la première manifestation ouvertement hostile envers le gouvernement de Charles X. A mesure que nous approchions de Paris, les effets de la secousse qui venait de renverser une dynastie, se montraient de plus en plus prononcés. En traversant la seconde moitié de la Bourgogne et la Champagne, nous rencontrions des groupes de soldats suisses en vestes d'ouvriers, en blouses de paysans, ne gardant de leur équipement militaire rien qui pût les signaler à l'animosité du peuple. Ils regagnaient leur pays, l'air morne et abattu. Personne, toutefois, n'insultait ces hommes qui venaient de donner une nouvelle preuve de leur fidélité traditionnelle à la consigne et au pouvoir envers lequel ils étaient engagés.

Leur vue reportait mon imagination vers une autre époque où leurs devanciers, plus malheureux encore dans la défense de la même cause royale, n'auraient pas ainsi cheminé impunément à travers nos populations, surexcitées jusqu'à la fureur par la passion révolutionnaire. Tout enfant j'ai, plus d'une fois, entendu raconter à mon père la journée du 10 août 1792. Il était du petit nombre de gardes suisses qui, après le combat, échappèrent aux massacres. Originaire d'un village de la Savoie (Creseille) et resté orphelin de père et de mère à huit ans, il avait été placé chez un oncle qui se montra fort dur envers lui. Aussi dès qu'il eut atteint dix-huit ans, passa-t-il en France où il s'engagea dans la garde suisse de Louis XVI, compagnie générale. C'était en 1789 : le moment était mal choisi pour entrer dans ce corps d'étrangers, attaché spécialement à la défense du souverain. Quelque temps après la catastrophe qui porta le dernier coup à la monarchie, mon père, ainsi que plusieurs de ses camarades, furent enrôlés dans la Légion germanique qu'on dirigea sur la Vendée pour y combattre l'insurrection royaliste. Passé le 12 août 1793, avec le grade de sergent dans le 22ᵉ régiment d'infanterie légère, incorporé plus tard dans la 13ᵉ demi-brigade, mon père avait été du nombre des quatre mille prisonniers républicains que les Vendéens, dans leur retraite précipitée, après la bataille de Cholet, le 17 octobre 1793, s'apprêtaient à fusiller devant Saint-Florent, lorsque Bonchamps, mortellement blessé, jeta avec son dernier soupir, le cri de grâce, grâce pour les prisonniers! qui les sauva. Des circonstances diverses, quelques-unes fort critiques, par lesquelles mon père avait passé, il lui était resté un profond sentiment de justice envers tous les partis, applaudissant également à ce qui s'était fait de grand et de généreux dans chacun et n'ayant horreur que des assassins et des brigands, sous quelque drapeau qu'ils abritassent leurs crimes. Les impressions qu'il m'a transmises m'ont guidé plus d'une fois dans l'appréciation des hommes et des événements de la révolution.

LVI. Physionomie de Paris au lendemain de la révolution.

J'arrivai à Paris le 12 août 1830, à temps encore pour prendre une idée, pour juger de l'aspect du Paris des grands jours révolutionnaires, ce Paris, au dire du poëte,

> ..... Si magnifique avec ses funérailles
> Ses débris d'hommes, ses tombeaux,
> Ses chemins dépavés et ses pans de murailles,
> Troués comme de vieux drapeaux.

Je vis aussi le revers de la médaille du Paris *magnifique* aux cliniques de Dupuytren, de Larrey, du père Boyer et de Roux. Les « débris d'hommes » sont d'un bel effet dans les vers; mais c'est toute autre chose sur les lits de douleur et dans les amphithéâtres des hôpitaux.

Au dehors, dans les rues, sur les quais, les traces de la bataille n'avaient pas disparu, il s'en faut. Les cimetières improvisés de la place du Louvre et du Marché des Innocents, éclairés chaque soir et jonchés de fleurs, étaient visités par la foule qui, au lieu de *De profundis* et de *Libera*, y entonnait la strophe lugubre de la *Parisienne :*

> Tambours du convoi de nos frères,
> Roulez le funèbre signal ;

quelquefois même le refrain plus déplacé de la *Marseillaise :*

> Aux armes! citoyens!

Je séjournai à Paris jusqu'à la mi-septembre. J'assistai à la première grande revue de la garde nationale et de l'armée, passée au Champ-de-

Mars, le 29 août, par le nouveau roi, accompagné de ses fils aînés, les ducs d'Orléans et de Nemours, et suivi d'un nombreux état-major où se voyaient surtout d'anciens généraux de Napoléon. Point d'uniformes étrangers, à l'exception de quelques habits rouges d'officiers anglais.

Je me trouvai parmi les spectateurs en compagnie de Kérouman dont j'ai déjà beaucoup parlé, et d'un autre de nos camarades de l'école de Brest, Palmer, qui avait pour spécialité de savoir son Bichat par cœur d'un bout à l'autre. Il aurait pu assurément plus mal lester sa mémoire ; mais je ne crois pas que cet ancien collègue, qui doit être mort depuis longtemps, ait tiré grand fruit de son commerce intime avec l'illustre créateur de l'anatomie générale. A sa ferveur anatomique il joignait un goût assez prononcé pour la purée de septembre et ses succédanés. Un cruchon de bière, sa pipe et son Bichat, voilà ce qu'il fallait à Palmer, qui n'exigeait pas même en sus, comme Duclos, la première venue.

C'était le moment où affluaient à Paris les amateurs de places, les aspirants aux dépouilles des vaincus. Quoique les Bretons, en général, ne soient pas parmi les plus avides, ni surtout parmi les plus adroits exploiteurs à leur profit des révolutions, je rencontrai cependant deux ou trois de mes anciens condisciples et quelques autres compatriotes venus à Paris pour solliciter qui une perception, qui une direction des postes, qui une place de substitut ou une sous-préfecture. Plus d'un, comme de juste, en fut pour ses frais de voyage et pour ses courbettes auprès des puissants du jour, et retourna au pays, pestant contre le gouvernement nouveau, très-décidé à lui faire bonne guerre, soit au nom de la légitimité, soit au nom de la démocratie, voire de la république.

LVII. Retour en Bretagne.

Pour moi qui n'avais rien à demander, je quittai la capitale après un mois de séjour, ayant bien juste de quoi payer ma place de diligence jusqu'à Lamballe, emportant dans mon portefeuille une copie de la *Curée* encore inédite de Barbier, et dans ma malle les insignes du premier grade de la maçonnerie à laquelle je m'étais laissé affilier par l'influence d'un ami de collége, orateur d'une des loges de la rue de Grenelle-Saint-Honoré. Je ne donnai aucune suite à cette initiation, peut-être un peu par rancune de l'ennui qu'elle m'avait causé ; on m'avait oublié pendant trois longues heures dans un des lieux d'épreuve, en face d'un squelette dont la contemplation ne pouvait, comme on pense, être bien émouvante pour un habitué des amphithéâtres de dissection.

A mon arrivée à Lamballe, je trouvai mon vieux père qui était venu au-devant de moi de notre ferme des Salles en Saint-Alban où il s'était retiré, cultivant un coin de jardin et trois ou quatre arpents de terre qu'il s'était réservés sur la métairie. Après une huitaine de jours de vie de campagne, tranquille et morne, parfait contraste avec le bruit et les agitations de Paris, je pris, un peu ravitaillé financièrement, la route de Brest où j'aurais dû, dans les limites de ma feuille de route, être arrivé depuis quelque temps déjà. Mais ce serait bien le diable si, après une bagarre qui a tout bouleversé dans l'Etat, on imputait à crime à quelques-uns de ses plus minces serviteurs d'avoir tant soit peu allongé la courroie et fait pendant une semaine ou deux l'école buissonnière. Le conseil de santé ne s'avisa pas du retard, ou du moins ne m'en fit aucun reproche. Il me donna bientôt un emploi à Pontanezen où je me retrouvais toujours avec un nouveau plaisir.

LVIII. Encore Pontanezen, et sa joviale et insouciante vie.

L'hôpital de Pontanezen était, comme je l'ai déjà dit, affecté au traitement des vénériens et des blessés atteints de lésions peu graves ou d'affections chroniques. Comme nos logements y étaient complétement séparés des divers services, nous avions fait de Pontanezen, nous autres jeunes disciples d'Esculape, une sorte d'abbaye de Thélème. On y étudiait peu ; mais en revanche on y chantait beaucoup, on y improvisait dans tous les genres, on y dansait même quelquefois. Les bonnes soirées (quand ce n'étaient pas des nuits) que nous passions là, avec adjonction de quelques jeunes officiers de marine ou commis de l'administration! Les années 1829, 1830 et 1831 furent, suivant mon impression, la phase brillante de Pontanezen. On n'y engendrait pas de mélancolie, je vous assure. Demandez plutôt, — à moins que les graves préoccupations de la préfecture de police en 1848, et celles de l'administration des petites voitures, depuis douze ans, ne lui aient obscurci ces lointains souvenirs de jeunesse, — demandez plutôt à notre confrère Ducoux, le boute-en-train habituel, en même temps que le plus inépuisable conteur et chanteur de la joyeuse bande.

Là chacun de nous avait son nom de guerre, son sobriquet de camaraderie. Tourrette, qui a trouvé la mort, une mort glorieuse, il y a deux ans dans l'épidémie cholérique de Toulon, où il était allé par pur dévouement pour appliquer aux malades son traitement par l'ingestion de l'eau froide (10, 12, 18 litres et plus par vingt-quatre heures), Tourrette s'appelait à Pontanezen *Boutesenquoi*. Ce surnom lui avait été donné par assimilation à un enseigne de vaisseau qui, ayant rapporté de Madagascar une hépatite incurable, et ne se trouvant pas dans l'un des cas réglementaires d'une pension de retraite, était, à raison de son manque absolu de fortune, maintenu indéfiniment à l'hôpital de la marine. De même Tourrette, qui n'affrontait pas volontiers les concours, restait, dans son grade d'élève entretenu, l'hôte inamovible de Ponta-nezen.

Qui m'a rappelé cette origine du sobriquet Boutesenquoi? C'est tout récemment un de nos bons compagnons de ce temps là, le docteur Toussaint (de Lannion), que nous nommions alors *Tousbrouck*. C'était, je l'ai déjà dit et je me plais à le répéter, le meilleur vivant qui fût oncques, le cœur le plus ouvert et le plus loyal. Dans son logement privilégié de prévôt, Toussaint n'avait rien à lui, ni son lit, ni ses pipes, ni son cognac. Les jours de gala, il arrivait quelques fois à Pontanezen une douzaine de fiacres, pavoisés de homards et d'écrevisses. Alors on ouvrait invariablement la séance par la marche triomphale de la *Muette de Portici*, sous la direction du maestro Cantin, avec accompagnement de cliquetis des couteaux sur nos verres. Notre camarade Cantin était un virtuose naturel, que ses succès d'enfant avaient un peu gâté et qu'acheva de perdre un penchant mal contenu pour les alcooliques. Au dessert Toussaint, encapuchonné de sa serviette, entonnait sa charge favorite, *les Moines :*

> Et nous autres,
> Pauvres apôtres,
> Humbles moines,
> Tripaillons de moines, etc.

Ah! le bon temps que c'était là! — L'heureuse insouciance! en dépit de quelques créanciers plus ou moins incommodes que chacun de nous pouvait avoir sur les bras, mais auxquels on ne songeait guère en ces moments. Et dans les jours mêmes de calme relatif, exempts de toute bacchanale, — entre les commensaux ordinaires et réguliers de Pontane-zen, quel franc essor de cette affection (l'amitié) dont le ton est l'égalité, qui a seule le privilége de tout dire sans offenser jamais, et dans laquelle, a noté le maître, « la masse critique *facétieusement* l'individu. » Chose si naturelle, d'ailleurs, qu'elle est en usage de temps immémorial dans tout groupe d'écoliers, dans toute chambrée de soldats, à toute table d'officiers : on se *blague* les uns les autres, c'est admis; et le procédé est d'une efficacité merveilleuse pour former le caractère, pour corriger les exagérations de l'amour-propre, ou celles en sens contraire qui ont aussi leurs inconvénients. Le moyen de s'en faire accroire, quand la plaisanterie, une plaisanterie sans malveillance, sinon sans malice, est toujours là prête à faire justice d'une prétention déplacée! C'est là un des principaux ressorts de la vraie éducation, de l'éducation qui façonne à la vie sociale. — Tel était le train de vie de Pon-tanezen, tout à la camaraderie, un peu trop tourné à la gaie science et au plaisir; pas assez à la science sérieuse et au travail fructueux : c'était là son seul tort. Quoi qu'il en soit, tous ceux qui ont passé par là en ont gardé autre chose que le regret d'un peu de temps perdu.

De nos gais compagnons de ce temps, combien manqueraient à l'appel aujourd'hui! Plus de la moitié à coup sûr.

L'un des premiers que la mort saisit, Vasse, fils d'un ancien pharmacien en chef de la marine, fut, comme Tourrette, enlevé aussi par le choléra à Toulon, mais trente ans plus tôt, dans l'épidémie de 1835. Vasse, pendant les jours d'effervescence de la révolution de juillet, venait les bras nus (c'était un Hercule) entonner de sa formidable voix de basse-taille la *Marseillaise.*

Un des fils de l'amiral Gourdon (le plus jeune, qui bientôt après mourut de la poitrine), Edouard Gourdon, violoniste de talent et poëte romantique de la première heure, nous apportait les prémices de Hugo, de Dumas, de Balzac et de Musset; il nous faisait part aussi de ses productions. Une d'elles, que j'ai conservée (*la Pipe*), obtint surtout du succès, grâce au trait d'humour qui la termine. J'en reproduis, comme spécimen, le commencement et la fin. C'est un aspirant, sorte de Chérubin nautique, qui parle :

> Et mon cœur était plein de douce rêverie...
> Je marchais sur le quai, songeant à mon amie.
>
> . . . .
> « Je l'aime mieux, disais-je, ah! j'aime bien mieux Blanche,
> « Que la gloire, que tout, que mon canot qui penche
> « Sous le vent qui mugit, qu'un vaisseau de haut bord,
> « Que le vieux commandant qui me prit sur son bord
> « Et m'apprit mon métier; qu'une escadre de guerre,
> « Que le sabre doré que m'a donné mon père !
>
> « Chère enfant! j'aime mieux un regard de tes yeux,
> « De ta bouche un seul mot me rend bien plus heureux
> « Qu'un chant de mon pays sur un lointain rivage,
> « Qu'un rayon de soleil après huit jours d'orage!... »
>
> « — Frère, dit un marin, qui passait en fumant,
> « Moi, j'aime mieux ma pipe et le gaillard d'avant. » .

C'était l'époque où, petits comme grands, les esprits fermentaient sous l'action d'une sorte de levain poétique. Il semblait que chacun eût à cœur d'essayer ses forces. La colonie de Pontanezen acquit un petit renom littéraire qui s'étendit peut-être bien jusqu'à Quimper-Corentin et à Landernau. Je cite ces deux villes à raison de leur proximité et nullement par allusion désobligeante à la réputation que leur ont faite la Fontaine et Picard, réputation dès longtemps imméritée ou dont elles n'ont du moins aucun titre à garder le privilége. C'est, dirais-je, si le mot n'était trop ambitieux, c'est aux muses de Pontanezen qu'on venait s'adresser quand on voulait une pièce de circonstance, par exemple une ode pour un bal donné par la ville en faveur des Po lonais, ou bien des couplets pour la remise, pendant une représentation, d'une parure offerte par les dames de Brest à une chanteuse, aimée pour son talent, estimée pour sa conduite (Madame Marcou, qui avait occupé pendant quelques années au théâtre de Brest les emplois de seconde, puis de première chanteuse).

Une certaine excitation intellectuelle fut aussi suscitée par un cours de mnémonique, de tachygraphie et d'enseignement musical d'après la méthode Galin, qu'Aimé Paris vint faire à Brest vers ce temps-là. Grâce à l'entrain du professeur, à la forme piquante de son enseignement émaillé de bons mots qui jaillissaient comme d'une source intarissable, la salle du Lycée dans laquelle il faisait son cours ne désemplit pas, et l'auditoire comptait presque autant de dames que d'hommes. A la fin des séances, on dictait comme sujet d'exercice des bouts rimés à remplir pour la séance suivante. C'était à qui, dans le moule ainsi donné, coulerait une pensée originale, bizarre ou gracieuse, pour arracher un sourire à la partie de l'assistance dont on avait le plus à cœur d'obtenir le suffrage. Quel ressort d'émulation dans ce concours des deux sexes! Mais qui oserait proposer d'en tirer parti? Quelques cerveaux fêlés d'utopistes peut-être, dans leurs rêves, à moins que ce ne fussent ces audacieux Américains qui se hasardent à l'employer, dit-on, dans leurs écoles mixtes, sans que chez eux, pour autant, les mœurs périclitent. On prétend même que l'Union tout entière ne produit pas autant de bâtards qu'une seule de nos provinces. Et sous le rapport des infractions à la foi conjugale, les mêmes Américains soutiennent que nous les distançons de beaucoup. Ces Yankees! en parlant de nous, il leur arrive quelquefois de dire avec la suprême impertinence qui les caractérise : « Les Français!... un tas de hâbleurs, de raffalés et de c.... » J'aime à croire qu'ils prennent, les insolents, l'exception pour la règle ; mais enfin ils prétendent que l'exception est, chez eux, infiniment plus rare que chez nous.

Pour revenir à la question de l'emploi du principe de l'émulation intersexuelle dans l'enseignement, je maintiens qu'il pourrait y être éminemment fructueux, sans entraîner les inconvénients qu'on redoute pour les mœurs, et même avec profit pour la morale elle-même, en donnant l'occasion aux jeunes gens de sexe opposé de se connaître, de s'apprécier réciproquement. Les observations comparatives qu'ils pourraient faire de part et d'autre prépareraient des unions mieux assorties que celles d'à présent, qui fournissent un chiffre de séparations de corps croissant d'année en année (1).

(1) Voir le dernier rapport du ministre sur la justice civile.

Quoi qu'il en soit, avant de nous affranchir du joug d'une routine quelconque, nous ajouterons, nous autres Français, plus d'une révolution encore à celle de 1830, au lendemain de laquelle nous nous trouvions alors.

Sous l'empire des événements qui venaient de s'accomplir, la fièvre politique régnait un peu partout. Dans l'accès d'ardeur patriotique du moment, à l'intention de la Sainte-Alliance et de la Chouannerie dont on signalait les préparatifs, nous-mêmes, nous autres carabins, voués par état à panser les blessures et non pas à en faire, nous nous mîmes à apprendre la charge en douze temps et l'école de peloton dans le parc de Pontanezen, le sergent du poste nous servant d'instructeur.

Après l'animation belliqueuse excitée par la révolution de juillet, le souffle pacifiant de Saint-Simon passa sur notre petite colonie. C'est de là que nous nous rendions aux prédications des apôtres Charton et Rigaud, qui furent envoyés en mission à Brest dans l'été de 1831. Leur parole glissa sur l'esprit de la plupart de nos camarades ; elle jeta dans le mien et dans celui d'un de mes collègues, A. Maingon, des germes plus vivaces ! — Maingon ! encore un des nôtres qui a dès longtemps quitté ce bas monde, et d'une façon triste, quasi tragique. — Atteint d'une fièvre typhoïde à forme cérébrale, Maingon dans un accès de délire se précipita par la fenêtre de sa chambre située au troisième étage et se brisa la tête sur le pavé de la rue. Il était fils du capitaine de vaisseau Maingon, officier non moins distingué par ses connaissances que par son courage, et qui fut emporté par un boulet anglais au combat de l'île d'Aix en 1809.

Mon camarade, le chirurgien Maingon, avait été intimement lié avec Emile Souvestre, pendant que celui-ci rédigeait à Brest le journal *le Finistère*. Ce fut lui qui, dans un voyage qu'il fit à Paris en 1842, me mit en rapport avec l'auteur des *Derniers bretons*, de *l'Echelle des femmes*, etc., dont j'obtins la collaboration littéraire à la *Démocratie pacifique*. Esprit distingué, noble cœur, consciencieux écrivain, homme excellent à tous égards, Souvestre a inspiré une profonde estime et laissé de vifs regrets à tous ceux qui l'ont connu.

Mes souvenirs se heurtent à bien des tombes... J'ai été heureux, ces jours derniers, de serrer la main d'un survivant, resté l'un des plus chers entre mes vieux camarades ; survivant, grâce à une singulière chance, car il vit de très-près la mort il y a trente-sept ans. Le lecteur va pouvoir en juger.

LVIX. Terrible coup de mer essuyé par *la Bressane*.

Un mois environ après mon retour à Brest, on y apprenait une fâcheuse nouvelle : le brick-canonnière *la Bressane*, sur lequel se trouvait embarqué l'excellent camarade que je viens de revoir, Théodore Turquet, *la Bressane*, dis-je, avait éprouvé dans les parages de Terre-Neuve un grave accident de mer, une véritable catastrophe ayant causé la mort de plusieurs hommes de l'équipage, et blessé le chirurgien, de manière à mettre ses jours dans le plus grand danger. Je prends dans une lettre de Turquet lui-même le récit de ce dramatique épisode de la vie nautique, qui a été aussi rapporté par le capitaine de vaisseau Leconte, passager sur *la Bressane* (1).

... « A la révolution de juillet, on envoya des navires porter dans toutes les directions la nouvelle du changement de gouvernement. Par suite des armements de l'expédition d'Alger, le port de Brest était dans ce moment fort dépourvu de navires ; ce qui explique pourquoi on envoya le brick-canonnière *la Bressane* remplir cette mission à Terre-Neuve. C'était un de ces petits navires à fond plat construits primitivement, ainsi que *la Lilloise*, *la Malouine*, etc., pour naviguer sur les côtes ou dans les fleuves, mais incapables de tenir la haute mer, surtout dans la saison où nous allions entrer (2). Tout le monde voyait le danger, mais la nécessité fit loi. Je fus embarqué sur ce navire comme chirurgien-major. La première traversée se fit assez bien. Nous partîmes de Saint-Pierre pour nous rendre en France le 23 septembre. Le 24, nous fûmes assaillis par une violente tempête. Pendant toute la journée, nous fûmes obligés de fuir devant le temps. Une partie de l'équipage était dans l'entre-pont ; toutes les ouvertures étaient calfatées avec les prélarts cloués. Les lames étaient monstrueuses. Vers sept heures du soir, lorsque nous nous trouvions sur l'accore du grand banc de Terre-Neuve, une lame de fond vint fondre sur le navire par la hanche de bâ-

---

(1) *Mémoires pittoresques d'un officier de marine*, par F. Leconte, capitaine de vaisseau, officier de la Légion d'honneur. Brest, 1851.

(2) A propos de ces bricks-canonnières, M. le capitaine de vaisseau Leconte explique en homme du métier le manque de solidité de la muraille, formée par des jambettes placées entre les membrures et qui ne descendaient pas au-dessous du plat-bord de plus de 20 centimètres. « Je cite *la Lilloise*, ajoute M. Leconte, parce que, malgré l'exemple de ce qui nous arriva sur *la Bressane*, ce navire fut expédié sous le commandement de M. de Blosseville, pour faire des explorations dans l'Océan polaire ; et ceux qui liront ce qui va suivre comprendront quel a dû être le destin de ce jeune et savant officier, et combien il régnait d'impéritie dans le bureau directeur des mouvements de la flotte. » *Mémoires d'un officier de marine*, t. I, p. 555.

bord, enfonça la muraille, entraîna et brisa tout ce qui se trouvait sur son passage, enleva le gouvernail et mit le navire en perdition. Huit hommes, parmi lesquels le maître timonier, le maître d'équipage, le voilier, le charpentier furent tués ou ne reparurent plus. Moi-même, qui étais assis à bâbord, je fus précipité par la lame contre le cabestan, et de là à tribord dans les porte-haubans où je restai accroché par le pied, couvert par les débris du grand mât dont la chute me fractura les os de la jambe gauche. Par suite de la position du navire, j'étais d'abord submergé; quand ma tête sortit de l'eau, je vis la situation, je me dépêtrai de mon mieux, me traînai en rampant sur le pont, et arrivé ainsi jusqu'au panneau de la chambre du capitaine, au moment où un des offi ciers enlevait la claire-voie pour descendre prendre des haches d'abordage afin de couper le mât de misaine, je me laissai tomber dans la chambre où je restai longtemps étendu jusqu'au moment où l'on put s'occuper de moi, car on avait bien autre chose à faire, et il fallut, de la part des officiers et de l'équipage, un sang-froid à toute épreuve et une expérience consommée pour nous tirer du péril extrême où nous étions. Il serait trop long de te raconter toutes les péripéties par lesquelles a passé cette malheureuse *Bressane*, désemparée, sans gouvernail, rase comme un ponton, avec des vergues pour mâts, avant d'arriver, contre tout espoir, en Europe. Les maux que j'ai soufferts, sans soins médicaux, étendu sur une couchette, recevant toutes les secousses du tangage et du roulis, cela serait impossible à décrire. Ma fracture n'a point été réduite; les fragments sortaient à travers les plaies; il y avait cent chances contre une que je succomberais aux suites de ma blessure, et pourtant je débarquai à Lisbonne le 1er novembre pour être transbordé sur la frégate *l'Atalante*, dont le chirurgien-major voulut, non sans motifs plausibles, me couper la jambe, ce à quoi je résistai avec une obstination que la suite a, contre toute vraisemblance, justifiée. Je revins sur la frégate à Lorient dans le courant de décembre, et j'y restai cloué sur mon lit jusqu'à la fin de l'été suivant, époque où s'opéra mon retour à Brest. Je fus reçu à Landerneau par de bons camarades qui étaient venus au-devant de moi et qui me ramenèrent triomphalement à l'hôpital Saint-Louis. Le reste t'est connu, ma sortie de la marine par suite de ma blessure, mon séjour à Paris où nous nous sommes retrouvés ensemble en 1832-1833, mon retour à Lannion où je suis médecin de l'hôpital, conseiller municipal depuis trente ans, et mieux que cela, heureux père de famille, aimé, je crois, de mes concitoyens. »

Je prie mon vieux camarade de me pardonner l'indiscrétion que je commets en livrant à la publicité cet extrait d'une de ses lettres, extrait qui retrace non-seulement une catastrophe de mer émouvante, mais encore une situation pathologique dont, mieux que tous autres, les médecins peuvent apprécier la gravité.

J'emprunte quelques traits complémentaires du naufrage de *la Bressane* au récit de M. le capitaine de vaisseau Leconte qui se trouvait à bord de ce navire comme passager.

« A sept heures, dit M. Leconte, la nuit commençait à devenir d'autant plus sombre que le ciel était nuageux et que la pluie se mêlait aux *embruns* dont la mer nous couvrait.

« Aux mouvements du roulis la mer *embarquait* en mugissant de chaque côté du navire. J'étais assis sur une cage à poule près de l'arrière à bâbord ; le capitaine Lespert était monté dessus. A l'approche d'une lame il me toucha légèrement du genou et me dit : En voilà une qui va nous jouer un mauvais tour ! A peine ces mots étaient-ils prononcés que nous étions tous engloutis !...

« Le coup de mer en frappant la hanche de bâbord, défonça la muraille, arracha et brisa tout ce qui se trouvait sur son passage ; après avoir traversé le bord il enleva et entraîna de bout en bout la muraille de tribord ; quand il fut passé, quelques parties du bâtiment revinrent de suite sur l'eau.

« L'instinct de la conservation que l'homme conserve jusqu'au dernier moment, porta le malheureux équipage à s'accrocher aux corps qu'il heurtait au milieu du flot qui l'emportait ; tous ceux qui purent prendre pied, se précipitèrent sur le gaillard d'arrière ; le capitaine s'était accroché dans les grands haubans de dessous le vent, il était déjà en dehors du bord. Nous n'eûmes tous qu'une seule pensée, le même cri se fit entendre : *La barre au vent !* Il n'y en avait plus de barre ! elle avait été enlevée ainsi que la roue et l'habitacle ; le tableau du couronnement avait résisté au choc, la barre de rechange avait été amarrée dessus et en-dedans. On se précipita vers cette barre, on la passa dans le trou resté libre à la tête du gouvernail ; elle tourna bien : mais ô fatalité ! le gouvernail n'existait plus, il avait été brisé et emporté par la mer.

« *La Bressane* était complétement engagée, en recevant ce terrible coup de mer, elle avait lancé au vent ; sa mâture élevée et sa voilure en partie déferlée en recevaient tout le poids ; elle était sur le côté de tribord, la mer atteignait jusqu'aux iloires des écoutilles : chaque lame qui nous venait nous couvrait d'eau ; les jambettes de bâbord, en s'en allant, avaient arraché le plat-bord ; des hommes se dépouillaient pour remplir avec leurs vêtements de drap, les ouvertures faites et empêcher l'eau d'envahir l'intérieur ; d'autres s'étaient portés aux pompes et travaillaient avec courage. La position était horrible : seuls sur l'immensité de l'Océan, ayant l'abîme ouvert sous nos pieds !

« Le naufrage sur un rivage, quelque dangereux qu'il soit, offre du moins une espérance : la pensée que la terre est là tout près, soutient le pauvre marin jusqu'au bout de sa carrière.

« Après quelques instants je rencontrai M. Lespert ; il me dit avec sang-froid, mais avec une expression énergique : « Nous sommes f.... » Nous échangeâmes quelques mots ; nous comprenions également que, s'il pouvait exister une chance de salut, c'était celle de pouvoir soulager le bâtiment, le redresser et le maintenir à la cape. Nous pensâmes que la rupture du mât de misaine entraînerait le grand mât de hune, et que la conservation du grand mât maintiendrait le navire, si toutefois il ne coulait pas.

« L'ordre fut vivement donné de procéder à l'opération. On pénétra à tout risque dans la chambre des officiers pour y prendre des haches d'armes ; les haches que par précaution on avait conservées sur le pont avaient été enlevées par la mer. Des matelots munis de ces outils et de couteaux, se précipitèrent sur les haubans de misaine du côté du vent ; le mât ne tarda pas à se rompre ; *la Bressane* se redressa un peu, toutes les pièces de canon furent jetées à la mer, excepté les deux de l'arrière. Le péril n'avait pas cessé, mais il était moins grand.

« Les chambres étaient remplies d'eau ; on sortit des seaux et des gamelles, on se servit même de chapeaux ; on forma une espèce de chaîne pour puiser l'eau, pendant que l'on faisait agir les pompes.

« Au point du jour on se chercha et l'on put se compter ; huit hommes manquaient. Il est étonnant que le nombre des victimes ne fût pas plus considérable.

« Nous étions tous plus ou moins blessés et couverts de contusions ; le chirurgien, M. Turquet, jeûne homme rempli de mérite, eut la jambe cassée en deux endroits...

« En examinant comment le gouvernail s'était rompu, on aperçut le malheureux maître d'équipage à moitié deshabillé, qui s'était accroché sans doute à la chaîne de sauvegarde du gouvernail, dans laquelle il avait un pied entortillé ; il avait sans doute lutté quelque temps et était resté ainsi noyé à la traîne. Peu d'heures après, la mer détacha le cadavre et l'engloutit dans ses profondeurs.

« Le capitaine s'assura par lui-même des dégâts que l'eau entrée à bord avait pu causer ; elle n'avait pu pénétrer dans les soutes à biscuit. Tout recensement fait, la nourriture de l'équipage était assurée pour soixante jours.

« Nous étions contents ; notre position cependant était effrayante ! Eloignés de moins de 100 lieues du côté de Terre Neuve, nous ne pouvions chercher à la gagner, il en était de même du continent américain, car les vents régnant à l'époque où nous nous trouvions venaient de l'ouest. Plus de 700 lieues nous séparaient d'Europe et de France ! sans mâts, sans voiles, sans gouvernail, sur un bâtiment rasé, pas plus haut sur l'eau qu'une chaloupe ordinaire, par une latitude élevée qui nous plaçait hors du chemin de toute navigation, comment pouvoir lutter de nouveau contre le mauvais temps? Vraiment, il y avait de quoi effrayer la pensée; mais le chef était un homme éprouvé, il sut nous communiquer à tous son courage et sa résolution. »

Ce ne fut pas tout : arrivée à grand'peine et dans le plus piteux état en vue des côtes de la Péninsule, à la hauteur du cap Finistère, la malheureuse *Bressane*, par les vents régnants, ne put gagner la Corogne ni Vigo. Elle se présenta en vain devant Viana, à l'embouchure du Rio Lima (Portugal), tirant des coups de canon de détresse pour appeler un pilote, et le pavillon en berne. Une chaloupe sortit de la rivière et se rendit le long du bord ; mais dès que le pilote eut aperçu le drapeau tricolore, il déclara au nom du gouverneur que les forts tireraient sur *la Bressane*, si elle tentait de franchir la barre.

Voilà donc ce pauvre débris forcé de reprendre le large, livré de nouveau à tous les périls auxquels croyaient avoir échappé ceux qui le montaient.

Après avoir longé la côte du Portugal dans les trois quarts de son étendue, *la Bressane* put gagner enfin l'embouchure du Tage et entra de nuit dans Lisbonne, sans appeler de pilote cette fois. Loin d'ailleurs d'élever aucune difficulté, le gouvernement de dom Miguel s'empressa de désavouer et de blâmer sévèrement la conduite inhumaine du commandant de Viana.

J'ai dit plus haut comment je venais de revoir un instant mon ami le docteur Turquet. Curieux, comme tout le monde, des merveilles de l'Exposition universelle, il était arrivé pour voir cette accumulation inouïe de prodiges, en compagnie d'un de ses fils, lieutenant de vaisseau, détaché à Paris pour concourir à l'exécution d'un travail d'hydrographie sur les côtes du Brésil. A peine le cher confrère avait-il touché barre à Paris, qu'une dépêche lui annonçait que le choléra venait d'éclater à Lannion. A d'autres dès lors les splendeurs du Champ-de-Mars ! Médecin de l'hôpital de sa petite ville, Turquet, sans attendre au lendemain, reprend le chemin de fer et court à son poste.

LX. Incendie dans le port de Brest. — Les débris d'une expédition colonisatrice.

Deux événements, deux sinistres, dont je fus témoin pendant les derniers temps de ma résidence à Brest m'ont laissé une forte impression. Je veux parler d'un incendie qui éclata dans le port et du retour des lamentables débris de l'expédition colonisatrice envoyée au Mexique par M. Laisné de Villevêque.

Au commencement de l'année 1832, lorsqu'on parlait beaucoup des préparatifs qu'étaient censés faire les partisans du gouvernement déchu pour une levée de boucliers dans le Midi et dans l'Ouest, un incendie se déclara tout à coup, le soir du 25 janvier, au centre même du port. Lorsqu'on s'aperçut du sinistre, il avait déjà pris des proportions considérables. Les flammes s'élançaient par plusieurs croisées des pièces occupées par le musée d'artillerie. Les secours furent organisés rapidement avec toute la puissance qu'offre un grand port de guerre en personnel et en matériel. Néanmoins l'incendie continua pendant une grande partie de la nuit. Dès que l'alarme eut été donnée, on nous convoqua tous, nous autres chirurgiens de la marine, à l'hôpital principal, afin de nous distribuer sur les points où notre assistance serait réclamée. On employa une partie d'entre nous à préparer des appareils à fracture et d'autres moyens de pansement. Tout en nous livrant à ces soins, nous montions de temps en temps sur le dôme de l'hôpital, d'où l'on apercevait parfaitement le foyer de l'incendie. De là on découvrait un spectacle effrayant, grandiose et pittoresque à la fois. Il s'élevait des colonnes tourbillonnantes de flammes verdâtres et de nuances plus ou moins foncées, qui simulaient des feux de Bengale gigantesques. La coloration provenait de la fusion et de la volatilisation des cuivres et des bronzes que renfermait le musée ou salle d'armes. Des flammèches embrasées venaient tomber jusque sur les bâtiments et dans les cours de l'hôpital.

« Les flammes, » dit le savant historien de la ville et du port de Brest, M. Levot, « les flammes s'élevaient à une telle hauteur, que la lueur de l'incendie fut aperçue de Lesneven, à sept lieues de Brest. On y battit la générale, parce qu'on crut que le feu était au Folgoat (hameau distant d'une lieue de cette dernière ville). Malgré l'intrépidité des travailleurs, le désastre ne put être conjuré. Le lendemain, la population consternée contemplait, dans la cour du magasin général, des lingots de mitraille, seuls débris des richesses que la salle d'armes contenait encore la veille. De ces fusils, de ces armes précieuses qui permettaient de suivre les progrès de l'artillerie depuis plusieurs siècles, il ne restait rien. Les pertes causées par l'incendie furent évaluées à 1,700,000 fr., dans lesquels les bâtiments consumés ou endommagés entraient pour 130,000 fr. Leur vétusté et leur mauvaise disposition en avaient depuis longtemps fait arrêter le remplacement. » (*Histoire de la ville et du port de Brest*, par P. Levot, conservateur de la bibliothèque du port, correspondant du ministre de l'instruction publique pour les travaux historiques, Tome II, p. 335)

Enfin l'on se rendit maître du feu avant le jour et le nombre des blessés fut heureusement très-petit. Un capitaine d'artillerie de marine posté sur la toiture d'un des vaisseaux du port pour diriger le jet d'une pompe, tomba mort subitement. A l'autopsie, on trouva une rupture du cœur et un épanchement considérable de sang dans le péricarde. Cet officier était atteint de la lésion organique appelée anévrysme passif ou par dilatation des cavités.

L'opinion s'émut à propos de ce sinistre qu'on refusait d'attribuer à une cause accidentelle. Et ce fut pourtant, si je ne me trompe, la seule conclusion à laquelle aboutit l'enquête dont cet événement fut l'objet.

Relativement à l'autre fait dont je vais dire quelques mots, il faut se rappeler qu'un personnage assez influent sous la Restauration, M. Laisné de Villevêque, questeur de la chambre des députés, avait formé, avec le concours de deux capitalistes, le projet d'une tentative de colonisation au Mexique. Santa-Anna, qui était alors à la tête du gouvernement de ce pays, leur avait accordé une vaste étendue de terrain dans l'isthme de Tehuantepec. Il s'agissait d'y transporter et d'y établir cinq cents familles françaises pour y tenter la culture de la vigne, de l'olivier et de la soie. De novembre 1829 à juin 1830, il partit du Havre trois navires emportant 328 émigrants. Ceux-ci s'établirent dans un lieu nommé Goazacoalcos. Par suite des contre-temps si ordinaires dans de semblables entreprises, et surtout par l'effet meurtrier du climat, dès le commencement de 1831, la colonie se trouvait en pleine dissolution. Vers la fin de cette année le petit nombre des survivants de l'émigration étaient ramenés et débarqués à Brest dans le plus déplorable état de santé. Ils étaient environ cinquante, épuisés par la dyssenterie et les fièvres, au point de ressembler à des cadavres plutôt qu'à des vivants. Placés dans les services de l'hôpital de la marine, la plupart y succombèrent : triste exemple de l'inaptitude des Européens à créer dans ces pays des exploitations agricoles sans le concours de sujets d'une autre race, mieux trempés pour résister aux influences climatériques. Et même avec ce concours, rendu désormais de plus en plus difficile et précaire, du moins tant qu'on n'aura pas transformé le mode actuel d'exercice de la culture, qui en fait pour les Indiens et pour les nègres un objet de répugnance presque insurmontable; même avec ce concours, dis-je, que d'obstacles au succès des tentatives de colonisation!

LXI. *Schoking!* Voilez, Amours, votre face.

Une odieuse hérésie, qui rend justement abominable le nom seul de Sodome, passa longtemps pour être restée en usage parmi les marins. Les choses ont beaucoup changé en mieux sous ce rapport. Pendant tout mon temps de navigation, je n'ai eu connaissance que d'un seul fait de ce genre qui aurait eu lieu à bord des navires sur lesquels j'ai été embarqué. Un contre-maître calier, chargé de certaines distributions de la soute aux vivres, se livra un jour à une tentative envers un mousse qui était allé aux provisions et qui dénonça sur-le-champ le coupable. Ce dernier fut mis aux fers pendant toute la traversée.

Or, dans le passé, ces honteuses pratiques étaient bien moins rares. Une dépêche ministérielle du 25 janvier 1690 témoigne des habitudes infâmes auxquelles s'abandonnaient les officiers eux-mêmes. Un de nos grands hommes de mer du siècle dernier poussait, dit-on, fort loin l'indulgence pour certains écarts de ses officiers, aussi loin que l'auraient pu faire Frédéric II de Prusse et Jules-César, tous deux assez mal famés à l'endroit dont il s'agit. Je n'ai dit un mot de cet ignoble sujet qu'à titre de comparaison entre nos mœurs d'à-présent et celles de l'ancien régime. La Révolution, quoi qu'on en dise, n'a pas tout gâté. Elle a déchargé, il est vrai, M. le curé de Brest de l'office qui lui incombait, aux termes des règlements, de faire fouetter et renfermer dans la prison de Pontaniou les filles connues pour avoir commerce avec les matelots et les soldats. La débauche, à cet égard, a peut-être aujourd'hui les coudées plus franches. Mais qu'y faire, hélas! tant que la nécessité d'un immense personnel de guerre sur mer et sur terre condamnera au célibat une multitude d'hommes de vingt à trente ans qui ne sont nullement enclins à faire vœu de chasteté?

LXII. Un mot, pour cause personnelle, sur l'asthme, quant à l'influence de la navigation et des pays chauds, et quant au rôle de l'hérédité dans cette maladie.

Je suis atteint d'un asthme invétéré. — Qu'est-ce que ça peut nous faire? diront bien des lecteurs. — Je ne demande pas, pour sûr, qu'ils s'intéressent à cette condition idiosyncrasique de mon individu. Je la mentionne comme médecin, pour signaler quelques particularités de la maladie bizarre dont il s'agit. Elle est assez commune, en même temps qu'assez rebelle à tous les moyens de traitement, pour qu'une de ses victimes soit excusable d'appeler l'attention sur les circonstances qui concourent à la produire, sur son *étiologie*, comme on dirait dans la langage de la science.

Donc, je connais de longue date, disais-je, par expérience personnelle les tourments de l'asthme; j'en ai éprouvé un premier accès, à l'occasion d'un refroidissement et d'un rhume, dès l'âge de 12 ans. J'ai, sous l'influence de la même cause, ressenti d'autres atteintes de cette pénible complication nerveuse, pendant mes études au collège de Saint-Brieuc, et à Brest dans les intervalles de mes embarquements. Jamais à bord ni pendant mes séjours dans les pays chauds, séjours de courte durée à la vérité, jamais je n'ai souffert de mon asthme, diathèse que j'ai héritée doublement, du côté paternel et du côté maternel.

Mon père était sensiblement asthmatique, bien qu'il n'éprouvât pas d'accès aussi prononcés que les miens. De plus, il subit, vers 50 ans, des attaques de rhumatisme articulaire et musculaire. Il est mort, à 74 ans, d'une *péricardite*, suivant le diagnostic du médecin qui le soigna dans sa dernière maladie, feu le docteur Bédel (de Lamballe), le même qui reconnut la vocation et commença l'éducation médicale du célèbre chirurgien Jobert (1).

Je pouvais, comme on voit, tenir de mon père une prédisposition à l'asthme. La même influence diathésique se rencontrait aussi, au moins indirectement, dans la ligne maternelle. Je n'ai pas ouï dire que ma mère elle-même, décédée six mois après ma naissance, d'une maladie dont la nature n'a pas été bien précisée, eût été sujette à l'asthme; mais j'ai vu une de ses sœurs aînées en proie à de violents accès : ce qui ne l'empêcha pas de prolonger sa carrière jusqu'à 79 ans révolus. Leur père, tué par les chouans, à l'âge de 59 ans, n'avait présenté aucun symptôme de diathèse; mais leur grand-père, ancien capitaine de vaisseau de la Compagnie des Indes, mort en 1773, était perclus de rhumatismes au point qu'on le traînait dans un fauteuil à roulettes.

Je me trouvais donc par une double influence héréditaire prédestiné à l'asthme, et je n'ai point échappé à mon sort.

Mes frères germains, au contraire, nés d'une mère exempte, elle et sa famille, de toute diathèse asthmatique, n'ont jamais éprouvé aucun symptôme d'asthme, quoiqu'ils aient subi d'ailleurs des affections pulmonaires assez fréquentes et assez graves.

Ainsi, dans ma famille, quatre enfants d'un père asthmatique restent indemnes de la diathèse quand le développement de celle-ci n'est point favorisé par l'existence du même principe morbifique chez la mère, tandis que moi leur aîné, qui avais puisé le germe du mal à la fois dans

---

(1) Je donnerai à la fin de cet écrit quelques détails biographiques sur ce renommé compatriote.

les deux lignes paternelle et maternelle, je me trouve grevé d'un asthme des mieux caractérisés qui s'est accusé dès l'enfance.

Exemple assez frappant de la multiplication, de l'aggravation d'une diathèse par la coexistence de son principe chez les deux parents, et de sa neutralisation par l'immunité complète de l'un d'eux, le premier restant le même dans les deux cas.

Il y a dans les faits de ce genre un enseignement qu'on ne songe guère à mettre à profit pour le choix des unions. Combien d'autres considérations passent avant celles de l'hygiène et de la prophylaxie parmi les motifs déterminants des mariages? La médecine de l'individu se pratique seule encore jusqu'à présent; quant à celle des familles et des générations, elle ne fait que de commencer à poindre, à l'état d'utopie, dans l'esprit d'un très-petit nombre de médecins, tels que M. Pidoux et M. Marchal (de Calvi), auxquels il faut joindre, pour ce qui concerne leur spécialité seulement, quelques aliénistes. Cette médecine de l'avenir, qui devra s'appuyer sur une longue série d'observations poursuivies d'une génération à l'autre, est tout à fait impossible dans l'état de morcellement et d'individualisme actuel; elle exigera une profonde transformation de la société et de la profession médicale dans le sens de l'association bien entendue. Semons l'idée, nous autres; elle finira par lever, et les fruits mûriront pour nos neveux.

VOYAGE ET NAUFRAGE AU PAYS D'UTOPIE.

LXIII. Conversion au saint-simonisme.

Il me reste à dire quelques mots de la circonstance qui décida ma sortie de la marine.

J'ai déjà mentionné la mission saint-simonienne que vinrent faire à Brest, en septembre 1831, M. Edouard Charton, jeune avocat de Paris, et le docteur Hippolyte Rigaud (de Pons, Charente).

Leur première séance eut lieu dans la salle du lycée, devant un immense concours attiré par la curiosité du fait (la prédication d'une religion nouvelle), et aussi au milieu du vacarme d'un charivari monstre qui était donné, tout près de là, au général commandant la subdivision, que les Brestois considéraient comme carliste. Les missionnaires, qui n'étaient pas prévenus du motif de la démonstration bruyante qui se faisait au dehors, crurent que tout ce tapage s'adressait à eux et avait pour but d'entraver leur œuvre de propagande. Ils n'en firent pas moins bonne contenance. Charton présenta un exposé général de la doctrine, s'arrêtant de temps en temps lorsque les clameurs et le bruit de la rue dominaient sa voix, puis reprenant la suite de son discours dès qu'un peu de calme s'établissait.

Le but proclamé par le saint-simonisme : *amélioration physique intellectuelle et morale de la classe la plus nombreuse et la plus pauvre;* sa conception de l'histoire divisée en époques *organiques* et en époques *critiques*, se succédant à de longs intervalles les unes aux autres, tout cela me saisit dès l'abord assez vivement. La nature sympathique de Charton, l'air de cordiale bonhomie de son compagnon d'apostolat achevèrent ensuite de me gagner, ainsi que quelques-uns de mes camarades. Nous formâmes bientôt un petit groupe qui, après la séance publique, accompagnait les deux missionnaires à leur hôtel, et là, en petit comité, nous restions à deviser jusqu'à une heure avancée de la nuit, tantôt sur les brillantes perspectives qui s'ouvraient devant l'humanité, tantôt sur les vieilles mœurs et coutumes bretonnes, sujet dont Charton se montrait particulièrement curieux. M. Guyeisse, aujourd'hui commissaire général de la marine à Lorient, était de ces colloques intimes, et il fut du petit nombre de ceux qui s'éprirent sérieusement pour les côtés généreux de la nouvelle doctrine.

Autant j'en pourrais dire d'un de mes jeunes collègues et commensaux de cette époque, le docteur Penquer, devenu depuis longtemps un des praticiens les mieux posés de Brest, et président de la Société de secours mutuels de l'arrondissement. Sa femme, madame Auguste Penquer, a publié des poésies pleines de sentiment et de grâce, qui lui donnent une place distinguée parmi les muses contemporaines.

LXIV. Visite à M. Louis Rousseau.

Peu de jours après le départ des missionnaires saint-simoniens, sous l'impression encore toute vive que nous avait causée leur parole, nous fîmes, cinq ou six de mes camarades et moi, une excursion de touristes sur les côtes du Finistère. L'idée nous vint, pendant que nous étions dans le voisinage de son habitation, d'aller rendre visite à un homme distingué sous plus d'un rapport, et qu'on disait rallié au saint-simonisme : c'était M. Louis Rousseau qui exploitait, entre Lesneven et Saint-Pol de Léon, un domaine conquis par lui sur la mer et qu'il avait, par un juste hommage envers sa femme, nommé *Kérenma* (village ou manoir d'Enima).

M. Rousseau nous accueillit avec beaucoup d'affabilité. Il nous dit tout de suite quelle impression avait faite sur lui la doctrine de Saint-Simon, et comment il voyait en elle une des plus grandes conceptions qui se fussent produites pour l'avancement de la société humaine. Il nous exhortait donc à en continuer l'étude, et à nous tenir au courant des publications du centre.

Après un entretien dans lequel il nous émerveilla moins encore par la variété de ses connaissances que par le tour ingénieux et la forme pittoresque de sa conversation, M. Rousseau nous conduisit au milieu de ses cultures. Là il nous conta au prix de quelle lutte opiniâtre et souvent périlleuse, il avait enfin réussi à consolider et à mettre à l'épreuve des assauts de la mer sa digue rompue deux ou trois fois, pendant qu'il la construisait, par la violence des vagues.

Nous quittâmes M. Louis Rousseau sous le charme de sa parole et dans l'admiration de son œuvre.

L'adhésion d'un tel homme à la doctrine saint-simonienne encouragea et fortifia singulièrement la tendance que j'avais à m'y adonner.

Bientôt j'entrai en correspondance avec le centre de la rue Monsigny. *Le Globe*, qui s'intitulait alors JOURNAL DE LA RELIGION SAINT-SIMONIENNE, inséra une couple de mes lettres, notamment sur la situation des travailleurs de l'agriculture en Bretagne, fermiers, métayers, valets de ferme et journaliers. J'y signalais surtout cette fâcheuse et inique disposition qui fait que le fermier qui a pendant sa gestion amélioré la terre qu'il tient à bail, ne participe aucunement, une fois son bail achevé, au bénéfice de la plus-value par lui communiquée au sol. Tout au contraire, il voit presque toujours, au renouvellement de son bail, élever le prix de son fermage en raison même de l'amélioration produite. De là pour lui, au lieu d'un encouragement à bien faire, la crainte de se préparer par les amendements mêmes qu'il exécuterait, des conditions plus dures.

Il restait à Brest un petit groupe qui continuait à s'occuper du saint-simonisme, et j'en étais le membre le plus ardent.

V. Scission dans le centre saint-simonien.

La rupture qui se produisit sur la fin de novembre 1831, à Paris, au sein du collége, et qui éloigna d'Enfantin son collègue Bazard, Jean Raynaud, Jules Lechevalier, Abel Transon, Charton lui-même, rupture dont les causes profondes n'étaient pas toutes, il s'en faut, portées à la connaissance des adeptes de la province; cet événement, dis-je, nous affligea profondément; mais il nous apparut comme une épreuve qui ne devait pas nous détacher du principal groupe parisien par lequel Enfantin se trouvait acclamé chef unique.

Resté seul maître du terrain, mais d'un terrain de plus en plus miné par ses malencontreuses théories morales, Enfantin, accompagné de ce qu'il conservait d'adhérents fidèles, effectua sa retraite à Ménilmontant, qui n'était en réalité qu'un expédient d'homme à bout de voie comme à bout de ressources de toute nature.

LXVI. Envoi de l'apôtre Edmond Talabot à Keremma et à Brest.

Au printemps de 1832, il envoya un de ses fils les plus dévoués, Edmond Talabot, pour renouveler la tentative de propagande sur Brest et pour souder plus intimement au centre les adeptes de cette région, Rousseau, moi et un ou deux autres.

Talabot alla directement descendre chez M. Rousseau à Kéremna, où; malgré le peu de satisfaction qu'éprouvait madame Rousseau de voir son mari donner avec une ardeur juvénile dans la religion nouvelle, l'apôtre parisien fut néanmoins parfaitement accueilli.

Le lendemain de cette arrivée, M. Rousseau m'écrivait pour m'inviter à aller passer quelques jours avec eux, afin de *prendre langue* (c'était l'expression dont il se servait), avant d'ouvrir une mission à Brest. Il me mandait, en outre, que le Père (ainsi nommait-il son hôte, jeune homme de 27 ans, lui, Rousseau, qui en avait tout près de 50, et qui était supérieur à Talabot sous la plupart des rapports), Rousseau me mandait, dis-je, que le Père avait absolument besoin des œuvres de saint Augustin, spécialement de *la Cité de Dieu*, et qu'il me chargeait de les lui apporter sans faute.

Après bien des recherches à ce sujet demeurées infructueuses, je vis qu'il ne me restait d'espoir de satisfaire au désir, à l'injonction du Père qu'en m'adressant au curé même de Brest, qui était alors M. Legraverend, le futur évêque de Quimper. Je pris donc mon courage à deux mains et j'allai résolument trouver M. le curé, ne lui dissimulant ni pour qui ni dans quel but je venais solliciter de son obligeance le prêt des œuvres du grand évêque d'Hippone.

Après un moment d'hésitation pendant lequel il me parut délibérer en lui-même s'il devait, oui ou non, acquiescer à ma demande, M. Legraverend prit tout à coup son parti, comme si le résultat de ses réflexions eût été à peu près ceci : « Au fait, la lecture de saint Augustin ne saurait ici rien compromettre. Qui sait? peut-être est-ce un moyen qu'emploie la Providence pour ramener à la foi des âmes qui l'ont perdue et abjurée? » Puis s'adressant à moi : « Eh bien! monsieur, dit-il, je vais vous confier mon *saint Augustin :* plaise à Dieu que vous trouviez dans ce livre autre chose que ce que vous y cherchez probablement! »

Touché de cette disposition libérale sur laquelle je n'avais guère compté, j'emportai, le cœur plein de reconnaissance, les deux gros *in-quarto.* Arrivé chez moi, je les plaçai, un de chaque bout, dans un large sac de grosse toile que je liai par le milieu, puis je plaçai le sac en façon de porte-manteau sur la croupe d'un cheval de louage que je pris pour faire le trajet jusqu'à Kéremna, distant de Brest d'environ 30 kilomètres.

Pendant que je chevauchais de la sorte pour me rendre à l'appel des deux Pères (car suivant le langage de la secte, M. Rousseau, mon supérieur, était aussi par rapport à moi un Père spirituel), bien des pensées diverses traversaient mon esprit...

J'arrive enfin à Kéremna. Sitôt descendu de cheval, je m'empresse de déballer les deux gros volumes et de les faire déposer dans la chambre du Père Talabot qui se trouvait sorti, mais qui ne tarda pas à rentrer. Quelques minutes après, M. Rousseau me présentait au Père, lequel n'avait rien des graves et austères personnages dont une telle appellation réveille l'idée. C'était un élégant jeune homme, en habit marron et pantalon collant d'une coupe parfaite l'un et l'autre, avec une chevelure et une barbe noires très-soignées ; un beau de Paris, pour tout dire. (A raison de son aptitude spéciale, de sa capacité sous ce rapport, Talabot présidait, dans la famille saint-simonienne, à tout ce qui concerne l'habillement et le costume ; aucune fourniture du tailleur n'était admise sans avoir subi son contrôle et avoir reçu son approbation.)

En même temps qu'il me tendait la main, l'apôtre me complimenta sur mon zèle, ajoutant que le Père suprême attendait beaucoup de nos efforts, à Rousseau et à moi, pour la propagation de la foi nouvelle en Bretagne.

La conversation prit ensuite une tournure moins apostolique.

J'aurais bien désiré, pendant que nous avions là un membre du grand collège, qu'il nous édifiât complétement sur les causes et sur les conséquences de la scission survenue dans le centre. Lorsque mes questions à ce sujet avaient été un peu pressantes, M. Rousseau, me prenant à part, me recommandait de ne pas trop insister là-dessus, parce que cela paraissait contrarier et affecter péniblement le Père Talabot.

Nous fîmes tous les trois le lendemain une promenade à cheval le long des grèves. On causait par moments doctrine, pas assez au gré de ma curiosité un peu anxieuse de néophyte. L'envoyé du grand cénacle ne nous apprenait en réalité pas grand'chose en sus de ce que nous savions déjà par les publications qui en émanaient. Tout se bornait, de sa part, à la glorification, à l'exaltation d'Enfantin. Il était, par le cœur et par l'intelligence, le plus grand des hommes de notre temps, et par conséquent, d'après la loi du progrès continu, le plus grand aussi des hommes de tous les temps antérieurs : *il portait en lui l'humanité ;* de là son droit à se *poser*, comme il l'avait fait, PÈRE SUPRÊME, et à se proclamer, qui plus est, la LOI VIVANTE (1).

Contre ces exorbitantes prétentions, il y avait bien une voix intérieure qui protestait en moi ; mais cette protestation du bon sens, je

---

(1) Ce langage traduisait exactement les instructions venues du centre. Ainsi M. Gustave d'Eichthal écrivait de Paris à Talabot, alors en mission à Brest :

« La glorification de notre père, et j'ajoute aussi la nôtre, voilà aujourd'hui tout notre apostolat. » (*OEuvres de Saint-Simon et d'Enfantin, notices historiques*, t. VI, p. 163.)

Dans l'église romaine, qui ne se fait pas faute de titres fastueux (Éminence, Grandeur) attribués à ses dignitaires, on réserve pour Dieu la gloire : *Gloria in excelsis Deo*.

m'empressais de l'éloigner à titre de suggestion mauvaise de l'*esprit critique*. L'esprit critique était devenu la bête noire, le Satan de la nouvelle Eglise. Les abrutisseurs religieux ont tous la même tactique : mettre l'homme en méfiance de sa raison, l'amener à ne plus voir par ses propres yeux, mais par ceux d'un autre qui s'appellera Père, directeur spirituel, n'importe; le nom ne change rien à la chose. « Point de raison, comme disait au maréchal d'Hocquincourt certain jésuite mentionné par Saint-Evrémond, point de raison! c'est la vraye religion cela. Point de raison! les beaux mots! ils devraient être écrits en lettres d'or. En vérité, cela est divin pour ceux qui ont le goût des choses du ciel. Point de raison! que Dieu vous a-fait, monseigneur, une belle grâce! » Voilà où l'on en était aussi dans le saint-simonisme sous la direction d'Enfantin.

Homme de cœur et bon enfant, dit-on, mais infatué des idées de suprématie sacerdotale qui avaient cours de plus en plus dans le centre saint-simonien, Talabot usait, avec un sans-gêne tout apostolique, de l'hospitalité de Kéremma. Chaque jour, avant le déjeuner, il prenait son bain; puis il donnait à sa toilette un temps et une attention qui, à nous autres gens simples de la province, paraissaient un peu excessifs. Mais le soin de la personne faisait essentiellement partie du nouveau *culte*; se brosser les cheveux, se nettoyer les ongles, c'était un acte *religieux* au premier chef, tant on éprouvait le besoin de réhabiliter ce pauvre corps que le christianisme avait tenu si bas pour exalter l'esprit.

Cependant Rousseau et sa femme, debout dès cinq heures du matin, vaquaient l'un aux travaux des champs, l'autre à ceux de l'intérieur, guidant, surveillant, excitant, par leur propre exemple, journaliers et domestiques. C'était une maîtresse femme que madame Rousseau qui, de jeune personne du monde parisien, habituée à la vie de luxe et d'indolence des salons, et douée de tout ce qu'il faut pour y briller et plaire, s'était d'emblée, en se mariant, faite paysanne bretonne, paysanne tout de bon, mettant la main aux besognes les plus rudes d'une exploitation rurale, conduisant elle-même son bétail sur les foires et marchés, réalisant, en un mot, le type de l'épouse économe, vigilante et vaillante dont il est parlé dans la Bible. Aussi ne faut-il pas s'étonner de ce qu'écrivait d'elle Enfantin, après le retour de Talabot à Paris : « Rousseau va bien, mais sa femme sera un grand obstacle (1). » Voyez,

_____

(1) La lettre où j'ai trouvé cette ligne intelligible pour bien peu de personnes, est adressée par Enfantin, sous la date du 20 avril 1832, à

en effet, l'impertinence de cette mère de famille qui s'avisait de lutter contre l'influence des nouveaux prêtres pour garder son mari, pour conserver à ses enfants leur père et leur patrimoine!

Quatre gentils enfants égayaient la rustique demeure de Kéremmä. L'aînée, déjà grandelette, atteignait sa dixième année; venait ensuite, à la distance de deux ou trois ans, un chérubin à la chevelure blonde et bouclée, aujourd'hui ancien lieutenant de vaisseau, commandant d'un des paquebots de l'Inde; enfin deux petites sœurs, l'une encore au berceau, qui fut suivie, mais assez longtemps après d'un frère, M. Armand Rousseau, actuellement ingénieur des ponts et chaussées. Les demoiselles Rousseau ont toutes les trois épousé des officiers de marine dont l'un, M. le capitaine de vaisseau Pichon, présidait naguère avec l'aplomb et la science d'un magistrat consommé, le tribunal maritime de Brest dans la terrible affaire des matelots du *Fœderis-Arcâ*, terminée par une quadruple sentence de mort. Dans nos rêves humanitaires de 1832, nous ne mettions pas en doute qu'avant un tiers de siècle aurait disparu la triste nécessité d'abattre légalement des têtes en expiation du sang criminellement versé. Que d'illusions évanouies! Et pourtant, chez moi, la confiance dans l'harmonieux avenir des sociétés humaines se maintient aussi ferme dans l'âme du vieillard qu'elle le fut jamais dans celle du jeune homme.

Après trois jours passés à Kéremma, je dus retourner à mon service d'hôpital.

Stéphane Flachat. Voici le passage qui contient cette mention relative à M. et à madame Rousseau :

« Corèze (c'était un officier du génie, mort colonel il y a quelques « années) donne sa démission ; Rousseau va bien, mais sa femme sera « un grand obstacle. Reviens avec les démissions de Metz et avec les « démissionnaires eux-mêmes. La famille va bien. Talabot est revenu. » (*Œuvres de Saint-Simon et d'Enfantin*, publiées par les membres du conseil institué par Enfantin pour l'exécution de ses dernières volontés, et précédées de deux notices historiques, t. VI, p. 228.)

Il ne faut pas confondre M. Louis Rousseau dont il est question ici avec un autre Rousseau beaucoup plus jeune et célibataire, qui était au nombre des apôtres à Ménilmontant.

Louis Rousseau, après avoir passé du saint-simonisme aux idées de l'École sociétaire, fit un retour complet au catholicisme, plusieurs années avant sa mort, arrivée en 1856.

Au commencement d'avril, Talabot, arrivé à Brest, me fit mander à l'hôtel de Provence où il était descendu. Il s'agissait de trouver un local pour la séance qu'il se proposait de donner avec le concours de Rousseau.

J'obtins la location d'une salle pouvant contenir deux ou trois cents personnes. Au jour et à l'heure indiqués, elle se trouva pleine. Nous voilà donc tous trois en face d'un auditoire plus enclin à railler qu'à se laisser convertir, et ce fut à moi comme au plus jeune et au moins avancé dans la hiérarchie, que le Père Talabot donna en premier lieu la parole.

Je n'avais eu la précaution de rien écrire, confiant dans l'inspiration. Le début n'alla pas mal, et Talabot me dit même à ce propos, après la séance, « qu'il y avait en moi le germe d'un orateur. » — Le germe n'a jamais levé, il est superflu de le dire. Intimidé bientôt et désorienté, je sentis ma pensée s'embrouiller de plus en plus, et après avoir pataugé pendant une couple de minutes, je coupai court à mon allocution en me bornant à affirmer ma foi dans la religion nouvelle, qui se proposait pour but l'amélioration physique, intellectuelle et morale de la classe la plus nombreuse et la plus pauvre, le classement suivant la capacité et la rétribution suivant les œuvres.

Rousseau, qui avait apporté des notes écrites, se tira un peu mieux d'affaire.

Talabot lui-même n'était pas orateur ; mais il avait une certaine habitude de se trouver en face du public. Il eut quelques mots chaleureux ; mais son discours ne se soutint pas, et il fut loin d'obtenir le succès qu'avait eu Charton l'année précédente.

Talabot était surtout l'homme du prosélytisme individuel. Son rôle, moins brillant que celui des écrivains et des orateurs de la doctrine, était très-apprécié par Enfantin. C'était le pêcheur d'hommes par excellence. C'est lui qu'on envoyait vers ceux dont on voulait faire ou achever la conquête. Il avait le don d'entraîner, de décider les hésitants et de leur faire sauter le pas. « Quand j'empoigne un homme, disait de lui-même Talabot, rarement il m'échappe, à moins d'être tout à fait mal disposé. L'apôtre citait pourtant deux ou trois notabilités littéraires qui lui avaient, au moment où il croyait les tenir, peté dans la main ; c'était son expression.

Pour avoir occasion d'exercer cette action convertissante du tête-à-tête et à brûle-pourpoint qui le caractérisait, Talabot invita successivement à dîner à l'hôtel quelques officiers de marine et de la garnison. Mais il ne fit pas parmi eux de néophytes et il en fut pour ses frais, ou plus exactement pour les nôtres, à Rousseau et à moi, car le Père laissa aux fils la carte à payer. Les jours d'opulence de la rue Monsigny étaient passés, et le centre ne pouvait plus subvenir, comme il l'avait fait précédemment, aux dépenses des missions.

LXVII. Scandale dans Landerneau.

Une semaine ou deux après le départ du Père Talabot, M. Rousseau, constitué chef de l'Eglise de Brest qui se composait de lui, de moi et de mon collègue Maingon, nous prévint qu'il allait faire quelques séances aux habitants de Landerneau, et il nous donna rendez-vous pour la première, qui devait avoir lieu à une heure de l'après-midi.

Nous fûmes exacts tous les trois, disposés que nous étions aussi, Maingon et moi, si l'occasion se présentait favorable, à risquer nos débuts dans la propagation orale.

C'était par une belle journée du commencement de mai. La plus grande salle du principal café de l'endroit avait été mise à notre disposition. Les auditeurs, comprenant à peu près tous les bourgeois de la petite ville, s'assirent sur deux ou trois rangs de chaises placées autour du billard.

Rousseau entre hardiment en matière. Imbu des doctrines de plus en plus théocratiques qui émanaient de Ménilmontant, il se lance dans une charge à fond contre le libéralisme et contre le régime constitutionnel, immolés au dogme de la *Loi vivante* (1). Ce langage imprudent commençait à échauffer les oreilles des bourgeois de Landerneau. Des murmures s'élevèrent et allèrent *crescendo*. Rousseau, qui était à moitié sourd, n'entendait pas ces rumeurs de désapprobation, et il allait toujours son train. Mais quand il en vint à dire : « Qu'est-ce donc que votre Charte? un chiffon de papier, rien de plus, » une explosion furieuse eut lieu. « A bas le carliste déguisé ! criait-on de toutes parts; à bas le jésuite qui vient outrager nos institutions et qui veut que nous déshéritions nos enfants au profit de son pape! »

Non contents de lancer au malencontreux orateur de virulentes apostrophes, les plus animés s'avançaient comme pour lui sauter à la gorge; quelques-uns s'armaient de queues de billard; on parlait de nous jeter par les fenêtres. Les missionnaires furent sur le point de passer un mauvais quart d'heure.

Au milieu de la tempête, j'essayai à plusieurs reprises de faire entendre quelques mots d'explication et d'atténuer l'effet de la malencontreuse parole qui avait mis le feu aux poudres. Je protestai du res-

---

(1) « Le gouvernement parlementaire et son mysticisme bourgeois se meurent, » Manifeste du Père suprême dans le dernier numéro du *Globe*, 20 avril 1832, sous ce titre : AU MONDE.

pect sincère que nous professions pour les lois de notre pays et pour les pouvoirs constitués. — Comment serions-nous les ennemis et les contempteurs de la Charte, nous qui avions applaudi avec bonheur à la révolution faite au cri de *vive la Charte!* Loin de nous, par conséquent la pensée d'insulter au pacte national! Tout ce qu'a voulu dire M. Rousseau, c'est qu'une constitution, si bonne qu'elle soit, n'agit pas par elle-même et toute seule, qu'il faut des hommes pour la mettre en œuvre. Or, nous autres saint-simonniens, nous n'attaquons nullement ceux à qui cette tâche est échue, depuis le roi Louis-Philippe jusqu'au dernier fonctionnaire. Nous n'excitons ni n'ameutons contre eux personne ; bien au contraire, notre rôle est tout de conciliation, nous ne prêchons que l'union et la paix.

Maintes fois interrompues, ces explications (un peu jésuitiques peut-être) furent accueillies néanmoins par quelques auditeurs moins animés que la masse. Grâce à l'intervention conciliante de deux ou trois amis dévoués de M. Rousseau, qui, tout en blâmant ses paroles, avaient à cœur de le tirer du mauvais pas où il s'était mis, les esprits s'apaisèrent enfin. Nous profitâmes de l'éclaircie pour opérer notre retraite. Rousseau avait d'ailleurs très-dignement tenu tête à l'orage, se montrant surpris seulement d'y avoir donné lieu. Nous l'accompagnâmes jusqu'à la maison où était son cheval, qu'il enfourcha pour regagner le siége de son exploitation. Maingon et moi, nous profitâmes du passage de la diligence pour rentrer dans Brest, tout en échangeant nos réflexions sur les difficultés de la carrière apostolique et sur ses chances scabreuses.

LXVIII. Convocation des saint-simoniens de la province à Paris.

Cependant LE GLOBE avait publié, dans son numéro du 20 avril 1832, un appel qui commençait ainsi :

« Notre PÈRE SUPRÊME nous a ordonné, à nous ses apôtres membres de son Collége, de convoquer à Paris, pour le 1er juin, tous les hommes et toutes les femmes qui nous aiment et qui mettent en nous leur espoir, qu'ils se préparent à passer un mois près de nous pour recevoir l'inspiration des œuvres à faire; que sur leur route, pèlerins nouveaux, ils proclament le but de leur voyage. »

Des incitations plus directes (*ad hominem*) étaient adressées à ceux qui avaient fait acte formel d'adhésion à la religion nouvelle. Dans sa lettre à Talabot, déjà citée, l'apôtre G. d'Eichthal disait expressément :

« ... Notre troupe a besoin de se grossir. A ceux-là donc, parmi ses « fils qui pour se lever n'attendaient qu'une parole de sa bouche, notre « PÈRE en ce jour donne l'ordre de quitter leurs fonctions du monde et « de nous joindre. »

Un tel ordre était, à coup sûr, le comble de l'imprudence. Heureusement qu'il n'y eut qu'un très-petit nombre d'adeptes à le prendre au sérieux, comme je le fis.

Talabot, en nous quittant, s'était contenté de nous dire : Tenez-vous prêts. Mais bientôt des lettres nous parvinrent, à Rousseau et à moi, qui commandaient de rompre nos liens avec le vieux monde, et de rallier le groupe apostolique dans sa retraite de Ménilmontant.

Avant d'obéir, comme j'y étais bien décidé pour ma part, je ne pouvais me dispenser de voir Rousseau qui était mon *Père*, mon supérieur immédiat. Je fis donc de nouveau le voyage de Kéremma.

Là je trouvai Rousseau cruellement tiraillé entre ses devoirs de père de famille et le désir de se rendre à l'appel de celui en qui il avait salué naguère le chef religieux du monde, la loi vivante de l'humanité. Déjà cependant l'influence de sa femme et la puissance de l'amour paternel avaient fait pencher de leur côté la balance. Je n'hésitai pas moi-même à me mettre du parti de madame Rousseau, et à opiner pour l'abstention du père de famille, tout en persistant dans le dessein où j'étais, moi garçon, d'agir différemment.

LXIX. Démission et vente d'hoirie pour répondre à l'appel du Père.

J'envoyai ma démission au conseil de santé pour qu'elle fût transmise par la voie hiérarchique au ministre. Le conseil ne voulut, dans le premier moment, voir là qu'un coup de tête dont il n'y avait pas à tenir compte. Il me fallut revenir à la charge et maintenir contre les remontrances tantôt amicales, tantôt sévères, ou même ironiques de mes chefs, la résolution que j'avais prise irrévocablement.

Je quittai Brest en compagnie de mon camarade et ami Toussaint, qui allait en permission à Lannion dans sa famille. Je me laissai persuader par lui de faire un crochet et de passer par sa ville natale. J'y fus très-affectueusement accueilli, excitant quelque curiosité autour de moi par mon prosélytisme et par l'étrangeté de l'entreprise dans laquelle je me jetais avec une si ardente conviction. Une pieuse demoiselle, sœur aînée de la jeune personne que devait épouser prochainement Toussaint, fit tous ses efforts pour me ramener au catholicisme, en même temps que j'essayais de mon côté de lui faire admettre l'idée d'une rénovation religieuse qui était le développement de la doctrine et des promesses du Christ lui-même. La controverse ne fit, comme il arrive presque toujours, que nous confirmer de plus en plus l'un et l'autre dans nos opinions respectives.

J'étais dans un état d'exaltation mentale qui touchait à l'illuminisme. De toute la nuit je ne pus clore l'œil; je la passai à lire le Nouveau

Testament que j'avais sur ma table de nuit. Dans l'Evangile, dans les Actes des apôtres et dans l'Apocalypse même, je trouvais une foule de passages qui me paraissaient avoir des rapports étranges avec les événements du temps présent. Entre la mission accomplie par les apôtres du Nazaréen il y a dix-huit cents ans et celle que nous allions remplir aujourd'hui, nous autres disciples de Saint-Simon, je découvrais des analogies frappantes.

Pendant les deux jours que je passai à Lannion, la nouvelle arriva de la lutte engagée à Paris entre les républicains et le gouvernement (journées des 5 et 6 juin). Ce fut un motif de plus de hâter mon départ. Le Père suprême avait annoncé que, si la guerre civile ensanglantait de nouveau les rues de la capitale, il irait se jeter avec ses fils entre les combattants. Je tenais à ne pas manquer l'occasion de prendre part à cette généreuse et périlleuse démarche.

Je me mis en route pour Lamballe et Saint-Alban, où il s'agissait d'annoncer à mon père et d'effectuer la vente de ma ferme des Salles. Ici nouvel assaut encore à soutenir, plus pénible cent fois que le sacrifice même (1).

---

(1) Le déchirement était d'autant plus cruel que ma belle-mère qui, ayant été très-attachée à ma mère et m'ayant élevé dès le plus bas âge, m'aimait à l'égal au moins de ses propres enfants, était d'une piété fervente, sinon très-éclairée, et que mon père lui-même était revenu aux pratiques du culte catholique avec une entière sincérité.

De cette affection de ma belle-mère, ainsi que de sa consciencieuse délicatesse, j'eus une preuve éclatante à la mort de mon père, arrivée douze ans plus tard. A raison des avantages que je lui avais faits dans la vente des Salles, il avait pendant les dernières années de sa vie fait part à sa femme de l'intention dans laquelle il était de me remettre sur le même pied que mes frères et sœur vis-à-vis de la succession des biens de la communauté; mais la mort le surprit sans qu'il eût réalisé légalement ce projet. Dès ma première entrevue avec ma belle-mère après l'événement, au milieu même de notre effusion de douleur sur le coup qui venait de nous frapper, elle m'annonça quelle avait été l'intention de mon père, ajoutant qu'elle ne voulait pas s'exposer à être enlevée à son tour avant d'avoir assuré l'accomplissement d'une volonté qui était aussi la sienne, et qu'en conséquence elle irait dès le lendemain chez le notaire pour faire dresser un acte à cette fin : ce qu'elle exécuta effectivement. Voilà un trait de belle-mère qui n'a rien de commun. Je le consigne ici à l'honneur d'une mémoire qui me reste chère et vénérée.

Déjà par une lettre à la date du 4 mars, adressée à M. Michel Chevalier, j'avais annoncé mon intention de concourir de tous mes moyens à l'œuvre sainte, en tenant compte cependant de certaines nécessités de ma position.

« L'objet principal de ma lettre, — écrivais-je au directeur du *Globe*, — est d'offrir au Père Suprême mes ressources personnelles et financières, en conciliant toutefois ma démarche avec des obligations sacrées envers ma famille. Je possède une petite ferme de 550 francs de revenu ; mais j'ai de jeunes frères, encore moins favorisés que moi sous le rapport de la fortune, étant d'un second lit. Deux, âgés de 15 ans et jumeaux, sont au collége ; il ne faut pas que par mon fait leur éducation soit arrêtée ; un autre est novice sur une goëlette de l'Etat ; je voudrais lui venir en aide pour l'étude des mathématiques... Ce besoin de dévouement envers les miens, d'une part, et d'autre part envers vous qui êtes les pères, les sauveurs de l'humanité, me tourmente. Mon cœur voudrait obéir à la fois à ces deux sentiments. Affliger mon père, laisser périr, faute de culture, des germes d'intelligence chez mes jeunes frères, cela serait-il d'un saint-simonien ? Et cependant, peut-être en ce moment critique, les destinées de l'humanité tiennent-elles à quelques actes comme celui devant lequel j'hésite ?... »

On me laissa m'arranger comme je l'entendrais avec mes scrupules.

Je proposai à mon père de se faire lui-même l'acquéreur de ma ferme, et je la lui cédai pour 10,000 francs, c'est-à-dire au tiers à peu près de sa valeur, afin d'assurer de cette façon l'achèvement des études de mes frères. Comme je me trouvais déjà son débiteur de 2,000 et quelques cents francs ; comme j'avais, d'autre part, cautionné un emprunt de deux autres mille francs fait par un de mes amis de Brest en donnant hypothèque, et qu'il fallait garder provision pour le cas qui se réalisa, en effet, de non-payement par l'emprunteur, mon père n'eut à me remettre que 6,000 francs. J'avais laissé quelques dettes personnelles à Brest, de sorte que ; toutes déductions faites, il me resta seulement 4,000 et quelques cents francs. Je pris chez le receveur général des Côtes-du-Nord, M. du Clésieux, un mandat de 4,000 francs sur le Trésor et je m'embarquai dans la diligence à destination de Paris.

LXX. Entrée à Ménilmontant.

A mon arrivée dans la grande ville, avant d'entrer dans la retraite claustrale de la famille saint-simonienne, j'allai voir un de mes anciens camarades de classe, Prosper Delasalle, avec lequel j'étais resté depuis le temps du collége en correspondance. Il s'était fait recevoir avocat, mais ne fréquenta jamais le palais, et quoiqu'il ne fût pas littérateur, il était en relations assez intimes avec Bohain, avec M. Alphonse Royer et M. Nestor Roqueplan. Cet affectionné camarade employa toute sa rhétorique pour changer ma résolution : il me suppliait d'aller au moins prendre une idée de l'état des choses dans le couvent saint-simonien, avant d'y porter le petit pécule qui restait désormais ma seule ressource. Tous ses arguments et toutes ses instances échouèrent : j'aurais considéré comme une marque indigne de méfiance envers le Père Suprême et les apôtres de recourir à une précaution, ou à un examen quelconque.

Je rendis visite à mon premier initiateur, Charton, qui s'était séparé d'Enfantin et qui demeurait alors rue Taranne. Il fit de son côté, mais en vain, tous ses efforts pour me détourner d'aller à Ménilmontant. En fait d'objections, je n'écoutais plus rien ; j'étais dominé par une idée fixe, ou si l'on veut, religieusement *toqué*.

D'ailleurs, en critiquant, et ils avaient beau jeu, la marche d'Enfantin, les dissidents n'en proposaient aucune autre pour accomplir la devise de Saint-Simon : Amélioration du sort de la classe la plus nombreuse et la plus pauvre. Seule, dans la disposition où j'étais, la théorie sociétaire aurait eu puissance de m'arrêter sur la pente où je roulais sous l'impulsion aveugle des sentiments de vénération et de bienveillance, comme aurait dit Gall ; — essor faux de l'unitéisme, eût dit Fourrier dont je ne connaissais rien que le nom.

Rentré à l'hôtel où j'étais descendu, rue des Vieux-Augustins, je fis venir un cabriolet pour me transporter avec ma malle à Ménilmontant, maison des saint-simoniens.

Je demandai le père Talabot pour me servir d'introducteur. Je crus m'apercevoir que chez lui et chez les premiers membres de la communauté que nous rencontrâmes, ma venue excitait une satisfaction mêlée de quelque surprise. Il y avait tant d'adeptes sur lesquels on avait plus lieu de compter que sur moi, qui n'avaient pas répondu à l'appel !

On m'installa provisoirement dans la chambre de Talabot, entre les mains duquel je remis, outre ce qu'il me restait d'argent comptant, mon bon de 4,000 francs sur le Trésor. Le père Michel Chevalier alla le toucher lui-même le lendemain, jour où il avait une audience du ministre de la justice, M. Barthe.

La petite ressource que j'apportais arrivait fort à propos, car, d'après ce que j'appris les jours suivants des frères chargés des approvisionnements de la famille, on était réduit à l'extrémité : le boulanger, l'épicier, le marchand de bois et de charbon avaient tous formellement signifié refus de crédit.

LXXI. Six semaines de vie monacale.

Pour première tâche dans le travail domestique on me donna le ba-
ayage d'une partie des corridors et des escaliers. Je me mis bravement
à la besogne ; mais comme la poussière excitait chez moi de la toux et
de l'asthme, on changea ma fonction et l'on me commit au soin du lu-
minaire. Aussi, par égard pour la vérité, dois-je protester ici contre
l'exactitude des deux vers suivants d'une charge sur les saint-simoniens,
qui se chantait alors au théâtre des Variétés :

> C'est un baron qui met la main à l'éclairage
> Et récure les chandeliers.

Point baron du tout, humble fils d'Esculape tout bonnement, voilà
quel était le néophyte chargé du nettoyage des chandeliers et des bou-
geoirs, ainsi que de la préparation des lampes ; occupation que partageait avec moi Paul Rochette, qui, comme beaucoup d'autres saint-
simoniens, est rentré, je crois, dans le giron de l'Église.

Il y avait trois ou quatre jours que j'étais avec les apôtres, lorsque
le Père Talabot, me prenant à part, me dit : « Est-ce que tu n'as pas
remarqué que tu es le seul ici qui ait conservé sa montre ? — Ma foi
non, je n'y avais pas pris garde ; mais que la mienne aille rejoindre
celles de nos frères ; la voici, fis-je, en décrochant ma montre et la lui
mettant en main avec la chaîne. — Je n'attendais pas moins de toi, » dit
Talabot.

La montre que j'abandonnais ainsi sans l'ombre d'un regret me venait de la dernière sœur de ma mère. Cette tante qui, deux fois veuve,
n'avait eu qu'un enfant mort en bas âge, et dont je me trouvais l'héritier, en était venue, à force de tenir table ouverte pour les paysans
quand ce n'était pas pour les bourgeois, en était venue, dis-je, à la nécessité, pour liquider des dettes onéreuses, de vendre en viager sa métairie du Frost, sise au bourg de Saint-Alban ; et c'était comme fiche
de consolation, à l'occasion de cette vente, qu'elle m'avait, pendant
mes vacances de rhétorique, fait cadeau de la montre qui fut le dernier
de mes sacrifices sur l'autel de Saint-Simon.

La besogne qui m'était attribuée, que j'exécutais de mon mieux et en
conscience, le régime alimentaire assez peu hygiénique de la maison
(l'on mangeait force charcuterie pour éviter les embarras de la cuisine),
j'acceptais cela de très-bonne grâce ; mais parmi les choses dont j'étais
témoin, il y en eut qui commencèrent immédiatement pour moi le chapitre des désappointements et du désillusionnement.

J'étais venu dans la persuasion que les apôtres épousaient tout de
bon la vie de rude et utile labeur des vrais prolétaires. Or, à part les

travaux du ménage, l'œuvre principale des quarante ou cinquante reclus, c'était l'édification d'un temple de gazon dans le jardin, et les visiteurs du dehors, qui affluaient le dimanche, étaient invités à concourir
religieusement à cette construction monumentale. C'était là l'occupation sérieuse d'hommes dont quelques-uns étaient ingénieurs des ponts
et des mines, officiers du génie ou d'artillerie, médecins, etc.

Ainsi, emploi de forces improductif et quasi-puéril, puis quelques
vaines parades, tel que le *cercle du Père*, voilà à peu près tout ce que
m'offrait Ménilmontant. J'avais, je l'avoue, espéré y trouver autre
chose.

Renfermé dans sa majesté olympienne, le Père suprême avait peu de
communications avec la plèbe de ses fils ; la plupart ne le voyaient
qu'au repas du soir qui se faisait en tenue, les fenêtres ouvertes, sous
les regards de la foule que la curiosité amenait. On y prenait le thé pour
boisson de table, afin, disait-on, d'initier le peuple à l'usage des produits
exotiques ; car tout était symbole et enseignement dans le genre de vie
des apôtres. L'arrivée du Père donnait lieu à un cérémonial dont voici
le récit biblique, réédité nouvellement par les exécuteurs des dernières volontés d'Enfantin :

« MICHEL (1) et FOURNEL, précédés de RIGAUD, qu'accompagnent *Auguste* (2) et *Pennekère*, vont chercher le PÈRE chez lui.

« LE PÈRE arrive presque aussitôt par le haut du gazon (c'était le jour
d'ouverture des travaux du temple). Rigaud est en tête du cortège.
Auguste et *Pennekère* marchent devant le PÈRE. FOURNEL et MICHEL le
suivent. *Raymond Bonheure*, placé au sommet du gazon, annonce son
approche par ces mots : le PÈRE ! aussitôt la famille entonne le *salut :*

> Salut, père, salut !
> Salut et gloire à Dieu ! »

C'est à l'occasion de l'ouverture des travaux du temple que ce récit
est donné ; mais l'entrée du père dans la salle à manger était accompa-
gnée chaque jour des mêmes salamalecs.

J'avais beau me battre les flancs pour trouver des raisons plausibles
et des interprétations religieuses de tout ce que je voyais ; j'avais beau
me dire que les hommes dont j'avais lu de si belles choses dans le
Globe en savaient plus long que moi, et que je devais subordonner mon
jugement au leur, le doute me gagnait ; j'en éprouvai bientôt toutes les
angoisses, et je tombai dans un abattement visible pour tout le monde.

---

(1) M. Michel Chevalier, aujourd'hui sénateur.
(2) M. Auguste Chevalier, député au Corps législatif.

On pensa, mais bien à tort, que mon état pouvait dépendre d'un manque d'harmonie entre la nature de Talabot et la mienne; que peut-être ce père avait la main trop rude pour l'épiderme de son fils, et l'on me fit passer de sa direction sous celle de Lambert, « le représentant de l'indulgence du Père. »

A quelques jours de là, Talabot se trouvait mortellement frappé du choléra; c'était le premier cas que j'avais sous les yeux, du typhus indien. L'épidémie n'était pas encore arrivée jusqu'à Brest, lors de mon départ de cette ville, départ que la présence du fléau aurait sans aucun doute prévenu.

Atteint de diarrhée dans la nuit, Talabot m'appela le matin; je lui fis prendre de l'eau de riz avec quelques gouttes de laudanum. Il resta debout tout le jour; mais le soir un redoublement de malaise survint, puis des vomissements et des crampes qui ne laissèrent aucun doute sur la nature du mal. Pendant que je frictionnais et que j'essayais de réchauffer le malade, un autre de ses fils, démissionnaire du corps du génie, Félix Tourneux, courut avertir le Père Suprême qui envoya aussitôt les apôtres Léon Simon et Rigaud, tous deux docteurs en médecine (1). Ceux-ci prescrivirent je ne sais plus quoi, car j'étais tout entier aux soins matériels réclamés par l'état du pauvre patient que les crampes surtout faisaient horriblement souffrir. A dix heures, il y eut une consultation avec le docteur Jallat, mandé par Enfantin. Un peu avant minuit, les crampes ayant cessé, la chaleur revenant à la peau, on conçut quelque espoir. On m'envoya prendre quelques instants de repos. A mon réveil et à mon retour auprès de Talabot, à trois heures du matin, il venait d'expirer.

Cette mort, qui me causa une vive émotion, ranima pour quelques jours ma foi et mon zèle. Je me reprochais de n'avoir pas assez dignement apprécié les sentiments du père Talabot et de ne m'être pas montré envers lui assez affectueux, assez reconnaissant. De là une recrudescence de ferveur religieuse.

Une autre mort, celle de Bazard que je n'avais jamais vu, produisit sur moi un effet en sens contraire.

Cet ancien collègue d'Enfantin dans le gouvernement du saint-simonisme étant mort à Courtry le 29 juillet, le Père Suprême décida qu'il conduirait au convoi toute la famille en costume.

---

(1) M. Léon Simon, mort il y a une année, pratiqua par la suite la médecine homœopathique avec une vogue fructueuse à laquelle ne nuisit pas, dit-on, son retour au catholicisme, non plus que ses bons rapports avec l'archevêché. .

Le lendemain nous étions debout sur deux rangs devant le temple, attendant la venue du Père. J'emprunte ici une page caractéristique à la publication déjà citée, publication faite par les membres du conseil institué par Enfantin pour l'exécution de ses dernières volontés :

« Michel, précédé de *Rigaud*, d'*Holstein*, d'*Auguste* et de *Charles Pennekère*, alla chercher le Père. Ces quatre derniers, en attendant le Père, se couchèrent sur le gazon. Le Père, en les voyant dans cette position, leur dit : « Ne sauriez-vous attendre un moment ? Je vous avais « dit d'être patients. »

« Le Père se rend aussitôt près de la famille ; il monte les degrés élevés au milieu de l'ellipse. Aussitôt qu'il fut arrivé, la famille se rangea en demi-cercle et attendit avec respect la parole du Père. Le PÈRE dit :

« Enfants ! hier je vous ai recommandé d'être calmes ; nous avions « à faire l'inauguration de notre temple en présence d'un public nom- « breux ; c'était aussi pour vous préparer à notre course à travers le « peuple de Paris, quand nous irons nous présenter à ceux qui veulent « nous juger. Aujourd'hui vous avez besoin de calme et de dignité, car « vous allez vous présenter au monde, et votre présence doit être par- « tout un haut enseignement.

« Bazard est mort hier ; nous allons tous assister au convoi, et témoi- « gner par là toute notre reconnaissance pour son œuvre dans le déve- « loppement de la religion nouvelle. C'est pour nous une occasion de « nous assimiler les vertus qui ont fait toute sa force, son énergie, son « opiniâtreté, son courage. »

« Puis, s'adressant à Michel :

« Michel, donne à Broët le mouchoir que je t'ai remis pour lui.

« Broët, dès ce jour je te relève de l'obligation d'aller réveiller Justus « chaque matin. Je compte désormais sur toi.

« Michel, fais préparer la famille à se mettre en route.

« La famille se rend en rangs dans la cour, et là *Cayol* distribue à chacun un morceau de pain et un verre de vin. » (*OEuvres de Saint-Simon et d'Enfantin ; Notices historiques*, t. VII, p. 180, 181.)

Voilà ce qu'on trouve digne d'être transmis, comme paroles d'un nouvel Evangile, à la vénération des âges futurs !

Quant à l'allocution que je viens de reproduire, ce qui perce dans la première partie, c'est la préoccupation continuelle de la pose, c'est la recherche de l'effet avant tout et partout.

De la partie relative à Bazard, je ne me rappelle avoir entendu prononcer que les derniers mots. Ce qui me frappa sur le moment, ce fut de voir le Père Suprême, après s'être promené pendant quelques minutes, les bras croisés, comme un homme qui cherche l'inspiration, n'aboutir qu'à une phrase glacée pour annoncer que la famille allait assister au convoi de Bazard. Que devant le cercueil de Talabot, comme sous l'impression de la mort de son ancien collègue, le Père ne trouvât pas dans son cœur une seule de ces paroles qui remuent les autres cœurs! ce fut pour moi l'indice d'une lacune dans ses facultés et de son insuffisance pour le rôle quasi-divin qu'il s'attribuait.

Enfin la famille se met en marche pour se rendre au convoi de Bazard. Après quelques incidents du voyage, retracés avec une affectation légendaire dans la *Notice historique* sur Enfantin préparée par lui-même, il s'en produisit un qui fit sur moi une impression marquée (1).

---

(1) Voici un échantillon du style dans lequel est décrit cet itinéraire, et la plupart des faits et gestes messiano-apostoliques de Ménilmontant sont rapportées avec les mêmes formes solennellement puériles :

« A midi, *Cayol* ouvre la grande porte : RIGAUD, HOLSTEIN, *Auguste* et *Pennekère* vont chercher le PÈRE, qui se place en tête de la colonne, précédé par eux. MICHEL est à sa gauche, BARRAULT à sa droite ; HOART est chargé avec *Bertrand*, son aide de camp, de veiller à la marche de la famille.

« Le PÈRE dit : « Enfants, marchons! »

« Plusieurs personnes attendaient au dehors la sortie de la famille. Son maintien grave, l'ordre avec lequel elle s'avance, la figure calme du PÈRE les frappe vivement. La famille poursuit sa route dans le même ordre, elle marche la tête découverte en traversant tous les villages, et partout se presse sur ses pas une foule curieuse de voir les saint-simoniens. Un spectacle aussi extraordinaire, cette réunion d'hommes qui se groupe autour du PÈRE, dont la figure calme et majestueuse attire à elle toute l'attention, la régularité et la précision de la marche en imposent à tous. Le sourire de l'étonnement et de la curiosité satisfaite paraît sur quelques visages, mais en général le respect domine. » (Publication précitée, t. VII, p. 184.)

Or notez qu'ici c'est le messie lui-même qui est son propre évangéliste et qui parle en ces termes de l'impression produite par sa figure *calme* et *majestueuse*.

Puisque l'auteur de l'histoire des choses mémorables accomplies par le Messie-Enfantin et ses apôtres pendant leur retraite, a jugé à propos de mentionner deux ou trois fois ma présence dans le compendieux récit qu'il fait des actes de la famille saint-simonienne, il aurait bien pu employer deux lignes à noter mon entrée le 23 juin, ma sortie le 10 août, avec une indication sommaire des motifs que je donnai de ma séparation, soit de vive voix devant la famille réunie, soit dans une lettre adressée deux jours plus tard à M. Enfantin.

Lorsqu'on était arrivé à un quart de lieue de Courtry, un jeune homme que j'appris être Jules Lechevalier, accourut à cheval et au galop au-devant de notre troupe pour lui signifier que la famille de Bazard s'opposait formellement à notre assistance au convoi.

Dans le court dialogue qui s'engagea, Enfantin voulut se prévaloir de son ancienne paternité à l'égard de son interlocuteur. « Il n'y a ici, dit en l'interrompant J. Lechevalier, ni père ni fils ; il y a M. Enfantin et Jules Lechevalier : j'ai reçu de la veuve et des enfants de Bazard le mandat de vous interdire de paraître à son convoi ; ce mandat, je le remplis. »

Mes compagnons se récriaient sur l'irrévérence de Jules. Pour mon compte, je ne pus m'empêcher d'éprouver pour lui un mouvement de sympathie, et l'attitude respective des deux interlocuteurs fit encore déchoir le Père dans mon opinion. J'étais cependant loin de soupçonner alors tous les motifs de convenance qui auraient dû détourner Enfantin de se présenter à la tête de ses adhérents, en tenue d'apôtres, aux funérailles de son ancien collègue.

Devant la défense expresse signifiée au nom de la famille de Bazard, il fallut bien battre en retraite.

Je rentrai à Ménilmontant, très-ébranlé dans ma foi au Père.

La morgue de certains apôtres, qui déjà se fussent fait volontiers appeler Eminences, ne m'allait guère non plus. D'autres, au contraire, me plaisaient par leurs franches allures. Tel était, par exemple, Duveyrier. En voilà un du moins qui causait à cœur ouvert et familièrement, surtout lorsqu'on le rencontrait, pendant les heures brûlantes du jour, étendu dans son hamac. Bien que le Père l'eût proclamé le *poëte de Dieu*, il ne parlait pas alors sur le ton du dithyrambe (1).

Il y avait certes, parmi les reclus de Ménilmontant, beaucoup de natures d'élite ; mais les influences fatales de toute moinerie s'y faisaient sentir. C'était un genre de vie absurde et en contradiction directe avec les principes qu'on voulait faire prévaloir dans la société. On parlait incessamment de grandes choses à entreprendre qui étaient censées l'objet des hautes méditations du Père ; mais l'incertitude sur ce que l'on ferait, et l'impossibilité même de rien faire ressortaient d'une façon palpable. Il était question, tantôt de s'embarquer pour le Nouveau-

---

(1) Charles Duveyrier, qui plus tard obtint des succès au théâtre et qui resta toujours fidèle à ce qu'il y avait de généreux et de libéral dans la conception saint-simonienne, est mort, l'an dernier, sous le coup d'une double déception : l'avortement du projet d'*Encyclopédie du XIX° siècle* et de sa tentative pour fonder une société du progrès social.

Monde : avec quelles ressources, s'il vous plaît? tantôt d'aller porter dans les harems de l'Asie l'appel à la femme! — Enfantin fut tiré, je vous jure, d'un fier embarras par son procès.

Il m'arriva un jour, en faisant la chambre du Père Lambert, d'aviser sur les rayons d'une étagère le *Traité d'association domestique-agricole* de Fourier. Dès que j'eus mis le nez là-dedans, je ne pus plus m'en détacher. A mesure que je lisais, les écailles me tombaient des yeux. J'apercevais clairement la fausseté de la marche suivie par le saint-simonisme, qui tournait le dos à l'association en prétendant nous y conduire, qui étouffait tous les sentiments naturels sous une hiérarchie sacerdotale monstrueuse, et absorbait l'humanité dans un homme ou dans un couple. Les conditions véritables de cette association, tant prônée et si mal comprise, m'apparaissaient enfin avec les moyens de la réaliser sans séparer les maris de leurs femmes, les pères de leurs enfants, sans fantasmagorie religieuse ni momerie d'aucun genre. Ah! comme je dévorais ces pages qui justifiaient si bien mes répugnances instinctives contre tout ce qui m'offusquait dans les doctrines et dans les façons des nouveaux théocrates!

Pendant que j'étais ainsi absorbé dans ma lecture, étranger à tout ce qui se faisait autour de moi, le Père Michel Chevalier passa une couple de fois dans la pièce où j'étais, et il me demanda quel était donc le livre qui captivait à ce point mon attention. Quand je lui eus dit que c'était un ouvrage de Fourier : — Ah bah! s'écria-t-il, en levant les épaules, je n'ai jamais pu lire quatre pages de ce baroque écrivain. D'ailleurs, Lambert a étudié Fourier pour toute la famille, et Lambert comprend mieux Fourier que Fourier ne se comprend lui-même. — Que vous n'ayez rien pu lire de Fourier, répliquai-je, c'est un malheur; car il y a chez lui d'excellentes idées, et vous êtes un vulgarisateur d'un admirable talent.

Le même Michel Chevalier avait adressé, le 20 mai précédent, à M. Brisbane, citoyen des Etats-Unis à Berlin, une lettre dans laquelle il disait, à propos des répulsions soulevées par les vues d'Enfantin sur la morale :

« Heureusement Fourier est venu juste exprès pour faire paraître très-modestes les prétentions de la morale nouvelle. Fourier n'a compris qu'une des faces de la *morale*, la *mobilité*, et il l'exalte exclusivement. De là ses relations éminemment licencieuses d'hommes et de femmes; Fourier fera pour nous l'effet d'un repoussoir. Il n'est pas sans prendre aujourd'hui quelque importance, autant qu'en peut acquérir un bizarre système bâti en l'air. » (Publication précitée, t. VII, p. 39 et 40, *Notice historique*, Enfantin.)

Celui à qui étaient adressées ces lignes devenait trois mois plus tard partisan déclaré de la théorie de Fourier, près duquel il allait même prendre au cachet des leçons particulières sur l'art d'associer.

Pour ce qui est des vues licencieuses de Fourier sur l'amour, dont je n'entends pas me constituer le défenseur, il y a lieu cependant de faire observer que le novateur phalanstérien ne les présente que comme les prévisions d'un homme qui ne s'arroge aucun titre autoritaire quelconque, ni de prêtre ni de législateur, dont il prétende se prévaloir. Fourier déclare en outre qu'aucune innovation dans les règles sur les rapports sexuels ne doit avoir lieu que du consentement formel des pères et mères et du sacerdoce établi; qu'enfin la liberté amoureuse ne sera possible qu'après deux générations d'harmonie, lorsque certaines maladies auront disparu, grâce à une observation générale des lois de l'hygiène.

Dans les théories morales d'Enfantin dont, à la vérité, il ajournait toute application jusqu'à ce que la femme eût parlé, c'est-à-dire jusqu'à ce qu'une femme, se posant à côté de lui Mère suprême, comme lui-même il s'était posé Père suprême de l'humanité, vînt donner la sanction féminine à ses idées; dans les théories morales d'Enfantin, dis-je, c'est le *prêtre* qui agit sur le *fidèle* par le charme et la séduction des sens aussi bien que par la puissance de l'esprit. C'est là une différence capitale.

Dans la liberté amoureuse, telle que la concevait Fourier, chacun n'agit qu'à sa guise, suivant ses seules attractions et sous la réserve expresse du respect des attractions d'autrui. Dans le système d'Enfantin, le prêtre dirige tout, il tempère l'ardeur des uns, réchauffe la froideur des autres, et ressuscite à son profit une sorte de droit du seigneur, comme le reprochèrent à cette doctrine, lorsqu'elle se produisit, quelques-uns des dissidents. Mais j'abandonne un parallèle dont ce n'est pas ici le lieu.

Le Père Lambert, qui avait charge d'âme à mon égard, vint à son tour me faire des remontrances sur le goût excessif que je prenais à Fourier. Il accordait que dans la théorie sociétaire il y avait, au milieu de beaucoup d'extravagances, quelques bonnes vues de détail, mais il ajoutait que ces vues elles-mêmes ne seraient applicables qu'après la conversion de l'humanité aux principes religieux nouveaux dont le Père et ses fils étaient les dépositaires.

Mon directeur spirituel employa beaucoup d'arguments du même genre, qui étaient la paraphrase du passage suivant d'une lettre d'Enfantin à Capella :

« Pauvre enfant, tu souffres, tu fais des frais d'organisation industrielle, tu descends jusqu'aux petits détails des jardins et de la cuisine, tu vois les peuples transformés en un clin d'œil du mode *civi-*

lisé au mode *sociétaire;* tu ne songes pas à ce qu'il faut qu'on dise à Rome et à Constantinople et à Tombouctou et à New-York, pour que les *écosseurs de pois* puissent former un groupe harmonique..... » (Ouvrage cité, t. VII, p. 28.)

Le fait est que je n'aperçois pas bien encore aujourd'hui qu'il importe de savoir ce qu'on en pensera à Rome, à Constantinople ou à Tombouctou, pour amender et transformer les conditions de l'exercice des travaux usuels dans quelque coin de la France. S'il faut attendre pour cela un bref du pape ou sa conversion et celle du chef de l'islam à des dogmes nouveaux, on attendra longtemps.

Dans les dispositions mentales où m'avait mis la lecture de Fourier, les arguments théologiques du Père Lambert n'avaient plus prise sur moi. J'étais hérétique, mieux que cela, j'étais redevenu philosophe. Tout mon Voltaire, trop mis en oubli pour mon dam, rentrait par la brèche que Fourier venait de faire.

LXXII. Sortie de Ménilmontant; correspondance à ce sujet.

Le lendemain je quittai Ménilmontant. On me remit 1 fr. 50 pour payer le commissionnaire qui emportait ma malle, d'ailleurs assez légère.

Je n'avais jamais revêtu le costume d'apôtre (la tunique et le gilet symbolique); je portais seulement la ceinture de cuir sur l'habit bourgeois. Il en était ainsi de quelques autres reclus, de Massol, par exemple, aujourd'hui le propagateur de la morale indépendante, mais qui resta longtemps encore dans la croyance et dans la soumission religieuse au père.

Je viens de retrouver dans une vieille liasse de papiers portant cette étiquette : *Souvenirs du saint-simonisme*, quelques brouillons de lettres écrites à des amis, sous le coup des impressions qui me firent rompre brusquement avec la communauté saint-simonienne, ou plutôt *enfantinienne*, pour rapporter à qui de droit la farce religieuse jouée sur les hauteurs de Ménilmontant.

Le lendemain de ma sortie, qui avait eu lieu le 10 août, j'écrivais à mon camarade Maingon :

« Cher frère, je suis hors de Ménilmontant, parce qu'on m'y semble infidèle à la grande mission d'améliorer le sort du peuple par les moyens les plus rationnels et les plus efficaces. Tu te ferais avec raison une affreuse idée de mon désespoir, si de nouvelles espérances pour l'humanité, plus brillantes et plus prochaines, mieux fondées surtout, n'étaient venues remplacer celles qui m'avaient amené dans l'apostolat saint-simonien. La promptitude avec laquelle je t'ai déjà fait part de ce qui ressortait par moi d'une première et incomplète lecture de Fourier te montre combien j'ai à cœur de te tenir au courant de ce qui se passe dans mon esprit, toi et ceux qui comme toi, dans la route ouverte par Saint-Simon, dirigeaient et mesuraient jusqu'à un certain point leur marche sur la mienne.

« S'il m'eût été permis de choisir entre la sincérité et la prudence, entre le devoir et l'amour-propre, je n'aurais pas accompli aujourd'hui une rupture qui va m'attirer des railleries et qui me jette sur le pavé de Paris sans ressource. Mais il est dans ma destinée, coûte que coûte, de confesser et de suivre la vérité, partout où je l'aperçois, et quoi qu'il puisse advenir.

« Je t'envoie une copie de la lettre que j'ai écrite et fait remettre au Père, ou plutôt à M. Enfantin ; car j'aurais regardé comme une faiblesse coupable et comme un tort envers lui-même de lui donner désormais ce titre de Père. Tu n'accepteras peut-être pas aujourd'hui tout ce que ma lettre contient, j'ai cependant la confiance que l'avenir justifiera mes répulsions (1).

« L'analyse des passions humaines, telle que la donne Fourier, renverse de fond en comble tout l'échafaudage du saint-simonisme. Les chefs saint-simoniens n'ont tenu compte que d'une seule passion, de celle qui porte le supérieur à élever l'inférieur, ou celui-ci à s'élever vers le supérieur. C'est, comme l'appelle Fourier, l'ambition ou le sentiment hiérarchique. Quant à l'amitié qui veut l'égalité, quant à l'amour et à l'affection paternelle et maternelle qui ont besoin de condescendance, d'indulgence portées même jusqu'à l'aveuglement, ils ne leur donnent aucune place naturelle et vraie dans leur système de paternités superposées.

«De la loi du double essor des passions qui produisent tantôt le bien, tantôt le mal, moins encore d'après l'intention des personnes que suivant les dispositions du milieu où ces forces s'exercent, ni Saint-Simon, ni Bazard, ni Enfantin n'ont jamais eu le soupçon. Ils n'ont aussi pas entrevu que les fonctions doivent être variées pour le même individu, afin d'utiliser toutes ses aptitudes, et que les rapports hiérarchiques de chacun doivent varier pareillement dans ses diverses fonctions ; ce qui

---

(1) De cette lettre à Enfantin je n'ai conservé qu'une partie ; voilà ce qui m'empêche de la donner. On peut d'ailleurs s'en faire une idée par le contenu de ma correspondance avec mes amis et coréligionnaires de **Brest**.

satisfait au vœu d'égalité. Dans leur rêve d'union et d'accord par l'intermédiaire du prêtre, ils méconnaissent le besoin de contraste et de rivalité, si utile au plein développement et déploiement des forces.

« Il faut sans doute quelque force de caractère pour faire ce qu'on
fait à Ménilmontant; mais on n'en est venu là qu'à l'extrémité, et d'ailleurs le médecin qui, dans une épidémie, s'inoculerait le mal au lieu
de chercher à le guérir, passerait tout simplement pour un fou; ce
médecin ne ferait-il pas mieux de ne se pas mettre par là dans l'impossibilité d'appliquer les secours de son art?

« On prétend que, si tout le monde acceptait le travail, même manuel, comme les apôtres en donnent l'exemple, la société serait guérie,
guérie du moins de la misère et de l'oisiveté. Pour amener ce résultat,
il faut, comme le démontre Fourier, remplir une autre condition qui, à
Ménilmontant, fait complétement défaut, celle de rendre le travail *attrayant*, faute de quoi l'exemple est tout à fait perdu. Il tombe même
dans le mépris du peuple, si le travail que le peuple voit accomplir,
comme celui de la construction d'un temple de gazon, lui semble un
gaspillage de main-d'œuvre.

« Les graves et modestes repas auxquels on fait assister le public ne
produisent pas un meilleur effet. Pour les riches, c'est un épouvantail
que cette coutume renouvelée des Spartiates; pour la classe ouvrière,
c'est de peu d'attrait; enfin cela peut devenir l'occasion d'un redoublement de souffrance pour quelques affamés, comme il s'en trouve parfois
aujourd'hui dans la foule.

« Ce n'est pas tout de dire qu'on renonce aux services des salariés;
il y a d'autres services que ceux qui consistent à faire les lits et la
cuisine. L'ouvrage matériel qui s'exécute à Ménilmontant ne représente
pas en valeur le huitième de la consommation des apôtres, qui pré-
lèvent par conséquent les sept huitièmes restants sur des salariés, tout
comme le commun des bourgeois.

« Nos Pères n'ont aujourd'hui ni plan ni prévision d'avenir. Aussi le
révélateur attend. C'est tantôt une émeute qui amènera son intervention; tantôt c'est un signe qui l'appellera en Orient, pays des prodiges
où l'on espère trouver la femme-messie; d'autres fois on tourne les
yeux vers le vaste continent américain, puis vers l'Australie, terre en-
fantée tout exprès de nos jours pour l'expansion de la religion nouvelle.
A ces courses éclatantes on se prépare en soufflant dans des cors de
chasse, en marchant au pas, en faisant des évolutions en l'honneur du
Père. Pour se mettre en goût, on lit aussi en commun quelques pages
de l'histoire des croisades, de la vie de Mahomet, des légendes religieuses de l'Inde, etc. Pour moi, ami, l'on s'occupe trop peu directement de l'objet qui m'avait amené, l'amélioration du sort du peuple, et

auquel j'avais entendu faire le sacrifice de mon grade et de mes affections de famille. Je n'aime pas assez le Père; voilà ce qu'on ne cessait de me répéter en guise de réponse à mes objections. Eh bien! je trouve que le Père n'aime pas assez sa grande fille, l'humanité souffrante d'aujourd'hui, à laquelle il faut autre chose désormais que les joujous dont on amusa son enfance. »

Dans une lettre à un autre ami (Foucaut) qui dirigeait une petite exploitation agricole à Guipavas et qui, un peu par mon influence, s'était jeté dans le saint-simonisme, je disais :

« Je viens de subir une crise bien douloureuse, mais qui sera du moins salutaire pour vous, pour Maingon et pour ceux de nos compatriotes que leur cœur pouvait entraîner à des actes de dévouement funestes pour eux et stériles pour l'humanité.

« L'effet des travaux et de la vie monacale de Ménilmontant est nul sur le public qui venait visiter le jardin, plus disposé à rire de l'excentricité des reclus qu'à les imiter. Le peuple surtout, au bout de quelques jours, regardait en pitié ces ex-bourgeois se mettant en nage pour brouetter de la terre d'un bout du jardin à l'autre. Et moi aussi, malgré le bandeau de la foi que je m'efforçais de tenir collé sur mes yeux, je me demandais de temps à autre : à quoi bon ceci? — J'aurais compris que pour présenter aux regards du peuple de beaux produits, un défrichement, une moisson, nous eussions travaillé, travaillé avec ardeur; mais traîner des brouettes pour le plaisir d'en traîner, c'était plus démoralisant qu'édifiant pour la classe ouvrière, préoccupée à bon droit de l'*utile*.

« Comme tout cela se faisait avec une gravité de trappistes, les oisifs n'étaient nullement attirés. Je me livrais pour mon compte avec quelque plaisir à ceux des travaux qui n'étaient pas complétement perdus, comme l'arrosage de quelques planches de salades ou de choux; mais la nonchalance que plusieurs de mes compagnons apportaient à la tâche qu'ils se rejetaient souvent les uns aux autres, comme feraient des salariés, diminuait un peu ma confiance dans les hommes.

« Je m'enhardissais quelquefois jusqu'à dire aux Pères : mais si vous aviez, ainsi que vous en affichez la prétention, la société à gouverner, comment feriez-vous? Ici vous parvenez à peine à conduire quarante hommes et à cultiver un jardin.

« J'étais mécontent aussi de toutes ces répétitions de manœuvres qu'on faisait à huis-clos avant de les exécuter devant le public. Pour savoir dans quel ordre défilerait la famille, comment le Père ferait son entrée avec son escorte, c'étaient des préliminaires à n'en plus finir. La forme emportait le fond. Tout ce charlatanisme n'était pas de mon goût.

« Enfin, mon cher Foucaut, je n'aurais pas démordu. Le but après tout est si beau! Mais les ouvrages de Fourier qu'on ne se souciait guère de nous voir lire, me sont tombés entre les mains... »

(La veille du jour où j'écrivais j'avais pour la première fois assisté à une des petites réunions du mercredi soir chez Fourier, rue Joquelet, 5, et voici une des remarques que je transmettais à Foucaut sur l'auteur de la *Théorie sociétaire.*)

« M. Fourier est d'une grande simplicité; il parle avec bonhomie et juge avec beaucoup de finesse. Il citait hier quelques journaux qui s'étaient occupés de sa théorie, et il signalait d'un mot les erreurs où ils étaient tombés. Il est calme sans affectation, et je ne l'ai pas entendu déblatérer contre M. Enfantin et ses apôtres, comme j'aurais pu m'y attendre d'après ce qu'on m'avait dit de lui à Ménilmontant...

« Si je puis me créer à Paris des occupations qui subviennent à mon existence, j'y demeurerai. Quant à vous, cher Foucaut, moissonnez vos blés, soignez vos trèfles; c'est ce qu'il y a de plus positif et de moins trompeur en fait de moyens de concourir à l'amélioration du sort de nos semblables. Gardez cependant toutes vos espérances dans l'avenir heureux de l'humanité : elles me paraissent plus fondées que jamais. »

D'une troisième lettre adressée à M. Gueysse, alors sous-inspecteur de la marine, j'extrais les passages suivants :

« Mon cher Gueysse, j'avais promis de vous écrire, et je n'ai pas tenu parole. Ce n'est pourtant pas faute de songer à vous, à vous si consciencieux dans votre foi, mais qui sentiez en même temps que la douleur, peut-être mortelle, d'une mère, ne pouvait être ni bonne ni sainte aux yeux du vrai Dieu. Je vous félicite du sentiment de piété filiale qui fit équilibre à votre tendance au dévouement et vous détourna d'un sacrifice à peu près nul pour le bien de l'humanité. Je me félicite moi-même de n'avoir pas eu assez d'influence pour entraîner d'autres hommes généreux à faire ce que j'ai fait, au prix de cruels tourments pour leurs familles et pour eux.

Je m'étais mis deux fois à vous écrire de Ménilmontant : pourquoi deux lettres commencées n'ont-elles jamais été terminées et mises à la poste? C'est qu'il y avait autour de moi des choses qui ne répondaient pas à mon attente, sur lesquelles je suspectais mon propre jugement sans pouvoir non plus le récuser complétement. Alors j'hésitais à écrire de peur de n'être pas entièrement vrai ou d'affaiblir dans les autres une foi et une ardeur religieuse, que je regardais comme ce qu'il y a de plus précieux au monde.

« Malgré toutes ces choses, qui me causaient de la surprise et du désappointement, je voulais tenir bon : j'attendais. Le moment, me disais-je, n'est pas venu où le père et ses fils montreront tout ce qu'il y a en eux de virtualité. Mais j'ai lu Fourier, et il est de toute évidence que l'heure ne viendra pas pour les saint-simoniens. Ce qu'ils peuvent, ils l'ont fait, c'est répandre l'idée, c'est susciter le désir de l'association. Quant à la réaliser, il faut qu'ils y renoncent ; ils n'ont pour cela que des moyens dont l'humanité ne veut pas, qu'elle repousse avec raison et qui, réussît-on à les faire accepter, n'auraient point le succès que nous nous en promettions.

« Cette conviction, dès que je l'eus acquise, ne me permettait plus de rester parmi les apôtres. Dans la soirée où l'on nous a lu la correspondance de Talabot, correspondance qui fait honneur à ses sentiments, mais qui était pour moi une preuve de plus que nous n'avions que le néant devant nous, j'ai annoncé ma façon de penser à la suite de la lecture que Barrault venait de faire de deux de mes lettres, rencontrées dans les papiers laissés par Talabot. J'étais vivement ému ; on remit à me répondre après la séparation de la famille. A ce moment j'eus un colloque avec plusieurs membres qui ne répondaient à mes objections que par ces mots : « Il faut avoir foi dans le Père, il faut ai- « mer le Père, vous ne l'aimez pas assez... »

Si dans ma correspondance particulière avec ceux que j'avais contribué à amener au saint-simonisme, je n'épargnais pas les critiques au père Enfantin et à ses apôtres, vis-à-vis du public je prenais leur défense, comme le prouve la lettre suivante que j'adressai, le 29 août 1832, au journal *le Finistère :*

« Monsieur le rédacteur,

« Je vois par une lettre d'un de mes amis qu'on se méprend étrangement à Brest sur les motifs de ma sortie du sein de la famille saint-simonienne. Rien, je le déclare, dans tout ce qui s'est passé par rapport à moi, rien dans tout ce que j'ai vu et entendu à Ménilmontant, n'inculpe en aucune manière la probité ni l'honneur des chefs ou de l'un quelconque des membres de l'apostolat. Ainsi lorsque j'ai donné ma démission et remis entre leurs mains la partie de mon avoir qui n'était pas indispensable pour l'éducation de mes jeunes frères, j'ai agi librement, spontanément, en toute connaissance de cause, et j'ajoute avec bonheur. Je savais parfaitement à quelles chances, à quelles épreuves je me soumettais, et je les acceptais avec joie, persuadé que par là je faisais ce qu'il y avait de plus efficace pour l'amélioration du sort des classes souffrantes.

·· « Tant que j'ai gardé cette conviction, j'ai fait ce que font encore les saint-simoniens qui la conservent, et que j'aime et j'estime toujours; mais du jour où il m'a été démontré que cette amélioration pouvait s'obtenir mieux, plus sûrement et plus vite par d'autres moyens, j'ai dû me retirer du saint-simonisme.

« Au moment où les chefs saint-simoniens viennent d'être frappés par une condamnation pour laquelle je me regarde comme solidaire, car je ne désavoue ni ma présence dans quelques-unes des réunions incriminées, ni ma faible part dans la propagation des vues condamnées, je ne doute pas, monsieur, que vous consentiez à insérer cette lettre dans votre journal. Il me resterait toute la vie un remords, si mon silence devait contribuer à entretenir des préventions injustes contre les hommes généreux avec lesquels j'ai vécu pendant quelques semaines.

« Veuillez agréer, monsieur le rédacteur, l'assurance de ma parfaite considération.

« Ch. Pellarin. »

LXXII. Sur le pavé de Paris sans le sou. Heureusement, quelques vieux amis étaient là.

Cependant la première conséquence de ma brusque sortie de la communauté saint-simonienne, sans un sou vaillant en ma possession, c'était de me jeter dans un cruel embarras. Je fis porter ma malle chez mon camarade de collége, Prosper Delasalle, qui avait chez son grand-père, rue des Blancs-Manteaux, un petit logement de garçon où il ne couchait que de loin en loin. Cet ami me fit un tout aussi bon et aussi fraternel accueil que si je n'avais pas, un mois et demi auparavant, sauté par-dessus tous ses avertissements et ses prudents conseils. Il m'offrit de partager sa bourse comme sa chambre. Je passai là huit jours, au bout desquels, craignant d'être importun, sinon à lui, du moins à sa famille, je m'en allai, malgré les vives instances de mon hôte, louer un cabinet garni, rue de Seine, 42, à l'hôtel de Normandie, où logeait mon camarade de la chirurgie de marine, Th. Turquet, venu à Paris pour achever ses études et passer les examens du doctorat. Lui aussi mit cordialement à mon service ses modestes ressources d'étudiant.

LXXIII. Entrée en rapport avec les phalanstériens.

Je n'avais eu rien de plus pressé que de me mettre en rapport avec les disciples de Fourier, qui concouraient avec leur maître à la rédaction du journal hebdomadaire *le Phalanstère* ou *la Réforme indus-*

trielle. Ce fut vers Jules Lechevalier, ex-saint-simonien, que j'allai d'abord. Il m'accueillit avec beaucoup de rondeur et me témoigna une sympathique bienveillance, comme s'il eût eu conscience d'être pour quelque chose dans mon naufrage. Une exclamation dans ce sens lui échappa même à l'occasion de mon piteux cas, qui n'était pas sans avoir des analogues parmi les plus candides d'entre ceux qu'avait séduits l'utopie saint-simonienne. Jules me présenta le lendemain à Victor Considerant qui avait quitté l'école du génie de Metz pour venir faire à Paris de la propagande phalanstérienne. Considerant, avec un entrain tout militaire, franchit d'emblée les préliminaires de la camaraderie, et à la deuxième entrevue nous étions à tu et à toi. Ces façons m'allaient mieux que les airs importants ou béats des Pères de Ménilmontant. Je fus dès lors un des plus assidus dans le petit groupe qui se réunissait tous les mercredis soirs autour de Fourier.

LXXIV. Visite à Lamennais.

Vers la fin d'août ou le commencement de septembre, je fus conduit un jour chez l'abbé Lamennais par un de mes anciens camarades de l'école de Brest, H. Romand, qui avait collaboré au journal l'Avenir. C'était le moment où Lamennais revenait de son voyage à Rome. J'avais autrefois, étant au collège de Saint-Brieuc, entrevu le profil du célèbre écrivain chez son frère aîné, l'abbé Jean-Marie de la Mennais (je conserve aux deux frères la façon caractéristique dont chacun d'eux écrivait son nom). Grande était leur ressemblance physique : frêles de corps l'un et l'autre, avec un vaste crâne sur un petit visage maigre et osseux, portant l'empreinte de l'ascétisme, plus marquée encore chez l'aîné. Celui-ci, pendant les premières années de la Restauration, administrait, comme grand vicaire, le diocèse de Saint-Brieuc, et quelque peu aussi le département, où tout obéissait à son influence. D'une activité dévorante, que surexcitait la double passion sacerdotale et politique, M. de la Mennais, malgré la multiplicité de ses occupations, trouvait chaque jour quelques heures pour nous admettre à la confession dans son prie-Dieu, nous autres, la jeune génération à laquelle il importait tant d'inculquer les bons principes. C'est pendant que j'attendais, avec une demi-douzaine de condisciples, mon tour de confession, que passa devant nous celui qui ne s'était fait connaître encore que par l'*Essai sur l'indifférence en matière de religion :* œuvre éloquente, regardée alors par le monde bien pensant comme une réfutation sans réplique de tous les adversaires de l'Eglise.

Lorsque je revoyais douze ans plus tard, à Paris, M. François Lamennais, bien des changements s'étaient déjà opérés dans ses opinions.

Le rédacteur en chef de l'Avenir avait pris une attitude qu'on n'aurait guère attendue de l'auteur de l'*Essai sur l'indifférence*. Lamennais venait en dernier lieu d'échouer complétement dans sa tentative auprès de la cour de Rome pour lui faire accepter l'alliance de la liberté démocratique. Le dépit qu'il avait conçu du mauvais accueil fait à ses doctrines, il ne l'exhalait pas encore ouvertement et directement contre le chef de la hiérarchie catholique; mais il se rejetait sur les menées policières et sur le régime oppressif des gouvernements de la Péninsule. Il en voulait surtout à l'Autriche, sur le compte de laquelle il s'exprimait avec la dernière virulence à propos des avanies que ses agents faisaient subir aux voyageurs. La colère, une colère concentrée, perçait, comme malgré lui, dans sa parole amère. Il rapportait au fond de son cœur la matière incendiaire qui devait servir à former le brulot lancé deux ans plus tard, sous le nom de *Paroles d'un croyant*, contre tous les trônes, y compris celui de saint Pierre.

Entre autres visiteurs qui étaient venus saluer le retour de Lamennais se trouvait là M. Sainte-Beuve. Je sortis en même temps que lui, et comme je savais qu'il avait témoigné de la sympathie pour les novateurs de l'école de Saint-Simon, je n'hésitai pas à l'entretenir de la doctrine de Fourier. Pendant que nous cheminions ensemble, M. Sainte-Beuve parut prêter attention aux quelques points que je lui exposais de la théorie sociétaire; il donnait de très-bonne grâce la réplique à mes propos; aussi je ne lâchai mon interlocuteur occasionnel qu'à la porte de son logement, dans le passage du Commerce. Indiscrète ardeur du prosélytisme des premiers jours! Eh bien! si le hasard me remettait aujourd'hui en présence de M. Sainte-Beuve, je ne répondrais pas, tout sénateur qu'on l'a fait, de ne pas recommencer à son égard la tentative. Ce ne serait pas, selon toute apparence, avec plus de succès qu'il y a trente-cinq ans. Mais que voulez-vous? je n'ai depuis ce temps-là rien trouvé de mieux que notre utopie phalanstérienne. J'ai eu beau chercher, je n'ai point aperçu non plus de bonne raison de perdre ma confiance dans la valeur de l'association des trois facultés, *capital, travail, talent*, et de l'organisation *sérielle* des travaux pour réaliser le bonheur des individus et le bien de la société.

LXXV. A la recherche du *primo vivere* qui ne souffre pas longtemps qu'on l'oublie.

Mais si l'esprit se repaît avec délice de belles et généreuses illusions, le corps ne saurait s'en nourrir. Les nécessités matérielles de l'existence devenaient de jour en jour plus pénibles. Je n'avais rien perdu, j'avais beaucoup gagné, au contraire, sous le rapport de la magnificence des rêves d'avenir, car les perspectives ouvertes par Fourier sont bien autrement éblouissantes que les tableaux qu'ont tracés Saint-Simon et ses disciples de « cet âge d'or qui est devant nous.» Le roman du bonheur général resplendissait dans mon imagination avec toutes les féeries et tous les enivrements de la vie des Harmoniens ; mais la réalité présente était horriblement sombre : c'était le dénûment. J'eus à ce moment de ma vie un temps de bien rude épreuve à subir. Il m'arriva plus d'une fois de me coucher le soir, ayant mangé dans toute ma journée un petit pain de dix centimes. Le plus cruel tourment encore était l'incertitude du lendemain. Je cherchai à trouver des leçons à donner, soit de latin, soit de grammaire, de littérature ou même de mathématiques élémentaires. Courses perdues que toutes celles que je fis dans ce but. J'avais ouï dire à je ne sais plus qui que M. Ballanche avait besoin d'un secrétaire. Là-dessus, je m'en allai un jour au bout de la rue du Cherche-Midi offrir mes services à l'auteur de la *Palingénésie sociale*, qui me dit, on ne peut plus poliment et du ton de la plus parfaite affabilité, que j'avais été induit en erreur. Si, avant de faire ma démarche, j'avais pris quelques renseignements, j'aurais appris que l'honnête Ballanche n'était guère en mesure de se donner le luxe d'un secrétaire, celui-ci fût-il disposé, comme je l'étais, à se contenter du plus modeste salaire.

L'idée me vint bien de chercher à retirer ma démission et à rentrer dans la marine, malgré la sotte figure qu'après mon équipée je ferais, dans les premiers instants, vis-à-vis de mes chefs et de mes camarades. Dans ce but, mon ami Maingon sonda le membre alors le plus influent du conseil de santé. Celui-ci déclara solennellement que, puisque j'avais fait profession de foi publique de saint-simonisme, il mettait pour condition à ma rentrée dans le corps que je ferais pareillement une rétractation publique. Ce mot, peut-être irréfléchi de la part de celui qui le prononçait, et qui depuis, comme inspecteur général, dans un document officiel, rendît sur mon compte un témoignage, non-seulement des plus honorables, mais encore quelque peu flatteur, ce mot, dès qu'il m'eut été transmis, coupa court à toute vue de rentrée dans la médecine navale.

La chose eût été pourtant bien facile : au lieu de faire parlementer à Brest, rien n'était plus simple que d'aller trouver au ministère l'inspecteur lui-même, le père Kéraudren qui n'y eût pas mis tant de scrupule et qui m'aurait fait délivrer immédiatement une feuille de route pour mon port. Est-ce que des hommes qui ont joué un bien autre rôle que moi dans le saint-simonisme ne reprirent pas plus tard leurs carrières dans les mines, dans les ponts, dans l'armée sans qu'on leur imposât aucune formalité humiliante? La plupart n'ont jamais désavoué, si ce n'est peut-être par leur conduite, les doctrines qu'ils prêchèrent avec éclat de 1830 à 1832 contre les priviléges de naissance et autres ; ce qui ne les a pas empêchés de parvenir aux plus hautes positions. Et c'est de moi, le dernier et le plus obscur parmi les fils de Saint-Simon, qu'on s'avisait d'exiger une rétractation publique ! Éternelle histoire du *pelé*, du *tondu* d'où venait tout le mal...

En certains jours de détresse, je songeai à me rendre à la place de Grève pour me faire embaucher comme terrassier. Ce qui contribua le plus à m'arrêter lorsque j'étais sur le point de prendre ce parti, c'était la crainte que mes vêtements bourgeois ne m'attirassent les gouailleries de ceux auxquels j'irais me mêler.

LXXVI. *Malesuada fames.*

Un spirituel écrivain très en vogue aujourd'hui, et qui était probablement au maillot à l'époque dont je parle, M. Taine, au scepticisme ironique duquel je souhaiterais seulement ce fond d'amour de l'humanité qui perce partout sous celui de l'auteur de *Candide*, M. Taine a dit dans *M. Graindorge :* « Pour avoir une idée de l'homme et de la vie, il faut être allé soi-même jusqu'au bord du suicide ou jusqu'au seuil de la folie. »

De ces deux conditions j'ai peut-être, à mon insu, rempli la seconde, au point même de franchir le seuil (on n'est pas bon juge de son propre cas en matière semblable) ; mais pour ce qui est de la première, j'y ai satisfait, je l'avoue non sans un pénible sentiment de honte. Oui, dans un des jours de ce dénûment qu'avait amené mon imprudence et que je mettais de l'amour-propre à cacher, je formai le projet d'en finir avec les angoisses et les souffrances. Restait la question des moyens d'exécution ; tous n'étaient point à ma portée ; j'étais borné dans mon choix. Pour se procurer un pistolet, de la poudre et des balles, il fallait plus que je ne possédais. Il me restait bien dans mon outillage chirurgical un bistouri et un scalpel ; mais en cherchant à frapper au cœur, on peut manquer son coup. S'ouvrir les carotides ou les crurales, cela ne m'allait pas ; j'avais remarqué, notamment dans les combats de taureaux à Cadix, que les animaux qui meurent par de grandes hémorrhagies éprouvent des convulsions, en apparence du moins, très-douloureuses. L'achat et l'apport d'une provision de charbon qui pouvait être remarquée ne me convenait pas non plus, et puis ma chambre était si mal close ! avec quoi en calfeutrer la fenêtre et la porte ? La rivière ? il n'y faut pas songer quand on nage comme un poisson depuis l'âge de sept ans. Donc, après mûre délibération, le moyen auquel je m'arrêtai, ce fut de me précipiter dans l'espace du haut d'un des monuments publics sur lesquels les curieux sont admis à monter. Je n'avais pas le mérite de l'invention, le procédé est bien vieux, et il n'est pas encore tombé en désuétude : témoins les tristes événements auxquels servent de temps à autre la colonne Vendôme et celle de Juillet.

Je partis un matin, vers dix heures, pour l'accomplissement de cette dernière de toutes les sottises. J'avais tracé quelques lignes d'adieu sur un feuillet de papier que je mis dans une de mes poches ; j'y affirmais encore ma foi inébranlable dans l'avenir heureux de l'humanité par l'association ; mais l'avenir, je ne pouvais l'attendre, le présent me faisait faute.

Un de mes camarades que je n'avais pas revu depuis quelque temps, se rencontra, par bonheur, au-devant de moi dans la rue ; il m'aborda si cordialement et m'engagea de si bonne façon à entrer déjeuner avec lui au café de l'Europe devant lequel nous nous trouvions, que je me laissai emmener sans résistance. Un beefteack réconfortant, arrosé de quelques verres de bordeaux, une tasse de café et surtout une conversation qui remue quelques bons souvenirs et dispose le cœur à se rouvrir à l'espérance, il n'en faut pas davantage pour retourner un homme, cet être ondoyant et divers. Plus d'une existence, dans nos sociétés fécondes en déceptions cruelles et en poignantes douleurs, plus d'une existence a été de la sorte préservée par quelque circonstance fortuite contre une fatale inspiration du désespoir. Une fois manquée l'exécution de ces résolutions violentes, on n'y revient plus guère, à moins d'être possédé de la manie du suicide. Or j'étais à cent lieues de là et parfaitement sain d'esprit, comme le sont d'ailleurs les neuf dixièmes de ceux qui se tuent, n'en déplaise à certains aliénistes, monomanes eux-mêmes de monomanie.

Cela n'empêche pas qu'ils fassent envers eux-mêmes et les autres un bien faux calcul, ceux-là surtout qui, à la fleur de l'âge, s'ôtent violemment la vie. Il m'est resté de cette approche de la mort volontaire une impression qui m'a, depuis, donné le frisson plus d'une fois et qui fait que je n'ai jamais pu me trouver en face du suicide de jeunes sujets sans qu'un retour sur moi-même attendrît mon cœur d'une sympathique pitié. C'est un sentiment de ce genre qui inspira, sans doute, à Béranger ses strophes touchantes sur Escousse et Lebras :

Pauvres enfants ! l'écho murmure encore
L'air qui berça votre premier sommeil.
Si quelque brume obscurcit votre aurore,
Leur disait-on, attendez le soleil.
Ils répondaient : Qu'importe que la séve
Monte enrichir les champs où nous passons,
Nous n'avons rien : arbres, fleurs ni moissons.
Est-ce pour nous que le soleil se lève ?
Et vers le ciel se frayant un chemin,
Ils sont partis en se donnant la main.

Il y a quelque chose aussi du même sentiment dans l'accent mélancolique de ces beaux vers de Virgile, à propos d'un des tableaux qui frappèrent Enée pendant sa descente aux enfers :

Proxima deinde tenent mœsti loca, qui sibi lethum
Insontes peperere manu, lucemque perosi,
Projecere animas. Quàm vellent æthere in alto
Nunc et pauperiem et duros perferre labores (1)!

Ainsi Virgile nous représente (*mœsti*) tristes entre tous les habitants du sombre séjour les infortunés qui, sans y être poussés par le remords (*insontes*), se sont jetés spontanément dans le trépas. «Qu'ils voudraient maintenant, ajoute le poëte, dans l'air supérieur endurer la pauvreté et les rudes travaux! » Ceci, pour être senti comme il faut, demande peut-être qu'on soit allé, suivant l'expression de M. Taine, jusqu'au bord du suicide et qu'on ait ensuite repris goût à la vie : situation qui n'est pas absolument rare dans nos sociétés tourmentées. Le dernier vers du poëte témoigne en outre que, dès l'antiquité, parmi ceux qui se donnaient la mort, beaucoup le faisaient pour échapper à la misère et à ses suites pénibles : *pauperiem et duros labores.*

Puisse un aveu qui me coûte et qui n'avait jamais eu de confident jusqu'ici, détourner du suicide quelqu'un de ceux qui seraient tentés d'y recourir!...

LXXVII. Commencement de retour à la raison. *Initium sapientiæ.*

. Un petit subside me vint de mon père, qui avait appris indirectement ma triste position. Je me mis à suivre quelques visites d'hôpital et quelques cours de médecine, entre autres le cours d'accouchement que faisait le soir, à l'Ecole pratique, le docteur Hatin. Là je portais les sentiments et les dispositions d'esprit qu'avait fait naître et développés en moi mon passage par le saint-simonisme, ainsi que mon initiation aux vues plus larges encore de la doctrine de Fourier. Je retrouve la preuve de ceci dans le brouillon d'une lettre que j'avais adressée au journal *le Corsaire,* mais qui n'eut pas les honneurs de l'insertion. Peut-être n'a-t-elle pas encore, malgré ses trente-cinq années de date, perdu tout à-propos. La voici à titre de document rétrospectif.

« Paris, le 20 septembre 1832.

« Monsieur le rédacteur,

« C'est avec un pénible sentiment de surprise, la première fois que

---

(1) *Æneidos,* lib. VI.

j'aiassisté au cours d'accouchement fait par M. Hatin, que j'ai entendu des applaudissements ironiques et des sifflets accueillir, à leur entrée, les élèves sages-femmes qui suivent ce cours. Il est inconcevable qu'à Paris, en 1832, au milieu de jeunes hommes réputés à bon droit pour généreux et pour amis du progrès, il se produise de telles impertinences envers des femmes qui viennent se mettre en communauté d'études avec eux pour le soulagement de l'humanité. Ce fait que blâme, j'en suis sûr, la majorité des étudiants et qui n'est imputable qu'à la légèreté de quelques-uns, prouve combien on juge mal encore tout ce qui concerne les femmes et combien notre libéralisme est en défaut à leur égard. Tels qui là, dans un amphithéâtre, ont le courage de saluer par des clameurs et des risées indécentes de pauvres jeunes filles qui viennent s'instruire, seraient respectueux jusqu'à la servilité et timides peut-être jusqu'à la gaucherie devant des dames dans un salon.

« Cette injustice, d'ailleurs, n'est pas particulière aux hommes : les femmes du monde sont les premières à refuser la considération qui leur est due, aux personnes de leur sexe qui exercent les professions de sage-femme, d'institutrice, etc. Et cependant les femmes, à quelque rang de la société qu'elles appartiennent, n'arriveront à la liberté qui commence à être réclamée pour elles, que le jour où elles seront plus fières de se faire annoncer par leur titre fonctionnel que par le nom et le titre d'un mari.

« Vous trouverez étrange, monsieur, que je m'adresse à votre journal pour une semblable observation ; mais, outre que le *Corsaire* est le très-bienvenu dans les eaux de l'École de médecine, ayant été moi-même un peu homme de mer, j'ai compté sur sa bienveillance, et j'ai présumé que, bien différent en cela de ses confrères des côtes barbaresques, il prêterait volontiers aux droits des femmes l'abri de son pavillon.

« Ch. Pellarin.
« Ex-chirurgien de la marine. »

Dans sa forme un peu maniérée, mon épître avait du bon ; ce n'était pas une banalité. Sans me proclamer *chevalier de la femme*, ainsi que le firent un peu plus tard mes compagnons de Ménilmontant, je ne laissais pas échapper l'occasion de défendre la cause des femmes.

Je m'essayai aussi à écrire quelques articles pour le journal le *Phalanstère*, qui en publia deux ou trois. L'un d'eux, sur le battage des grains en Bretagne, eut dans la presse départementale un succès de reproduction extraordinaire ; il fit véritablement son tour de France.

Au commencement de janvier 1833, celui des collaborateurs qui était le secrétaire de la rédaction et qui *faisait*, comme on dit, le journal, ayant tout à coup renoncé à cette fonction, J. Lechevalier et Considerant m'engagèrent à la prendre. Je me vis donc en possession d'une petite chambre dans les bureaux du journal, rue Joquelet n° 5, et d'un appointement de 150 francs par mois : le vivre et le couvert. J'étais tiré de la plus mauvaise passe où je me sois trouvé de ma vie. N'eussé-je au Phalanstère que cette obligation qu'il aurait encore un droit imprescriptible à ma gratitude. Ce n'est cependant pas pour ce motif que je le prône à tout venant depuis tant d'années et que je ne cesserai, s'il plaît à Dieu, de le prôner jusqu'à mon dernier jour; non, c'est par conviction de l'excellence de la chose elle-même, l'Association domestique et agricole, dégagée des excentricités et de quelques malséantes fioritures dont l'a surchargée l'intempérante imagination de l'inventeur. Cette expurgation faite dans son œuvre, le nom de Fourier n'en restera pas moins glorieux par-dessus les plus illustres, s'il est vrai, comme l'a dit Herder, que « la couronne du genre humain soit destinée à celui qui aura découvert le meilleur ordre social. »

APPRÉCIATION DU MOUVEMENT SAINT-SIMONIEN.

> On ne se révolte pas impunément contre la raison.
>
> V. Cousin. *Du vrai, du beau et du bien.* 6ᵉ leçon :
> *Du mysticisme.*

Il convient de porter un regard d'ensemble sur ce mouvement saint-simonien dans lequel je vins étourdiment me jeter à la dernière heure, c'est-à-dire lorsqu'il ne marchait plus. Ménilmontant fut, en effet, le tombeau du saint-simonisme, en tant que réunion d'hommes travaillant ensemble à l'élaboration et à la propagation d'une doctrine de rénovation sociale. Enfantin l'avait tué en prétendant l'élever à l'état de religion constituée avec son culte et sa liturgie, religion dont il se proclamait à la fois le messie et le pontife.

Reprenant les choses de plus loin, je dirai que, lorsque Bazard et quelques autres habitués des ventes du carbonarisme, frappés de certaines vues de Saint-Simon touchant la réorganisation de la société européenne, abandonnèrent les voies ténébreuses de la conspiration et des complots pour se tourner vers l'étude des problèmes de l'économie sociale, ils accomplirent un notable progrès. Cette conversion de marche les mettait vraiment dans la direction du but à poursuivre. Fascinés, comme leur maître, par l'idée du rôle qu'avait joué le christianisme dans la transformation du monde antique, ils se persuadèrent qu'il y avait quelque chose d'analogue à opérer de nos jours et par des moyens de même nature; ils commettaient ainsi un grossier anachronisme.

C'était, en effet, une aberration singulière que la prétention de fonder, au dix-neuvième siècle, une religion, afin de réaliser quelques innovations d'un mérite fort contestable, telle que l'abolition de l'héritage et l'attribution du gouvernement de la société aux banquiers et aux chefs industriels plus ou moins moralisés par des prêtres (1). Qui ne comprend aujourd'hui qu'on s'abusait étrangement en croyant que par de telles mesures, à supposer leur avénement possible, on réussirait à procurer l'amélioration positive du sort de la classe la plus nombreuse ? Et pourtant, dans l'ignorance générale où l'on était des véritables conditions du progrès social et des moyens susceptibles de le réaliser, cette illusion fut partagée par beaucoup d'esprits distingués.

Bientôt les directeurs de ce mouvement d'idées, qui avait été d'abord principalement économique et philosophique, érigeant Saint-Simon en Révélateur providentiel et outre-passant même les prétentions de celui-ci à fonder un nouveau christianisme, en vinrent à répudier complétement, à frapper même de réprobation les traditions critiques des seizième et dix-huitième siècles. Ils se mirent à réhabiliter, dans le but d'établir une théocratie nouvelle, les doctrines et l'organisation religieuse du moyen âge. C'était entrer dans une déplorable déviation et tenter une entreprise essentiellement rétrograde.

Cette déviation, poussée à ses dernières limites par l'infatuation orgueilleuse d'Enfantin, aboutit aux jongleries sacerdotales de Ménilmontant. Et ces jongleries, qui l'aurait cru ? au lieu de les laisser discrètement ensevelies dans l'oubli, voici qu'après trente-cinq ans on les exhume avec éclat, afin de les faire servir à une apothéose du Père suprême : apothéose dont il a lui-même pris soin de disposer tous les matériaux ; car, et ceci est caractéristique. c'est lui, M. Enfantin, qui a classé, catalogué, commenté toutes les pièces de son dossier de Vice-

---

(1) Je ne remonte pas jusqu'au fondateur de l'école, Saint-Simon, qui eut le mérite de proclamer la déchéance progressive de l'élément militaire ou destructif, au profit de l'élément industriel ou productif. Cependant j'emprunte à un critique impartial, M. Al. Erdan, l'appréciation comparative que voici :

« Saint-Simon, au point de vue de l'originalité véritable, me paraît très-inférieur au théoricien des passions, du travail attrayant et de toute la série des thèses phalanstériennes, Charles Fourier. » (*La France mystique*, par Al. Erdan, t. II, p. 509.)

Le même écrivain ajoute à la fin d'une Note : « Oui, plus j'y songe, plus il me paraît que Fourier est supérieur à Saint-Simon pour la profondeur et surtout pour la nouveauté des conceptions. » (*Ibid.*, p. 510,)

Dieu, pour être publiées, comme cela vient d'être fait, en conformité de ses dispositions testamentaires.

A cette apothéose, le nouveau messie (c'est le titre qu'on lui donne et qu'il se donne en dix endroits), le nouveau messie, dis-je, a généreusement associé ses apôtres. Reste à savoir si quelques-uns des survivants d'entre eux, qui sont à présent de hauts personnages officiels plus ou moins millionnaires, se trouveront de tout point flattés et satisfaits de cette évocation de leur passé apostolique. Ils sont si loin ces jours où l'on fulminait chaque matin dans le journal LE GLOBE, et chaque soir dans la salle de la rue Taitbout, contre tous les priviléges de la naissance ; où l'on chantait processionnellement dans les allées du jardin du Père :

> Le peuple a faim, le peuple est misérable.
> Nous avons pris ses douleurs sur nos têtes.

La condition du peuple, hélas ! n'a guère changé en mieux depuis cette époque ; mais ceux qui avaient pris ses douleurs sur leurs têtes ne gardèrent pas longtemps un couvre-chef si peu confortable et trop garni d'épines. Je ne prétends pas les blâmer de s'être fait de belles positions dans le monde, soit de la finance, soit de la politique ; seulement je m'étonne qu'après cela, on vienne encore présenter à notre vénération le Père suprême et ses fils, le front ceint d'auréoles...

C'est d'après la volonté expresse de M. Enfantin que cette exhibition rétrospective a lieu. Il se *pose* de nouveau, comme aux jours d'exaltation de 1832, Père suprême de l'humanité, successeur légitime et sérieux, continuateur perfectionné de Moïse, de Jésus et de Saint-Paul, espérant tout de bon que la postérité l'en croira sur parole et lui confirmera les honneurs quasi-divins qu'il se décerne avec un aplomb inimaginable. Il y a donc lieu d'examiner les titres d'Enfantin à un tel rôle, un rôle désormais impossible, heureusement impossible, dirai-je.

Or, en recherchant ce qu'Enfantin apporta et mit de son crû dans le saint-simonisme, on ne trouve pas une seule vue de génie, mais en revanche beaucoup d'idées saugrenues. Il se montre sans cesse et par-dessus tout préoccupé de la mise en scène, et le soi-disant messie, quand on l'observe et l'étudie avec attention, vous apparaît comme un composé assez vulgaire de commis voyageur, d'histrion et de thaumaturge, se targuant d'opérer par *la puissance du regard*.

Cet irrévérencieux langage à l'endroit du Père suprême va me faire accuser de garder rancune à M. Enfantin. Je n'en disconviens pas absolument. Mais mon principal grief contre lui n'a rien de personnel. Je lui en veux surtout d'avoir conduit à une impasse et fait avorter dans le ridicule un généreux mouvement d'idées qui, s'il fût resté à l'état philosophique et qu'il n'eût point emprunté les oripeaux religieux d'un autre âge; s'il eût en outre admis les vues fécondes produites en dehors des travaux de Saint-Simon et de son école, aurait persisté bien au delà des années 1832 et 1833, et aurait pu exercer une grande et salutaire influence, bien différente de celle qu'il a eue, et qui a fini par une réaction ouverte contre l'œuvre émancipatrice du dix-huitième siècle, par une impulsion fâcheuse au mysticisme et au retour vers les croyances traditionnelles. Ajoutons que, dans le monde des affaires, l'esprit saint-simonien devint par la suite un nouveau ferment d'agiotage et se fit le complice de la féodalité financière.

Au surplus, je ne prétends pas m'ériger ici en justicier : je me borne à donner en toute sincérité mon témoignage; il vaudra *ce que de raison*, suivant la formule des certificats que, nous autres médecins, nous délivrons pour être produits en justice.

LXXVIII. Le rôle d'Enfantin.

Si Enfantin partagea dans le principe, avec Olinde Rodrigues, Bazard, Buchez et quelques autres, le mérite de susciter l'élan des esprits vers l'étude des questions sociales, ce fut lui qui, en 1831, égara cet élan et amena la dissolution du centre saint-simonien. Un résumé impartial de l'histoire du saint-simonisme pendant sa dernière phase établirait ce point avec la dernière évidence. Il suffirait pour cela d'emprunter les documents contenus dans la publication préparée par Enfantin lui-même et mise au jour par ses fondés de pouvoir pour sa glorification posthume. Cette publication, à titre de préambule biographique aux œuvres de Saint-Simon et d'Enfantin, ne comprend pas moins de treize volumes. Or, de ces treize volumes, les deux tiers du premier seulement sont affectés à Saint Simon; les douze autres et le dernier tiers du premier, déduction faite d'un volume de Table des matières, sont occupés par la Notice Enfantin.

Suivant cette publication très-peu impartiale, tout depuis le moment de la retraite de Bazard et des autres dissidents, tout aurait suivi une marche progressive, tout aurait continué de grandir et de se perfectionner sous la direction d'Enfantin. Et cependant on ne citerait pas un homme de quelque valeur qui soit venu au saint-simonisme, qui ait fait acte d'adhésion à la doctrine depuis la scission de novembre 1831.

La Notice prête incessamment à la conduite de Bazard des motifs personnels et mesquins; elle explique sa séparation par la faiblesse de son esprit et la timidité de son cœur, incapable de suivre le vol d'aigle du vrai continuateur de Saint-Simon. Ce qui ressort, au contraire, du langage et des actes de chacun des deux chefs, c'est que celui qui vit le plus juste, celui qui fut droit, ferme et digne (*vir probus*), ce fut Bazard, et l'on n'en saurait dire autant du collègue par lequel il se trouva évincé.

Celui-ci, mettant en œuvre les mauvaises pratiques du jésuitisme, avait de longue main, par une action particulière exercée sur les membres du Collége, en flattant l'amour-propre des uns et les penchants dominants de chacun, préparé son avénement à la suprématie sans partage.

Sur ce point, il y a un document tout à fait caractéristique : c'est une adresse aux deux Pères pendant leurs dissensions au sujet de la morale, adresse rédigée en commun par Michel Chevalier, Edmond Talabot et Euryale Cazeaux, à laquelle d'autres membres donnèrent aussi leur adhésion. Dans cette pièce, on tient à l'encontre des deux Pères un langage dont la diversité fait on ne peut mieux ressortir le genre d'influence exercé par l'un et par l'autre. Ces fils dévoués et affligés leur disaient :

« Dans le grand drame que vous nous avez fait traverser, aucun de vous n'est parfait à nos yeux. Nous voudrions aimer l'un davantage, nous voudrions avoir pour l'autre plus de respect; nous voudrions cesser de craindre l'un, d'aduler, d'encenser l'autre.

« Père Enfantin, vous avez été entraîné à nous considérer comme des instruments placés dans vos mains pour vous servir, chacun selon sa force, à émouvoir le Père Bazard dans sa fermeté, à obtenir de lui les hommages pour lesquels vous soupiriez dans votre exigence.

« Vous avez développé, exalté cette croyance qu'un jour votre mariage vous amènerait seul au rang suprême. » *Notice historique, Enfantin*, t. IV, p. 144, 145 et 146.

Outre la production de ses vues nouvelles sur la morale, vues *entachées d'immoralité*, comme l'exprime le même document, Enfantin avait donc, en réalité, la prétention, par son appel à la femme, de s'ériger en chef unique, et telle était la signification de ce fauteuil laissé vide à côté du sien.

C'était déjà une chose assez ridicule en elle-même que cette idée d'une femme venant, au nom de tout son sexe, formuler une loi morale de moitié avec M. Enfantin, stipulant, lui, au nom du sexe barbu. Et c'est pour avoir mis en avant cette conception bizarre qu'Enfantin aurait *affranchi* la femme (1)!

Mais voyons ce que devient entre les mains d'Enfantin, resté chef

---

(1) Les apôtres, même ceux qui étaient engagés dans les liens du mariage, faisaient vœu de célibat jusqu'à la venue de la femme-messie, compagne future du Père suprême.

unique et absolu, le saint-simonisme. Transon avait très-nettement posé la question dans un écrit par lequel il avait marqué sa retraite. « Songez, y disait-il à Enfantin et à ses adhérents, songez que vous avez en vos mains tout le fruit des travaux de Saint-Simon et des œuvres qui, depuis dix ans, ont été accomplies en son nom. L'usage que vous allez faire de la puissance que tous ces travaux vous ont acquise donnera au monde la mesure de votre force et caractérisera la nature de l'œuvre qui vous était réservée. »

La réponse à cette question se trouve dans une lettre de Bazard à madame Cécile Fournel. Cette dame, qui avait très-dignement protesté, lors de la scission, contre les théories morales d'Enfantin, et qui s'était d'abord retirée avec son mari, fit sous l'influence de ce dernier, devenu un des apôtres de Ménilmontant, un retour vers le Père suprême, non sans déchirement toutefois ; car voici en quels termes elle avait, la première, écrit à Bazard :

« ... Vous avez été témoin de tout ce que j'ai souffert en voyant Henri (M. Fournel) s'éloigner de moi ; cependant, Père Bazard, j'éprouve le besoin de vous le dire, si quelque chose adoucit une position aussi rude, c'est d'avoir la conviction intime qu'*aucun fait* jusqu'ici n'a justifié les craintes que nous dûmes tous emporter de la douloureuse discussion qui a divisé la doctrine, et la certitude tout aussi absolue qu'Henri ne resterait pas deux heures avec des hommes qui s'écarteraient, sous quelque rapport que ce soit, de la ligne de pureté qu'ils se sont tracée en face du monde. Je souffre, parce que je ne sens pas l'œuvre qu'ils pensent accomplir.

« Maintenant qu'il me soit permis, Père Bazard, de vous dire ce que ces chagrins ont reçu d'accroissement de la position où depuis cinq mois j'ai la douleur de vous voir, vous qui portiez, suivant moi, les destins de l'humanité, et qui aujourd'hui semblez renoncer à la sainte mission que je vous concevais... »

Bazard, dans sa réponse, relevait ainsi le reproche :

« ... Seriez-vous donc, Cécile, du nombre de ces personnes qui prennent le bruit d'une machine qui craque et se brise pour le mouvement et la vie ? Qu'a donc fait Enfantin depuis la séparation ? Par la position de ses adhérents dans le collége, il était resté maître du centre matériel de la doctrine, des salles publiques, du journal, de la caisse, et par conséquent de la foule saint-simonienne qui devait naturellement rester attachée aux signes extérieurs de la puissance. Eh bien ! en moins de cinq mois, voici qu'il a gaspillé, dissipé toutes ces ressources, après avoir vu chaque jour quelqu'un de ses adhérents s'éloigner de lui et ses prophéties de la veille démenties par le fait, et aujourd'hui le voilà dans la *retraite.* Plus d'argent, plus de journal et point de femmes ; point de culte, point d'industrie, pas même le trône de Louis-Philippe, si modestement demandé. Et ce qu'il a gaspillé, ce n'est pas seulement de l'argent et des hommes, c'est encore malheureusement le crédit, la considération, le respect qu'avec tant de peine nous étions parvenus à acquérir au nom de Saint-Simon et aux nôtres. Je vous demande s'il est possible de donner en moins de temps plus de preuves d'impuissance et d'incapacité. Pour moi, pendant les cinq mois qui vous paraissent si longs, habituée que vous êtes à voir chaque matin sortir des révélations et des mondes de la tête des Michel, des d'Eichthal, des Enfantin et des Duveyrier; pendant ces cinq mois, dis-je, j'ai été six grandes semaines malade; restent donc trois mois et demi dont j'ai à rendre compte. Je vous prie de remarquer que, pendant ce temps, je n'ai eu, moi, ni salles publiques, ni journal, ni argent, ni serviteurs, par conséquent pas le plus petit mot dit en public sur *le calme divin de ma face* ou *la souriante majesté de mon visage;* et pourtant, dans le cours de cette éclipse, j'ai entretenu une volumineuse correspondance qui contient de longs développements sur les points de doctrine les plus importants; j'ai fait une brochure dont vous pourriez n'avoir considéré que le volume, mais qui a eu dans le monde saint-simonien et dans celui qui s'occupe de nous une tout autre importance. J'ai commencé et avancé d'autres travaux qui un jour, je l'espère, vous donneront meilleure opinion de moi; seulement, Cécile, ces travaux ne sont pas de la nature de ceux qui s'improvisent. Assez, assez de ces madrigaux à la façon du GLOBE; assez de ces vastes plans, de ces gigantesques projets conçus le matin, mûris dans la journée et *bons à tirer* le soir, dans lesquels, d'un pôle à l'autre, les races, les nations, les mers, les fleuves, les marais, les déserts, les vallées, les montagnes sont unis, rapprochés, fertilisés, occupés, coupés, traversés, surmontés, et tout cela avec le point fixe sur la carte, le nom exact et l'adresse précise de chacun de ces intéressants phénomènes. Assez, assez de ce bavardage puéril, de ces illusions d'en haut... Il nous a fallu sept ans de travaux pour faire savoir aux plus curieux que nous étions au monde; apparemment qu'il nous faut plus de cinq mois pour prendre possession du trône universel. Si, pour parcourir la carrière qui nous est signalée, il faut l'enthousiasme de la religion, n'oublions pas qu'il faut aussi le calme de la raison et la réserve de l'expérience. Religion!... Ce nom que je viens de tracer, que nous étions parvenus avec tant de peine à faire entendre de nouveau, sinon encore avec amour, du moins déjà avec respect, quel abus n'en a point fait Enfantin? au point de ne plus lui faire présenter que l'idée d'une mascarade...

« Rappelez-vous, Cécile, que si l'on est coupable pour ne point désirer et chercher le royaume de Dieu, selon l'expression mystique et profondément vraie de l'Eglise catholique, on ne l'est pas moins pour vouloir le prendre de force, c'est-à-dire sans l'avoir gagné par son travail et mérité par ses œuvres. C'est alors que le vertige de l'orgueil, s'emparant des cœurs et des esprits, les frappe d'aveuglement et les pousse incessamment au néant par les efforts mêmes qu'ils font pour en sortir... (1). »

Appréciation pleine de vérité ; la suite le fit bien voir.

LXXIX. La prophétie.

Voici quelques spécimens de ces morceaux apocalyptiques auxquels la lettre de Bazard fait allusion, et « dont l'ensemble, aux termes de la Notice, devait former ce que les saint-simoniens appelèrent la *prophétie*. »

C'est d'abord l'apôtre Duveyrier qui, en regard du terrible choléra asiatique (la *mort*), signale et dépeint la *vie* :

« La vie ! la vie pour le peuple ! s'écrie-t-il, une vie de courage et de foi, une vie d'amour !

« Elle a paru dans la capitale de la France, cette vie divine qui vient installer la religion et les fêtes ; elle a paru sous la figure d'un jeune homme plus beau et meilleur que tous les hommes ; elle brille sur son front grave, dans ses regards doux et son sourire ; elle est tombée avec sa parole dans le cœur de ceux qui l'ont approché. Ils ont écrit, et la vie de mon Dieu a volé sur des feuilles légères que déposaient chaque jour les courriers dans les villes... » (Notice, tome VI, 173.)

Dans un article intitulé : *le Bourgeois*, — le *Révélateur*, Michel Chevalier, de son côté, prophétisait ainsi :

« Il faut d'autres vertus que des vertus bourgeoises pour aller ramasser une nation qui s'est perdue dans les précipices.

---

(1) Une autre fois, Bazard, répondant à Rességuier qui avait blâmé le ton de sa polémique à l'égard d'Enfantin, laisse échapper un gémissement qui révèle l'homme consciencieux : « Comment ne vous est-il pas venu à la pensée que la doctrine ne constituait pas pour vous et pour moi, là où je suis, là où vous êtes, une position identique, au moins sous le rapport des nécessités et des convenances de la conduite ? Avez-vous sous les yeux le spectacle de jeunes filles dont l'avenir semble compromis pour toujours ? de familles entières dont le bonheur est détruit ? d'époux, longtemps unis maintenant divisés, dont quelques-uns peut-être vont payer de leur vie les douleurs de ces déchirements ? Avez-vous, au même degré que moi, par vos antécédents, la responsabilité de toutes ces misères, et le devoir d'en arrêter le cours ?... »

« D'où viendra-t-il ce colosse de vigueur, de gloire et d'amour qui, passant comme le Samaritain auprès de la France en pleurs, descendra pour la relever et la faire asseoir à ses côtés sur un char de triomphe?

« Il n'aura pas consumé sa vie à humer nonchâlamment l'air frais au milieu de *ses* prés, de *ses* champs, de *ses* vignes...

« ... Le temps est proche où aux yeux de tous un homme apparaîtra dont la vue fera tressaillir les peuples à son approche; les puissantes cités, la ville de César et d'Hildebrand, celle d'Alexandre, celle de Constantin, celle du czar Pierre, se lèveront saisies de respect, comme des filles devant leur père. Du milieu des monceaux de décombres qui masquent la place de Babylone, Sémiramis montrera sa tête pour regarder passer le libérateur.

« Les villes le salueront, et il les saluera par un nom nouveau. Audessus de leur tête, il dressera un phare éblouissant de science; pour elles il parera la terre de toutes les merveilles de l'industrie, pour elles il embaumera l'air des parfums de l'amour et des arts. De son doigt, comblant les vallées et abaissant les monts, il tracera entre elles des voies rapides, afin qu'elles soient unies, et qu'il n'y ait bientôt qu'une *vie*, qu'une foi, qu'un *chef* pour toute la terre.

« Emancipateur pacifique, il parcourra le monde, distribuant l'affranchissement au *prolétaire* et à la *femme*.

« Il dira au désert de devenir une terre féconde, et le désert obéira; à sa voix les reines de l'Orient, Babylone et Palmyre, renaîtront plus splendides, car il n'y aura plus d'anathème.

« Celui-là portera-t-il sur sa face la *quiétude* du bourgeois ou le *calme* du Révélateur? ». (Ouvr. cité, t. VI, 182, 183, 184.)

Je laisse ici la parole à l'auteur de la Notice sur Enfantin, lequel auteur paraît bien être. pour une bonne part, Enfantin lui-même.

« Le journal de la religion nouvelle ne pouvait guère publier entièrement tout ce qui se disait ou s'écrivait alors dans la famille saint-simonienne sur ce titre de *révélateur* appliqué d'abord à Saint-Simon, et reporté ensuite sur Enfantin. Parmi les principaux apôtres, il s'en trouvait qui pressaient le Père suprême d'oser proclamer le caractère divin de sa mission, dût-on l'entendre dans le sens des antiques croyances. A ceux-là Enfantin apparaissait, non pas seulement comme le continuateur du Christ, mais comme le Christ lui-même, dans toute sa grandeur divine, humainement développée à travers les siècles. Un jour (2 mars 1832) celui des disciples qui avait fait dire de lui au maître qu'il représentait la *sainte persécution que le supérieur éprouve de la part de l'inférieur*, avait abordé le chef suprême pour lui communiquer, sous forme de rêve ou de vision, ce qu'il puisait dans les excitations de sa foi exaltée. Voici le récit (1) de cette communication extraordinaire, tel que le disciple l'a écrit lui-même, et qu'il a été co-pié par Enfantin pour être conservé dans les archives saint-simoniennes.

« Ce matin, à six heures et demie, j'entrai chez le Père, dit d'Eich-thal ; il se réveilla et me demanda ce qui m'amenait. — Père, je crois que nous ne vous connaissons pas. — Que veux-tu dire? as-tu besoin de ma confession? — Non, Père, ce que j'ai à vous dire, le voici : J'ai eu cette nuit une de ces *révélations* dont je vous ai souvent dépeint le caractère, espèce d'*illumination* vive et soudaine qui m'arrive en plein état de veille et me laisse toute liberté de locomotion et de raisonne-ment, mais qui me remplit de Dieu, de la vue de l'avenir, et fait fris-sonner de joie et pleurer tout mon être. Celle-ci est la plus grande de celles que j'aie jamais eues.

« Mais j'hésite à parler, car toute ma vie j'ai eu le sort du prophète, j'ai été raillé, moqué : raillé comme juif, raillé comme catholique, raillé comme comtiste, raillé comme saint-simonien ; j'ai été raillé, je le se-rai encore comme *enfantinien;* vous-même, l'autre jour, quand je vins vous demander le *célibat* pour vos fils, vous m'avez raillé.

« Je parlerai cependant, il le faut ; je vous aime, j'ai foi en vous ; si je m'égare, vous me redresserez ; vous dégagerez ce qu'il y a de grand, à coup sûr, de ce qu'il peut y avoir de faux dans ce que je vais vous communiquer ; mais je n'ai pas même peur de me tromper, car ce qu'une impétueuse inspiration m'a révélé, j'ai déjà pris soin de le justi-fier par un retour calme sur le passé.

« Hier, à cinq heures, obligé de me mettre au lit à cause de l'état nerveux où je me trouvais, j'eus une de ces *illuminations* dont j'ai parlé tout à l'heure. Je ressentis un mouvement profond pour la foi et le culte catholique. Je me transportai par la pensée à Notre-Dame ; j'y écoutai la messe avec ravissement ; je partageai pour Jésus l'atten-

---

(1) En marge de la copie de ce récit, Enfantin écrivit la note sui-vante :

« Cette visite de Gustave fut l'occasion d'une commotion religieuse très-vive dans toute la famille. Quelques-uns en furent bouleversés, Rochette, par exemple, et Bourdon, d'autant plus que Gustave s'était chargé de leur communiquer lui-même son inspiration.

« Cette note est le titre le plus important de la vie apostolique de d'Eichthal près de moi ; c'est par elle qu'il sera *nommé.* Sa vie toute entière y est *écrite.*

« Sainte-Pélagie, 14 janvier 1833. »

drissement du fidèle le plus fervent, et il me sembla que je pouvais, moi saint-simonien, m'asseoir à la sainte table où l'on se repaît de son corps et de son sang.

« Je vous racontai le fait hier soir au bal où je vous vis. Rentré chez moi à deux heures du matin, mes yeux ne se fermèrent pas un instant. Mon tendre amour pour Jésus bientôt fit de nouveau couler mes larmes; bientôt aussi je sentis que ma communion avec lui était plus intime même que celle du chrétien; que pour moi Jésus était vivant encore, en chair et en os, près de moi et jusqu'en moi-même. De ce sentiment à un autre plus précis, il n'y avait qu'un pas, il fut franchi : Jésus vit en Enfantin.

« Oui, Père, ce Jésus que j'ai si ardemment aimé, maintenant je le sens en toi; mon amour pour toi se modifie, s'accroît, se fortifie, se divinise de tout celui que l'Eglise catholique sait inspirer à ses enfants pour son céleste époux. Depuis cet instant où, par un vœu solennel, tu as su manifester en toi-même et en tes fils la plus haute vertu d'abnégation et de devoir, Jésus est en toi, se réjouit en toi...

« Père, en effet, n'est-il pas vrai que le Révélateur, au moins la future moitié du Révélateur nouveau, c'est toi? N'ont-ils pas raison ceux qui, comme Buchez et quelques autres, prétendent que Saint-Simon n'a été qu'un Précurseur, et que la révélation définitive partira de ce couple dont l'avénement doit constater l'égalité religieuse de la femme et de l'homme?... »

Cela continue sur ce ton pendant six ou huit pages, dont je citerai seulement les lignes suivantes :

«... Je te dis devant tes fils que tu es autre chose qu'ils ne l'avaient cru jusqu'ici. Reynaud le pressentait quand il te disait : *Je ne sais d'où vous êtes*, et Rodrigues aussi lorsque après la séance de protestation de Reynaud, il s'écriait : Depuis le sermon sur la montagne, l'humanité n'a rien entendu de plus grand. Je te dis donc que tu es autre chose que le représentant de saint Paul, plus qu'un apôtre, plus qu'un pape. Tu es la future moitié du couple révélateur, et Jésus vit en toi.

« Couple-messie, l'humanité t'aimera, t'adorera, te divinisera plus qu'elle n'a fait de Jésus... » (*Notice historique sur Enfantin*, t. VI, p. 184 à 191.)

C'était ensuite le tour de Barrault, qui, sans ménagement aucun pour la modestie de son maître, lui criait :

« Père, vous êtes le Messie de Dieu et le roi des nations.

« Or Jérusalem voit son Christ et ne le connaît pas; car son Christ n'a point encore visité la Galilée.

« Le triomphe est la fête du retour.

« Paris a contemplé votre face et écouté votre voix ; la France sait seulement votre nom.

« Votre popularité ne peut plus croître à Paris qu'elle n'ait commencé en France...

« A nous la France pour nous rajeunir ! à nous la France avec ses climats divers, ses cités, ses ateliers, ses villages, ses ports, ses plaines, ses montagnes ! à nous la France pour l'initier à un spectacle inconnu, celui d'hommes religieux entourant d'amour, de respect, d'obéissance, leur père, leur roi, leur maître ! »

Mais il ne s'agit pas seulement d'un tour de France ; l'apôtre annonce un *voyage messiaque* dans l'Orient. « J'affirme, continue-t-il, qu'à cette magnifique croisade sont attachées nos destinées.

« L'Orient porte aujourd'hui deux grands hommes : Mahmoud et Mohammed ; ils verront votre face, Père, et ils vous *reconnaîtront*, non plus dans la crèche, mais fort, grand, glorieux ; ils verseront à vos pieds l'or, l'encens et la myrrhe. Vous seul pouvez les concilier ; le sultan et le pacha sentent la puissance d'un regard...

« Pacificateur de l'Orient, qu'ensanglantent aujourd'hui les Turcs, les Égyptiens, les Persans, vous pèserez du poids de vos bienfaits dans la balance politique de l'Europe. L'Orient attend de l'Occident quelque chose de grand ; Byron et Napoléon vous y ont précédé avec leur poésie et leur courage ; vous montrerez à l'Orient le calme majestueux qui n'appartient qu'à vous.

« Jérusalem vous reverra, ô mon Père ; vous remonterez sur le Calvaire, et tous tomberont à genoux, et c'est de là que vous reviendrez en Europe après avoir été adoré par les mages de l'Orient, accompagné d'apôtres de toutes les nations...

« Père, vous apparaîtrez aux yeux de tous ayant un pied en Orient et l'autre en Occident.

« Père, vous régnerez et ne régnerez pas seul ; la FEMME sera venue, vous l'aurez trouvée, car vous l'aurez cherchée.

« Père, je suis à vous. — BARRAULT. » (*Ibid.*, p. 197, 204.)

LXXX. Une protestation.

Tout le monde cependant ne tenait pas le même langage. Un saint-simonien de Belgique écrivait à Enfantin :

« Monsieur, je ne suis plus votre fils, car je n'ai plus en vous la foi absolue dont vous faites votre pierre de touche.

« Je dois à mes amis l'explication des motifs de ma retraite.

« Ces motifs, ce sont surtout vos idées sur l'autorité et les moyens de gouvernement, qui mènent droit au despotisme et à la fourberie ;

ce sont vos idées sur la femme et le nouveau droit du seigneur, qui mènent droit à la promiscuité et à l'avilissement de l'espèce.

« Vous vous *posez révélateur* de la morale qui doit régler les rapports individuels des hommes avec l'autorité et les rapports des sexes. Cependant vous consentez à n'arrêter définitivement cette morale que lorsque sera arrivée la femme à laquelle vous faites appel.

« Alors seulement la foi sera obligatoire.

« Ni alors ni aujourd'hui, je ne veux ni ne puis vous donner ma foi ; car je ne connais personne comme mon *révélateur* futur, quelle que soit l'époque à laquelle il fixe la forme obligatoire de sa révélation.

« D'ailleurs, j'ai d'autant plus raison de ne pas croire à votre morale *future* que je repousse votre morale *présente*, qui, selon toute probabilité, sera aussi celle de votre femme, si jamais vous en avez une ; votre femme dont l'appel est une jonglerie.

« Vous avez dit que le règne de l'abnégation était aboli ; sachez donc ne point vous étonner que je ne vous fasse pas bon marché de mes convictions.

« Mon imagination n'est pas assez sensible, mon sentiment de l'être pas assez borné pour renfermer la vie dans l'établissement de la rue Monsigny, et je souris de pitié en lisant dans tous vos enseignements cette variante de la parole d'un autre orgueilleux : L'HUMANITÉ, c'est MOI...

« Vous exigez la foi en vous, et vous vous étonnez qu'on ne voie pas déjà en vous l'homme plus grand que Napoléon. Ne serait-il pas mieux de donner à cette foi l'occasion de naître, et lorsqu'elle est née l'occasion de s'affermir

« A mes yeux vous avez fait tout le contraire.

« Dans le moment même où vous prétendiez à ma confiance entière, vous vous défiiez de mes rapports avec Bazard, madame Bazard, Dugied, Carnot, Reynaud, Leroux, Transon, J. Lechevalier, Charton, etc. Redoutiez-vous donc l'examen ?

« Vous avez amené la dissension en voulant établir la *loi vivante*, en voulant proclamer un nouveau *droit du seigneur*, en prétendant *réaliser*, c'est-à-dire en voulant abandonner l'apostolat, qui était très-actif, pour envahir actuellement le monde matériel par des emprunts successifs et des travaux de plus en plus considérables. Aujourd'hui que, grâce surtout à cette dernière prétention, qui renfermait une promesse d'amélioration *immédiate*, vous avez *conquis* le trône de la rue Monsigny, vous reconnaissez, mais *tacitement*, l'erreur qui vous a fait expulser tant d'hommes forts dont le grand tort était de ne pas avoir pu courber la tête et s'effacer devant vous, et dont quelques-uns ont préféré le besoin dans l'indépendance à la splendeur factice dans l'asservissement, et vous sentez votre impuissance à exécuter vos plans industriels...

« D'abord vous avez voulu faire de l'humanité un couvent, et de la rue Monsigny sa première habitation dont les cases s'étendraient successivement comme un bas de laine sur le globe tout entier. Aujourd'hui, voyant l'état matériel de votre société (si société il y a), vous dites qu'il faut laisser dans le monde extérieur les saint-simoniens que le *défaut de fortune* (séance du 12 février) ou les liens de famille empêcheraient d'arriver, et *ne faire sauter le fossé qu'aux autres*. Serait-ce bien là, avec votre dogme de la *loi vivante*, le moyen de réaliser la prédiction de Michel Chevalier qu'avant quatre ans vous serez aux Tuileries ? Je conçois qu'avec des idées aussi folles vous ne prétendiez pas faire acte d'abnégation et de sacrifice en catéchisant la France et l'Europe jusqu'à cette époque.

« Je dois inférer de vos deux derniers enseignements que vous vous apprêtez à expulser de votre établissement les prolétaires, les faibles, et à vous ôter ainsi le moyen d'aller aux prolétaires, comme en expulsant les hommes forts, de savoir et d'éloquence, vous vous êtes ôté le moyen d'aller aux hommes forts.

« Banqueroute ! banqueroute d'hommes et d'argent ! voilà où l'on arrive quand on prétend renfermer l'humanité dans un homme ; voilà où l'on arrive en jouant le révélateur, en singeant la papauté, en se plaçant en dehors du réel... »

LXXXI. Entre l'hosanna et la diatribe comment juge l'auteur de la *Notice*.

Ce langage véhément, mais fondé, les éditeurs de la Notice-Enfantin ont eu la franchise de le reproduire, en faisant remarquer « que cette protestation n'était malheureusement pas assez exempte d'exagération, d'injustice et d'amertume. »

Puis, au sujet de ces citations, on ajoute :

« La spontanéité individuelle exagérait évidemment la critique chez les uns comme l'enthousiasme chez les autres. D'un côté, on criait à Enfantin : Vous êtes trop timide, marchez donc en avant, osez vous proclamer la personnification vivante de l'humanité, le verbe particulier de la Divinité ; d'autre part, on lui reprochait d'aller trop vite et trop loin ; on lui jetait à la face l'accusation de tout immoler à son orgueil, de tout rapporter à sa personne, d'incarner l'humanité en lui, de se dire le messie privilégié de Dieu, de se croire Dieu lui-même.

« Entre ces deux appréciations contradictoires, Enfantin, en garde contre l'illusion aussi bien que contre l'irritation, conservait toute la supériorité qu'il tirait de sa foi, de son inspiration et de son calme. Il savait bien qu'il n'était pas Dieu, qu'il ne pouvait pas se faire passer pour Dieu, bien qu'il se sentît plus que personne vivre en Dieu et qu'il eût la prétention d'être le premier par ses sentiments, par sa pensée et par son œuvre, sur l'échelle des êtres humains ayant conscience de leur participation à la vie universelle. Tant pis pour ceux qui auraient cherché à l'entraîner au delà des limites qu'il se posait lui-même ; tant pis pour ceux aussi qui lui attribuaient une ambition et un orgueil sans bornes, faute de comprendre le vrai sens et la portée nullement surnaturelle des mots *révélation* et *mission divine* dans la bouche des adorateurs de l'ÊTRE CONSCIENT QUI EST TOUT CE QUI EST.» (Ouv. cité, VIᵉ vol., p. 211, 212 et 213.)

Qu'on ne le perde pas de vue, tout ceci sort de la plume d'Enfantin lui-même, car aucun de ses disciples ne s'avoue pour évangéliste du nouveau messie.

« Il savait bien qu'il *n'était pas Dieu*! » Voilà, certes, une étrange réserve. Se contenter « de la prétention d'être le premier sur l'échelle des êtres humains, » c'est vraiment trop de modestie. Allons donc, monsieur Enfantin, laissez-vous un peu faire Dieu, proclamez-vous Dieu, ne fût-ce que pour donner satisfaction à ce bon M. G. d'Eichthal dont le *titre apostolique le plus important*, c'est vous qui le notez, sera d'avoir *vu Jésus vivant dans Enfantin* !

LXXXII. Le coup de tam-tam de la retraite apostolique.

Cependant, au milieu de ces rêveries délirantes, l'heure arrivait forcément du silence et de la retraite. Faute de ressources, le GLOBE ne pouvait plus paraître, ni la vie luxueuse de la rue Monsigny se continuer. De cette double nécessité, Enfantin songe à tirer un grand effet. Dans le dernier numéro du journal, à la date du 20 avril 1832, jour du vendredi saint, il publie un manifeste dont voici le début et la fin :

AU MONDE

MOI PÈRE DE LA FAMILLE NOUVELLE.

« Avant de commander le silence à la voix qui chaque jour annonce au monde qui NOUS SOMMES, je veux qu'elle dise qui JE SUIS.

« Dieu m'a donné mission d'*appeler* le prolétaire et la femme à une destinée nouvelle...

« ... Chers enfants, ce jour où je parle est grand depuis dix-huit siècles dans le monde ; en ce jour est mort le DIVIN LIBÉRATEUR DES ESCLAVES. Pour en consacrer l'anniversaire, que notre sainte retraite com-

mence, et que du milieu de nous la dernière trace du SERVAGE, la DOMES-
TICITÉ disparaisse. »

Belle sentence dont, à la vérité, la pratique ne dura que pendant les
six mois de belle saison passés dans la retraite de Ménilmontant et demeura sans influence aucune soit pour l'abolition, soit pour la transformation de la domesticité.

Cela n'empêche pas l'auteur de la Notice-Enfantin de commencer
ainsi son VII⁰ tome :

« L'apostolat régulier du saint-simonisme, retiré à Ménilmontant, en-
seignait au monde, par l'exemple, sous la direction suprême d'Enfantin,
l'abolition de la domesticité et l'observance rigoureuse du célibat. »

Il a bien profité l'exemple ! Est-ce que, à peu de temps de là d'ailleurs, le Père et ses apôtres se firent scrupule de recourir aux services
de la domesticité salariée, tout comme la généralité des privilégiés de
la naissance et de la fortune? Tels d'entre eux même n'ont-ils pas étalé
dans leurs somptueux hôtels et dans leurs villas princières, un luxe de
laquais et de suisses dont les galons n'avaient rien à envier à ceux des
livrées de la plus haute aristocratie? Je n'y suis pas allé voir pour mon
compte ; mais tout le Paris fashionnable et officiel qui s'est rué aux
fêtes des nouveaux Turcarets, peut rendre témoignage du fait que j'é-
nonce.

Pour ce qui est de l'observance du célibat, elle eut la même durée à
peu près que le renoncement à l'usage des domestiques. Encore y eut-
il, dès le début de la retraite, une infraction, compliquée de circonstances aggravantes, qui donna lieu à un jugement prononcé avec solennité en présence de toute la famille, mais dont les archives saint-
simoniennes n'ont, paraît-il, conservé aucune trace.

LXXXIII. Préparation à la prise d'habit.

Quelques jours avant la cérémonie de la prise d'habit apostolique,
Enfantin se sépare momentanément de ses disciples, et il leur écrit :

« Mes enfants, ma vie est une *perpétuelle communion*, et pourtant je
ne suis pas DIEU, je suis homme, je souffre donc.

« Je ne suis plus la MÈRE qui berce ses enfants et les endort mol-
lement dans ses caresses ; vous êtes hommes aussi, et moi, je veux être
le PÈRE des HOMMES.

« Vous ne savez pas encore trouver la force en vous ; Dieu n'est pas
en vos cœurs, c'est à moi de l'y mettre.

« Nous nous aimons trop, vous et moi, moi et vous ; nous ne nous
respectons pas assez.

« Nous ignorons tous la puissance du recueillement, du silence, de la

PRIÈRE ; l'ordre et le devoir nous sont inconnus ; nous ne savons ni commander ni travailler.

« Et nous devons un jour GOUVERNER les TRAVAILLEURS ; nous allons prendre l'habit des apôtres de l'affranchissement des femmes...

« Mes enfants, je veux, pendant ces trois jours, vous préparer, *en moi*, à revêtir l'habit d'apôtre. Je me retire du milieu de vous pour être digne de vous admettre mercredi à la vie nouvelle. »

Après la citation d'une lettre adressée le 3 juin par « le Père suprême à son père selon la chair, » la légende continue ainsi :

« Enfantin avait plus que le sentiment de l'amour filial à respecter et à satisfaire dans l'ordre de la nature ; le vieil homme en lui avait connu aussi les tendres émotions, les joies et les douleurs de l'amour paternel. Il avait un fils né en 1827, et dont il avait cru ne pouvoir, par considération purement doctrinale, épouser la mère selon les formes sacramentelles de l'ancien monde (1). »

On conçoit pour Enfantin l'empêchement *doctrinal* au mariage avec la mère de son fils. S'il l'eût épousée en effet, adieu l'*appel à la femme* ; il n'y avait plus de fauteuil vide à côté de celui du Père suprême.

Voici la curieuse lettre qu'il écrit à cette dame :

« Chère amie, le grand jour que tu désirais tant pour Arthur approche. Je t'ai dit ce que nous devions faire publiquement mercredi, *revêtir l'habit d'apôtre*, ouvrir aux yeux de tous la route du *monde nouveau*.

« Je pourrai, je l'espère, annoncer à mes enfants rassemblés autour de moi que j'ai terminé les malheureuses affaires de *mon père*... Après avoir parlé de *mon père*, je veux parler de *mon fils*, et le présenter à l'adoption solennelle de tous ceux qui me nomment avec amour leur *père*, assurer ainsi son nom et son avenir, afin que tous ceux qui marchent avec moi dans notre apostolat mâle, et qui ont aussi des enfants, sachent et prouvent que, loin de briser les sentiments de famille, comme tant d'hommes l'ont prétendu de nous, nous leur donnons plus que jamais, au contraire, les consécrations d'une religieuse publicité.

« Chère amie, je t'ai dit la mission divine que je sentais m'être don-

---

(1) Lorsque trente ans plus tard des amis d'Enfantin le pressaient d'épouser ou de rompre, il alléguait contre ce dernier parti « qu'il avait reçu de Dieu la plus vigoureuse *constance* d'affection unie à la plus grande *mobilité* de forme, et il ajoutait en preuve ce triste aveu que les éditeurs de la *Notice* auraient dû, par respect pour sa mémoire, se dispenser de reproduire : « Moi qui ai eu jusqu'à trois années de constance même pour une fille publique.» » (*Notice-Enfantin*, t. XII, p. 51.)

née ; tu sais la grandeur de la vocation qui anime tout mon être ; et toi, mon amie, tu m'as promis de m'aimer comme je voudrais être aimé : eh bien ! que ton amour pour moi ressemble à la foi sainte qui échauffait les heureuses femmes aimées de Jésus ; avant-hier tu as déjà donné à ma vie le charme des bénédictions de l'être que j'ai tant fait pleurer, tu as ôté de ma tête chérie et respectée cette couronne d'épines que j'ai portée si longtemps arrosée de tes larmes ; mercredi la main d'Arthur dessinera sur mon front l'auréole qui marque une mission d'affranchissement pour toutes les femmes.

« Je désire que tu amènes aujourd'hui Arthur à Paris, et que tu nous le confies demain, à Holstein et à moi, pour le mener à Ménilmontant. Le soir il rapportera à sa mère un baiser du Père des Apôtres, de son père. P. Enfantin. »

Concilie qui pourra certains passages de cette lettre avec la doctrine « de l'abolition de tous les priviléges de naissance *sans exception.* »

En imposant le célibat aux apôtres, Enfantin prétendait ne porter aucune atteinte aux liens de la famille. Écoutons cependant l'adieu douloureux de madame Cécile Fournel à son mari :

« Belleville, 4 juin 1832. Mon bon et tendre ami, glorifie Dieu, nous allons enfin retrouver un but commun, et si nous vivons séparés, du moins nos cœurs sont unis dans une même pensée, un même désir, l'affranchissement de tout ce qui souffre sur la terre. Ami chéri, que ce sentiment élevé soutienne nos forces à tous deux, qu'il me rende à moi un peu de cette vie prête à m'échapper...

« Adieu, mon ami ; aujourd'hui j'ai passé deux heures avec le Père. Il m'a paru douter de tout ce que j'ai trouvé de douceur à le revoir, car je suis et serai toujours ta *timide Cécile...*

« Mercredi, mon Henri, je te verrai prendre l'habit d'apôtre et je te donnerai le baiser de sœur qu'il réclame. Je tâcherai de rassembler toutes mes forces pour t'entendre me renoncer comme épouse et ton Amélie comme enfant. Il faut de l'énergie pour une chose pareille ; je l'aurai, je l'espère.

« Reçois le tendre adieu de celle qui bientôt ne pourra plus se dire : Ta Cécile (1). »

---

(1) Je n'ai jamais eu l'honneur d'approcher madame Fournel ; je ne la connais que par ses manifestations saint-simoniennes qui, grâce à la publicité qu'on vient de leur donner de nouveau, tombent dans le domaine de l'appréciation critique. D'après les manifestations de cette dame, je suis porté à la considérer comme étant l'une des plus nobles et des plus délicates natures qui se soient laissées fasciner par les as-

Et quand on songe que ces cruels déchirements s'accomplissaient par la volonté du Père, qui jusque-là n'avait pas eu pour ses fils plus de scrupule que Régnier pour les Muses !...

---

pects généreux de la religion nouvelle. Eh bien! d'après le passage suivant d'une lettre de madame Fournel, on pourra se faire une idée du degré d'égarement où étaient parvenus les esprits sous l'influence de ce genre de fascination.

A la cérémonie du 6 juin, mademoiselle Aglaé Saint-Hilaire avait exprimé cette pensée qu'elle ne verrait dans Enfantin qu'un frère, tant que la hiérarchie garderait son caractère exclusivement mâle. Cette déclaration choqua madame Fournel dans son sentiment de vénération dévote pour le Père suprême. Elle écrivit à mademoiselle Saint-Hilaire une lettre, de forme affectueuse d'ailleurs, dans laquelle elle lui dit :

«... Je vais droit à un fait qui m'a frappée ; je veux parler de la manière dont vous vous êtes posée comme sœur du Père Enfantin. Je pense que vous vouliez parler de la fraternité ancienne, de celle dont il a parlé lui-même en vous donnant le nom de sœur, et en annonçant que son vieux père allait venir près de vous ; mais je suis persuadée que vous n'avez pas été comprise de tous, et vos paroles, en effet, semblaient s'appliquer à la fraternité religieuse hiérarchique ; quant à celle-là, je vous l'avoue, le Père Enfantin ne saurait la connaître qu'en cessant d'être le chef, car en cette qualité il ne doit trouver ni un frère parmi les hommes ni une sœur parmi nous. Son égale sera la femme qui se *sentira* et qu'il *reconnaîtra* moitié de lui-même ; ce sera celle enfin qui, le complétant, viendra constituer avec lui le couple, le pouvoir de l'avenir.

« ... Suivant moi, la grande prêtresse de l'avenir, en se mettant à côté du grand prêtre, aura seule la puissance de faire cesser cet état douloureux de séparation absolue qui doit être senti dans tous nos rapports avec ces hommes que nous aimons et auxquels nous sommes mystiquement unies dans la plus sainte des communions. Maintenant, chère Aglaé, ce qui doit surtout nous occuper, c'est de frapper l'esprit, de toucher le cœur de cette femme forte, intelligente et aimante entre toutes ; pour cela nous aurons une puissance qui, suivant moi, n'appartient qu'à nous ; à nous seules il sera donné de faire comprendre à ce monde qui lance l'anathème, la grandeur des actes qui nous arrachent tout le bonheur de notre vie ; on finira par dire (et la femme, être si prompt, si rapide dans ses inspirations, le sentira la première) : Il faut qu'il y ait là quelque chose de bon pour que celles qui nous semblent avoir tant à se plaindre, chantent les louanges de cette reli-

Enfin, pendant qu'on se bat dans Paris à l'occasion des funérailles de Lamarque, et qu'une poignée de républicains soutiennent autour de Saint-Merry l'effort de l'armée et de la garde nationale, tout se prépare, à Ménilmontant, pour la solennité de la prise d'habits.

---

gion nouvelle. Il faut vraiment qu'il s'agisse d'améliorer le sort de la classe souffrante, celui des femmes, pour qu'il n'y ait pas une sainte révolte parmi ces épouses, ces mères, ces sœurs délaissées; voyez au contraire, elles glorifient l'époux, le fils, le frère qui vient de les quitter; elles surmontent leurs souffrances pour le bien de tous... Ah! courons vers elles, diront les âmes généreuses, allons les consoler, grandir à leur côté. » (T. VII, p. 123, 124, 125.)

Peut-on concevoir une aberration plus étrange que d'attacher à la venue d'une femme la constitution même de la société humaine normale? En songeant à toutes ces braves dames qui se mettent en émoi pour découvrir la future madame Enfantin, et qui jusque-là se résignent à tant de sacrifices, on est bien tenté de s'écrier : *sancta simplicitas !*

Autour de cette bizarre conception d'Enfantin, surgissent bientôt des controverses dont le ridicule laisse loin derrière lui les disputes théologiques du Bas-Empire.

« Enfantin, est-il dit dans une note, t. IX, p. 11 de la *Notice-Enfantin*, s'était nommé lui-même, devant les jurés de 1832, le précurseur de la *femme-messie*; mais il pouvait se croire destiné aussi à en devenir l'époux. Il attendait sans impatience, mais non pas sans souffrance. Le plus grand nombre des fidèles espéraient en lui. Quelques-uns se livraient à des conjectures qui excluaient le précurseur de la *mission* d'époux. Ollivier écrivit là-dessus à Enfantin :

« Barrault et ses compagnons arrivèrent à Lyon avec un sentiment « de réaction très-prononcé contre *votre autorité*. Rigaud alla même « jusqu'à dire qu'il était possible que la mission que Dieu vous avait « donnée fût d'appeler la *femme*, sans être pour cela l'*époux*. Barrault « rejeta avec la plus grande énergie cette pensée, et déclara que la « raison de sa mission était qu'il avait connu le PÈRE et qu'il allait vers « la MÈRE, qu'il était votre lien avec ELLE. »

Sur cette même question de la MÈRE, Barrault et Rigaud vont bientôt se brouiller pendant leur mission en Orient. Le premier annonce que la Mère paraîtra à Constantinople, et cette année-là même, 1833, qu'il nomme pour cela l'année de la Mère, et qu'elle sera de la race juive.

Là-dessus Rigaud écrit à deux dames saint-simoniennes :

« Vous savez que la foi de Barrault a cessé d'être tout entière la mienne. La différence, d'abord faible, fut bientôt plus tranchée et dut

« Je désire, écrivait à ses collègues l'apôtre Talabot, que mercredi la famille, en recevant le Père, puisse exécuter religieusement les évolutions suivantes. Elle ouvrira le cercle pour le recevoir et chantera dans cette position : Salut, Père ! salut et gloire à Dieu ! Les chanteurs se mettront ensuite en face et feront entendre le chant nouveau de David, Rousseau et Duveyrier. La prise de costume aura lieu alors si telle est la volonté du Père. La cérémonie terminée, la famille exécutera une des marches instituées par le Père, en faisant entendre le chant de Bergier et David. Je vous demande, mes très-chers frères, d'indiquer dans la journée le temps nécessaire pour préparer la famille à exécuter ces divers mouvements avec *grâce, ensemble* et *dignité.* »

LXXXIV. Cérémonie de la prise d'habit.

Vient ensuite le récit *officiel* de la cérémonie :

« ...A deux heures, le retour du Père est annoncé : *Bergier* et *Pennekère* le précèdent; Michel marche à ses côtés; d'Eichthal et Holstein, *Auguste* et Desloges le suivent.

« Le soleil est dans tout son éclat.

« Le Père s'avance d'un pas lent, la tête nue, une majesté sévère est sur sa face.

« A peine il a paru, une partie de la famille l'accueille par le chant : Salut, Père, salut !

« Le père entre dans le cercle de la famille où son cortége prend place; il promène silencieusement ses regards sur elle. Ses enfants,

---

nécessiter une séparation. J'aimais, dans mes prévisions, à agrandir l'espace pour l'apparition de la MÈRE ; je refusais d'accepter des limites absolues de temps. Barrault limitait le temps et l'espace de plus en plus impérieusement, et le plus léger doute devenait une hérésie... Je cessai de reconnaître Barrault pour chef. Le lendemain Tourneux et Toché protestèrent de leur côté. » (T. IX, p. 160.)

Rigaud, au sujet de la Mère, tourne ses vues vers l'Inde et l'Himalaya. « Et aussitôt je me rappelais, dit-il, la grande illumination du poëte Duveyrier, peignant au PÈRE l'épouse nouvelle, errante aux vallées de l'Himalaya, nourrie des grandes poésies des livres orientaux, et pénétrée dans ses chairs de l'amoureuse ardeur de ces climats. »

Des douches ! des douches ! je le dis sans vouloir blesser personne, voilà ce que réclamait cette sorte de passion *hystérique,* soufflée par Enfantin à l'endroit de la Mère. — On sait en médecine que, malgré l'étymologie du mot, l'*hystérie* est une névrose qui n'affecte pas exclusivement la femme, et dont l'homme aussi est susceptible.

dont il avait été éloigné pendant trois jours, tressaillent d'une joie vive, grave, exaltée, profonde : une religieuse émotion se témoigne sur tous les visages et dans l'attitude de tous.

« Le chant terminé, le Père dit :

« Barrault, que s'est-il passé ici pendant mon absence ? »

La réponse de Barrault est trop verbeuse pour être rapportée ; elle se terminait par la demande de l'habit apostolique.

Ici une page du récit officiel, qui vaut la peine d'être transcrite :

« Le Père : On se bat au faubourg Saint-Antoine ; *Caboche*, es-tu sûr d'avoir toute la force qu'il faut, toute la *vertu* nécessaire pour diriger ce centre que je t'ai confié, et te montrer au milieu du peuple qui se bat ?

« *Caboche* : Oui, père.

« Le Père : Je ne le crois pas, et j'aimerais mieux que tu en fisses publiquement l'aveu.

« *Caboche* (après un moment de réflexion) : Il me faudrait un homme avec moi.

« Le Père : Ce n'est pas là ce dont il s'agit. Je te demande encore une fois si tu te crois digne, en ce moment, de représenter dans le faubourg que tu diriges, au milieu du peuple armé, la famille pacifique qui annonce ce que nous annonçons.

« *Caboche* (avec hésitation) : Mais, Père, il n'est pas encore temps.

« Le Père : Je ne te demande pas si le faubourg est prêt, mais si tu es prêt.

« *Caboche :* Pas aujourd'hui, Père.

« Le Père : Tu es suspendu de ta fonction ; ton père Hoart prendra spécialement la direction de ce faubourg.

« Hoart : Père, je m'en charge.

Était-ce pour éprouver Caboche que le Père lui posait cette question scabreuse ? Caboche aurait pu, semble-t-il, répondre : Y venez-vous avec moi, Père, au milieu des combattants, pour tâcher de leur faire tomber les armes des mains, suivant ce que vous avez annoncé devoir faire, si la guerre civile éclatait de nouveau dans la capitale ?

Une telle démarche, quelle qu'en pût être l'issue, aurait eu quelque chose d'autrement grand et même religieux que la continuation de la cérémonie dans les formes suivantes :

« Le Père : Mes enfants, je vous ai écrit en vous quittant que je voulais vous préparer en moi à revêtir l'habit d'apôtre ; je suis prêt, et j'ai hâte de porter ce costume, signe de paix et d'affranchissement, car le peuple a besoin de le connaître ; Paris l'appelle avec sa voix de mort. »

(*On entend le canon de Saint-Merry et la fusillade*).

` Poursuivant son allocution, le Père raconte l'emploi de ses trois jours d'absence :

« Je suis allé aussi chez une femme que je n'avais pas oubliée, mais dont je m'étais éloigné : voilà son fils ! (Le Père prend dans ses bras un enfant qu'il embrasse ; il traverse le cercle et le porte vers Holstein qui embrasse l'enfant ; le PÈRE le caresse encore et le remet à Aglaé.) Aglaé le rendra à sa mère, qui est en ce moment chez Cécile ; l'affection de ces trois femmes rend mon passé léger. J'ai l'âme calme...

« Je me suis occupé avec Bouffard et Hoart de la division de notre apostolat en *régulier* et *séculier*, comme le chrétien distinguait son clergé. J'ai chargé Bouffard et Hoart de suivre tous nos intérêts passés avec le monde que nous quittons. Aujourd'hui même j'ai donné à Bouffard le pouvoir de disposer pleinement de ce que, selon la loi du monde, je possède ; je ne veux plus et ne peux plus signer un *acte* en ce monde, et les hommes qui marcheront à côté de moi, portant le même habit que moi, n'en signeront pas davantage ; tous nous serons libres des entraves du monde ; nous aurons renoncé à ce que les chrétiens appelaient *Satan et ses pompes*... »

Combien dura-t-il, ce renoncement?

L'auteur du traité de fusion des compagnies de chemins de fer et plusieurs de ses apôtres, mêlés comme lui aux tripotages dont la construction et l'exploitation de nos grandes lignes ont été l'occasion, ne boudèrent pas longtemps Satan et ses œuvres.

Mais, pour le moment, nous en sommes à la mystique solennité du 6 juin 1832.

« LE PÈRE dépose son habit du vieux monde ; assisté d'*Auguste* (Chevalier), attaché à son service personnel, il revêt l'habit apostolique.

« (Au moment où le PÈRE achève de s'habiller, un pavillon aux couleurs rouge, blanche et violette est hissé au mât placé sur la terrasse.)

« LE PÈRE demande ensuite à Auguste s'il est prêt. (Il lui fait donner le costume et lui attache de sa main le premier bouton du gilet.)

« LE PÈRE : Ce gilet est le symbole de la *fraternité ;* on ne peut le revêtir à moins d'être assisté par l'un de ses frères... »

Le gilet apostolique se boutonnait en effet, par derrière, sur le dos ; et voilà une des ingénieuses imaginations d'Enfantin : mettre l'homme dans l'impossibilité de s'habiller seul !

Après avoir parodié certaines formalités rituelles du catholicisme, le voici qui emprunte à la franc-maçonnerie les signes cabalistiques :

« LE PÈRE : Mes enfants, je ne vous embrasse plus ; désormais nous

avons à nous donner entre nous les signes caractéristiques de la PATER-
NITÉ, du PATRONAGE, de la *fraternité*.

« Viens, Holstein. (Il reçoit dans la main droite la main droite d'Holstein et il lui pose la main gauche sur l'épaule droite). Voilà le signe de
la PATERNITÉ.

« (Il présente, croisées, la gauche au-dessus de la droite, les mains
à Holstein. Holstein les saisit de ses mains croisées dans le même ordre).
Voilà le signe du patronage. »

Je fais grâce au lecteur du signe de la *fraternité*.

La plupart des apôtres revêtent le costume. Deux ou trois disent
qu'ils ne sont pas prêts.

Quand arrive le tour de *Raymond Bonheur*, il s'exprime ainsi :
« Père, je suis faible, mais vous savez ce qui fait ma faiblesse, c'est la
situation de ma femme, aujourd'hui ma sœur, et de nos enfants. Dieu
n'abandonnera pas les êtres dont le sort m'inquiète quelquefois. Ma
foi en vous, PÈRE, fait ma force. »

Peintre lui-même, R. Bonheur était le père de la célèbre artiste qui
s'est illustrée par un talent sans rival dans la peinture des animaux.
Après la dispersion de la famille saint-simonienne de Ménilmontant, on
le vit, pendant une année, avec sa tunique et son béret d'apôtre, dans
le passage Colbert, où sa femme tenait un petit commerce. Homme de
sentiment plus que d'intelligence élevée, Bonheur succomba à une
maladie du cœur et ne put jouir des succès que l'avenir réservait à sa
fille et à un de ses fils, peintre aussi d'un mérite éminent.

Je reviens à la cérémonie du 6 juin. La prise de costume terminée,
le Père commande à la famille de rompre le cercle et de prendre les
rangs de marche. Pendant que les rangs se forment, le Père, marchant -
devant la famille, dit :

« Le jour n'est pas éloigné où nous montrerons notre habit hors de
cette maison. Dimanche nous sortirons.

« Lorsque nous sommes venus à cette retraite, nous nous sommes
arrêtés dans notre route à une tombe, celle de ma mère. Nous avons
passé silencieux ; mais là où nous avons été muets, dimanche nous aurons une parole.

« Nous irons ensuite sur le chemin de Vincennes, là où, en 1814,
j'ai servi une pièce sous l'uniforme de l'École polytechnique. C'est là
que je donne rendez-vous à tous ceux qui nous aiment.

« De là nous nous rendrons ensemble à Saint-Mandé ; nous irons
visiter le berceau de cet enfant que j'ai mis au monde de mes mains ;
j'étais seul auprès de la mère.

« Et quand j'aurai fait avec vous cette course, qui est une dernière

revue de mon passé, nous reviendrons ici afin de nous préparer ensemble à notre avenir. — Marchons !

« La famille, ayant le PÈRE à sa tête, se met en marche ; elle entonne
le chant : *Peuple, si notre voix réclame*, et consacre le jardin par une
procession. » (*Notice*, VII, p. 112, 113.)

Est-ce assez de bouffonneries sous couleur et sous rubrique de religion ?

Ah ! si j'avais eu quelque idée de ce qui se faisait dans le sanctuaire
de Ménilmontant au moment même où je prenais mes dispositions
pour m'y rendre, je n'aurais jamais quitté mon modeste emploi dans la
médecine navale pour aller figurer comme comparse dans de si vaines
et si grotesques parades.

LXXXV. La personnalité d'Enfantin.

Ce qui toutefois, au milieu de cette mise en scène, est caractéristique, c'est le soin que prend Enfantin de tout rapporter à lui-même
et de solenniser chaque événement qui lui est personnel. Evidemment
c'était là une folie d'ambition et d'orgueil, et cette folie, Enfantin la garda
toujours : témoin la persévérance de sa prétention à se faire appeler
Père jusque dans les dernières années de sa vie.

Ce trait dominant du caractère d'Enfantin s'accuse dans toutes ses
manifestations.

A l'occasion de la mort de sa mère, un dissident, Abel Transon,
écrivit une lettre de condoléance très-sympathique, adressée à mademoiselle Aglaé Saint-Hilaire, et qui commençait ainsi :

« Je viens d'apprendre le malheur arrivé à Enfantin ; je sens qu'il
doit bien souffrir et vous aussi... »

Sous l'inspiration d'Enfantin, mademoiselle Saint-Hilaire répondit :

« Merci, Transon, de votre souvenir ; mais celui qui a pu vous apprendre à aimer votre mère, dites, ne lui donnez-vous pas, au fond de
votre cœur, le titre de *père* ? Et s'il n'en est pas ainsi, comment donc
l'aimez-vous encore ? Ah ! sachez-le bien, il mérite toujours vos respects,
et c'est vous faire bien petit que de ne pas sentir qu'en le nommant, il
doit être pour vous plus qu'un camarade. » *Not. hist.*, VI, p. 235.

Franchement, à mon estime, Transon l'eût-il pris sur le ton de l'égalité avec M. Enfantin, qu'il ne faisait aucun tort à celui-ci.

J'ai éprouvé moi-même combien on blessait la vanité d'Enfantin quand
on ne lui donnait pas ce titre de Père, emblème de la supériorité qu'il
s'attribuait sur tous ses contemporains.

Lorsque, après avoir observé l'épidémie cholérique de Givet en 1849, je me fus convaincu que le mal se transmettait et que la transmission s'opérait surtout par les déjections des malades, j'exposai dans plusieurs communications adressées à l'Académie des sciences et à l'Académie de médecine ces deux points de la prophylaxie à employer : 1° séparer les cholériques des autres malades dans les hôpitaux ; 2° désinfecter immédiatement par les chlorites et le sulfate de fer les déjections. J'attachais la plus grande importance à ces deux pratiques qui ont été en dernier lieu recommandées, après l'épidémie de 1865, par la direction de l'Assistance publique, et je cherchais tous les moyens de publicité pour les propager. A l'époque dont je parle (décembre 1849), Enfantin dirigeait avec Ch. Duveyrier un journal politique, le *Crédit*. Le choléra sévissait encore sur plusieurs points de la France. Pénétré de l'efficacité des moyens préventifs qui m'avaient réussi à Givet contre la propagation du mal indien, je mettais beaucoup d'ardeur à les faire connaître et apprécier. J'allai donc un jour, avec une note à ce sujet, dans les bureaux du *Crédit*. J'y trouvai M. Enfantin que je n'avais pas revu depuis 1832. Il s'avança au-devant de moi et me tendit la main avec bienveillance. Mais dès que j'eus dit *Monsieur*, au lieu de *Père*, son attitude et son visage changèrent subitement. Une froideur hautaine succéda au premier mouvement affectueux, et je compris que ma cause était perdue. En effet, le Père allégua deux ou trois fins de non-recevoir contre l'insertion que je demandais, et nous nous séparâmes sur une sèche formule de politesse, lui se disant probablement à mon sujet : « Toujours cette incorrigible petite tête bretonne ! » et moi pensant de lui : Toujours la même infatuation pontificale !

Je n'ai, depuis cette époque, rencontré M. Enfantin qu'une fois, au convoi de Jules Lechevalier, en juin 1862.

A propos de ce dernier et de Transon, qui l'avaient quitté en novembre 1831 pour se rallier à la doctrine sociétaire de Fourier, Enfantin, dans sa lettre à Capella, déjà citée, exprime naïvement quelle haute opinion il avait de lui-même :

« Songe que tu me quittes parce que tu ne me vois plus marcher, et que tu attends quelqu'un qui marchera ; or si je te demande qui te présente plus que nous des chances de course glorieuse, je ne pense pas que tu en sois à croire que Transon et même Jules aient meilleures jambes que moi, ce serait trop fort ! — Que si tu penses à Fourier, rappelle-toi que Jules, qui certes s'y est jeté à corps perdu, ne se déclare pas même le disciple de cet homme de génie : tires-en la conclusion pour l'homme et la doctrine. » T. VII, p. 27.

Que J. Lechevalier se déclarât ou non disciple de l'homme dont il adoptait la doctrine, qu'importe quant à la valeur de celle-ci ? Et pour ce qui est de savoir lesquels avaient meilleures jambes, Enfantin ne se doutait pas qu'en devenant phalanstériens, ses ex-disciples avaient chaussé des bottes de sept lieues qui leur donnaient une avance énorme sur lui, dans le champ de la théorie du moins, car, en fait d'applications sociales, il ne suffit pas d'avoir une conception supérieure ; **on ne peut rien tenter sans un concours suffisant de personnes et de ressources diverses.**

Quoi qu'il en soit de ces premiers transfuges du saint-simonisme passés à l'École sociétaire, ils ont eu beaucoup d'imitateurs, tandis qu'on n'a jamais vu personne abandonner la doctrine de Fourier pour adopter celle de Saint-Simon et proclamer la supériorité de la seconde sur la première.

Citons à ce propos la réponse que vient de faire au journal le *Figaro*, qui l'avait désigné comme *ex-phalanstérien*, un de nos amis, M. Courbebaisse, ingénieur en chef des ponts et chaussées à Rochefort : « Ce qu'il y a de piquant, dit M. l'ingénieur Courbebaisse, c'est que j'ai toujours soutenu que, lorsqu'on avait été phalanstérien, on ne pouvait pas plus cesser de l'être qu'on ne peut cesser d'être mathématicien quand on l'a été, abandonnât-on à jamais l'étude ennuyeuse des mathématiques. »

Pour revenir aux exemples de suffisance inouïe qu'offre partout le langage d'Enfantin, il n'y a vraiment entre eux que l'embarras du choix.

Dans une lettre adressée à Ollivier et à Simon après la crise de novembre 1831, le Père suprême s'exprime ainsi :

« Quant à Simon, Caroline est bien dans sa foi ; j'ai manqué voir un vrai miracle plus prodigieux que ceux des chrétiens : elle a presque *douté* de moi !!!! Y a-t-il assez de points d'exclamation ? » (*Notice*, t. V, p. 57.)

La fameuse lettre à Duveyrier sur le *calme*, écrite antérieurement à la scission, se terminait par ces lignes :

« Une simple lettre !.. Elle ne me sera pas adressée. Votre lettre à Bordillon est bien belle, mais c'est une simple lettre ; elle est adressée à Bordillon. Lorsque vous aurez à parler à Moïse, à Jésus, à Saint-Simon, Bazard et moi recevrons vos paroles ; elles nous seront vraiment adressées.

« Votre Père a dit ; vous pouvez parler. »

La même présomption éclate dans les manifestations des dernières années de la vie d'Enfantin.

Après avoir, en 1861, achevé son travail sur la *Vie éternelle*, l'auteur écrit à son ami Arlès à propos de ce livre :

« Je crois qu'il sera MEILLEUR pour 1961 que pour 1861, et je ne crois pas avoir encore exprimé aussi clairement et aussi purement notre dogme.

« J'ai dit à tous les hommes : je t'aime, comme on ne l'avait pas dit depuis Jésus-Christ. »

Cette lettre, écrite de la campagne de son ami Blaise (des Vosges) en Loir-et-Cher, Enfantin la termine ainsi :

« Je n'ai pas lu un journal, quoique Blaise en reçoive beaucoup; je n'ai pas même pensé aux chemins de fer et aux eaux, quoique Sellier fût là. J'ai vécu dans la vie présente, TOUT PLEIN DE MA VIE ÉTERNELLE, RA-NIMANT LES GRANDS PASSÉS ET LES GRANDS AVENIRS QUI VIVENT EN MOI. A Dieu et à vous. P. Enfantin. » (Ouv. cité, t. XIII, p. 128).

On voit qu'à trente ans de distance, Enfantin reste bien, quant à l'opinion qu'il a de lui-même, tel qu'il se montrait dans les représentations théâtrales de la salle Taitbout et de Ménilmontant.

LXXXVI. Le procès.

On sait comment, en 1832, un procès avait été maladroitement, et bien inutilement surtout, intenté au Père suprême et à quelques-uns de ses apôtres. Ils furent cités le 27 août devant la cour d'assises de la Seine, sous la double prévention de réunions prohibées par l'art. 291 du Code pénal et d'outrage à la morale publique à raison de deux enseignements d'Enfantin et d'un article de Duveyrier publié dans le GLOBE sous ce titre : *De la femme.*

Enfantin ne songea plus dès lors qu'à tirer parti de l'occasion qui lui était ainsi offerte de produire de l'effet.

« Il faudra, écrivait-il à son ami Arlès, il faudra que nos enfants de province et ceux de Lyon surtout profitent de la situation où nous mettra le procès pour se placer en face du monde avec quelque chose de plus neuf à lui dire que ce qu'ils ont puisé jusqu'ici dans nos *ouvrages;* nous leur fournirons, je l'espère, un vigoureux aliment à leur activité apostolique. » (*Notice* VII, 193.)

A un autre adepte il mandait :

« Vous êtes inquiet, cher enfant, de notre procès, et pourtant vous savez bien que nous avons là une scène plus vaste que jamais, grâce à la publicité des actes de la justice. Or que nous faut-il de plus? N'êtes-vous pas sûr que le succès de l'apôtre est en raison de la scène où il est placé? Soyez plein d'espoir, et surtout ne mesurez pas notre vie avec le mètre vulgaire; il ne s'agit pas de savoir si nous serons *con-damnés* ou *absous,* pour cela il faudrait qu'on pût *dire raisonnable-ment* de nous que nous sommes *accusés;* apôtre ou accusé sont synonymes pour le monde; mais pour nous, vous savez bien que nous sommes assez forts pour croire que Dieu nous a donné mission de *juger* le monde; soyez rassuré sur la manière dont nous nous en acquitterons. »

Cette jactance voulut se maintenir vis-à-vis de la cour et du jury. Mais, hélas! elle y fit triste figure. J'étais là, je suivis, mêlé au public, les audiences du procès, dans des dispositions toutes favorables à la défense, toutes hostiles à l'accusation. Et pourtant l'impression que je reçus des débats fut loin de relever dans mon esprit l'opinion qui m'était restée du Père et de son entourage.

Enfantin avec ses poses, ses réponses entrecoupées par de longs silences pendant lesquels il agissait, prétendait-il, par la *puissance du regard*, impatienta non-seulement la cour, mais encore la partie de l'auditoire la plus sympathique aux novateurs poursuivis.

Michel Chevalier fatigua aussi tout le monde en s'obstinant à lire, deux heures durant, ses articles du GLOBE, et en se vantant des témoignages d'approbation de certains hommes d'État de la Prusse ; car c'est de longue date que les saint-simoniens ont un faible pour la Prusse. Ce qui n'empêchait pas toutefois Enfantin d'admirer et de *bénir*, comme on le verra plus loin, la main de l'Autriche absolutiste comprimant l'Italie.

La parole déclamatoire de Barrault qui avait été l'un des orateurs de la salle Taitbout les plus applaudis; l'argumentation méthodique de Léon Simon; l'exposé dogmatique de Lambert, tout cela laissa l'assistance indifférente et froide. Un seul d'entre les apôtres trouva des accents chaleureux qui émurent un instant le public et les jurés eux-mêmes : ce fut Duveyrier. Une parole de Lambert, défenseur de Michel Chevalier, doit être notée, parce qu'elle est, comme tant d'autres hâbleries des nouveaux théocrates, en contradiction flagrante avec la conduite qu'ils ont tenue depuis :

« M. l'avocat général déclare qu'après le verdict, ceux des prévenus qu'il n'aura pas frappés pourront reprendre dans le monde une position honorable. Ce conseil est bizarre : les saint-simoniens, après quatre années consacrées à l'apostolat, n'iront pas reprendre le frac bourgeois et mourir dans une sphère où l'on étouffe faute d'air, et où l'on ne dit rien pour l'émancipation du peuple et des femmes ! »

Les saint-simoniens, à quelque temps de là, non-seulement ont repris, et avec toute raison, le frac bourgeois, mais plusieurs ont endossé sans aucune façon les habits à broderies diverses, jetés sur leurs épaules par le pouvoir. Lambert lui-même échangea son béret contre le fez musulman, et devint, avec le titre de bey, directeur de l'École polytechnique fondée par le vice-roi d'Égypte.

Après la condamnation, qui n'aurait servi qu'à faire vivre la religion nouvelle si elle fût née viable, à quelles réflexions va se livrer le Père?

« Il considérait, dit la Notice, comme inévitable et nullement décourageant que les flétrisseurs d'Aristophane, de Mélitus, de Caïphe et de Festus ne s'aperçussent pas qu'ils risquaient de passer pour les imitateurs des gardiens fanatiques de la tradition païenne ou juive, en renouvelant les railleries et les persécutions des polythéistes d'Athènes et des Saducéens de la Judée contre un réformateur qui avait la prétention d'enseigner au monde une morale et une religion nouvelles, et qui, dans ses réponses comme dans ses enseignements hardiment continués devant les juges, ne s'était pas montré trop au-dessous ni du maître de Platon ni du disciple de Jésus.

« Il suffit, en effet, de se rappeler l'attitude et le langage de Socrate et de saint Paul devant leurs interrogateurs officiels, et de mettre en regard le langage et l'attitude d'Enfantin, pour se convaincre que le rapprochement que nous indiquons ici entre le précurseur philosophique du christianisme galiléen et le grand-apôtre des Gentils d'une part, et l'interprète le plus hardi et le plus complet du saint-simonisme, de l'autre, n'a rien d'excessif, rien de trop partial en faveur de ce dernier... » (Notice historique, Enfantin, t. VIII, p. 3 et 4.)

Je laisse à la sagacité du lecteur le soin de rechercher par qui a pu être établi un semblable parallèle.

C'est à propos de ces pastiches du christianisme que le Père, au moment d'entrer en prison, ayant fait convoquer les anciens saint-simoniens, même scissionnaires, « pour visiter avec lui les tombeaux de la famille nouvelle, » s'attira de la part de J. Reynaud cette écrasante réponse :

« J'ai refusé de faire une action pieuse en votre compagnie, parce que je ne veux point coopérer à la construction de votre Évangile nouveau, et parce que je respecte trop la passion de Jésus-Christ pour ne point éprouver du dégoût et de la douleur aux parodies et aux plagiats que vous en essayez. »

LXXXVII. L'annonce des grandes missions, ou plus justement le *sauve qui peut*.

La Notice porte sur les faits consécutifs à la condamnation prononcée contre Enfantin et Michel Chevalier, des appréciations qui sont autant de contre-vérités.

« Le moment, y lit-on, était venu pour Enfantin de dire à ses disciples : *Allez et enseignez...*

« La dispersion du groupe apostolique de Ménilmontant ne pouvait d'ailleurs être longtemps différée, après qu'elle avait été prononcée par un arrêt définitif. Si cet incident judiciaire influa sur la détermination des saint-simoniens, c'est le cas de reconnaître que la Providence se sert bien souvent des ennemis aveugles d'une doctrine pour en aider la propagation. » (T. VIII, p. 95.)

Suivant le récit de la Notice, l'heure des grandes missions avait sonné pour les saint-simoniens. « La retraite est finie, écrivait Michel Chevalier, nous allons déborder sur le monde.

« Bénissons Dieu dont le saint nom a été par nous réappris à la terre ; bénissons le Père, par qui toutes ces choses s'accomplissent ; bénissons la Mère, dont le baiser nous récompensera de nos œuvres. »

Malgré toute la solennité donnée à leur départ de Paris et à leur arrivée à Lyon, les missionnaires dirigés vers cette dernière ville firent un *fiasco* complet. La masse de la population ouvrière se montra indifférente.

Lorsqu'un second groupe d'apôtres, composé de Massol, Rogé, Dumolard et Casimir, partit pour la même destination, le 7 novembre 1832, la famille les accompagna jusque sur la place de Belcour. Là le Père, accompagné de Holstein, apparaît inopinément. Il charge Michel de remettre aux partants leurs écharpes.

Michel leur dit : « le Père me charge de vous remettre ces écharpes qu'il a portées ; arrêtez-y souvent vos yeux.

« Le Père : Elles me viennent de mon frère.

« Je vous avais dit encore, le 6 juin, en vous montrant un enfant, Arthur, auquel je donnais solennellement devant Dieu, devant vous, ma paternité jusque-là ignorée, que je vous amènerais au lieu où seul, auprès de sa mère, je l'avais reçu de Dieu. Nous y sommes, c'est à Saint-Mandé, c'est pour toi surtout, Massol, que je rappelle ce souvenir, car en ce jour il faut que je t'enfante, il faut que tu sois tout à fait homme, et que ta vie d'irrésolution cesse.

« Casimir et Dumolard, je vous ai donné l'écharpe de mon frère ; Rogé, tu portes déjà le manteau de mon frère ; toi, Massol, je ne t'ai rien donné encore, tu auras aussi quelque chose de mon frère, car c'est le jour de la fraternité ; prends ce couteau, il me vient de lui. » (VIII, 155.)

Tout cela fait plus que toucher au grotesque.

Les apôtres s'éloignent successivement, et non pas toujours du consentement et avec l'agrément du Père.

Voici en quels termes d'Eichthal, le représentant fidèle de la race et de l'élément sémitique parmi les saint-simonniens, signifie à Enfantin qu'il prend congé de lui :

« Tu n'as pas compris, ô Père, l'inspiration de tes fils qui s'éloignaient de toi, *cela devait être.*

« Tu n'as pas pour eux non plus deviné *l'œuvre du moment, cela devait être.*

« Il faut qu'il naisse au cœur de tes enfants et au sein du monde des choses que ta prévision ne peut embrasser; car autrement Dieu serait *homme seulement*, et il est ʜᴏᴍᴍᴇ ᴇᴛ ꜰᴇᴍᴍᴇ. Tu nous as souvent dit ces choses, et cependant lorsque le moment est venu de les appliquer, ton cœur s'est troublé.

« Tu as cru qu'il s'agissait de ᴛᴇ *faire un peuple*, un peuple pour ᴛᴏɪ; cela n'est pas. L'œuvre aujourd'hui, c'est de toucher le monde pour que naisse *immédiatement l'apostolat féminin ;* car il est prêt à naître.

« Nous avons aujourd'hui à passionner le monde, non pour ᴛᴏɪ, mais pour celle qui viendra; c'est pour ᴇʟʟᴇ, non pour ᴛᴏɪ, que nous ferons un peuple; mais ᴇʟʟᴇ te l'amènera.

« C'est au nom du nouvel être mystique que nous devons répandre à travers la France l'ardeur d'une *révolution* nouvelle. Comme on criait *liberté, fraternité*, on criera *le peuple* et les *femmes*, et comme on adorait la *déesse Raison*, on adorera le *Messie-femme*.

« ... N'espère pas garder autour de toi le groupe d'hommes qui y est rangé aujourd'hui; la puissance des *femmes* te les enlèvera tous successivement. De même que tu ne peux rien réaliser, ni en morale ni en politique *sans la femme*, tu ne peux non plus réaliser une famille; il faut qu'elle te trouve seul. G. d'Eɪᴄʜᴛʜᴀʟ. » (*Ibid.*, p. 146, 147, 148.)

Sur cette déclaration, d'Eichthal et Duveyrier quittèrent Ménilmontant le jour même, 3 novembre 1832.

Je ne puis ici me défendre d'une réflexion : si trois mois auparavant les sublimes apôtres avaient consenti à entendre les raisons par lesquelles le dernier venu parmi eux et le premier à s'éloigner motivait sa retraite, ils auraient pu s'épargner la nécessité pénible d'annoncer au Père leur abandon par un manifeste dont la *Notice*, en le qualifiant de prédiction hardie, trouve l'expression singulièrement *dure*.

Ces défections successives, colorées de raisons plus ou moins spécieuses, parce qu'on ne voulait pas s'en avouer la véritable cause, comment Enfantin les supporte-t-il?

Semblable à un enfant auquel on enlèverait ses joujoux, il se désole et il pleure.

« Le 14 novembre, est-il écrit dans la *Notice*, la tristesse d'Enfantin eut exercé une influence assez grave sur sa santé pour donner des inquiétudes aux apôtres restés près de lui. Michel Chevalier eut alors l'idée d'appeler Olinde Rodrigues à Ménilmontant. Il lui fit porter ce billet par Alexis Petit :

« Rodrigues, le Père est malade, il souffre, il pleure, lui!

« Il appelle son père; son vieux père, son père selon la chair n'est pas près de lui. Il vient.

« Mais il nous disait il y a peu de jours que vous étiez aussi son Père, son Père selon l'esprit.

« Rodrigues, je vous prie de venir le voir. » Michel.

Au porteur de ce message, Rodrigues répondit très-sensément :

« Je ne puis comprendre ce que Michel veut de moi. Enfantin souffre, je ne vois pas en quoi ma présence peut lui être utile, puisqu'il souffre pour des causes dans lesquelles je ne suis pour rien et que j'avais bien prévues; c'était le dénouement. »

Petit alléguant que le Père avait conçu l'idée et même l'espoir d'une réunion de personnes entre lui et Rodrigues, ce dernier répondit : « Une réunion de personnes ne peut être amenée que par une réunion d'idées, et je me trouve toujours aussi éloigné des idées émises par Enfantin.

« Il demande son vieux père, il ne me demande pas; or nous ne sommes pas des enfants, et une réunion de lui à moi est chose assez grave pour que lui-même la demande. C'est Michel seul qui m'écrit en son propre nom.

« Qu'irais-je faire auprès d'Enfantin? Je ne suis pas en communion d'idées avec lui, et nous ne nous entendrions pas plus que par le passé; je n'ai rien approuvé de tout ce qui s'est fait depuis notre séparation, *costume*, etc. Lui dirais-je que je regrette cette profonde dissidence d'idées; qu'il est fâcheux que ces graves débats aient été soulevés? Mais c'est un fait accompli, et je suis sûr qu'Enfantin le regrette comme moi; nous n'avons pas besoin de nous le dire. » (*Ibid.*, p. 181.)

Rodrigues présumait trop du bon sens d'Enfantin. La preuve que le Père suprême n'est jamais venu à résipiscence, c'est la publication même des treize volumes auxquels j'emprunte ces documents, publication par lui préparée, couvée avec amour, on peut le dire, puis prescrite par une clause formelle de son testament, en exécution de laquelle elle s'est faite.

LXXXVIII, Enfantin au point de vue industriel et politique.

Mais je me suis assez occupé, trop longuement occupé peut-être, d'Enfantin comme novateur religieux. Volontiers je laisserais maintenant le Messie pour envisager un moment le personnage au point de vue exclusivement politique et industriel, si lui-même n'avait gardé partout et toujours son rôle d'hiérophante et de pape d'un nouveau culte.

Parti au commencement de 1834 pour l'Égypte, où Lambert l'avait précédé, le Père, en appelant à l'y rejoindre Hoart et Bruneau, leur recommandait en soulignant quatre fois :

« LISEZ SAINTEMENT CE QUE J'ÉCRIS...

« Le travail pour lequel je vous appelle est la préparation de la grande œuvre de Suez.

« Et plus loin encore Panama.

« Pour marcher vers ce nouveau monde, nous aurons au moins formé ici les cadres de notre armée.

« Plus que jamais, je vous le répète, je sens la régulière continuité de la grande vie que Dieu m'a donnée, et je n'y vois pas de lacunes. Je façonnerai son *globe* sous l'inspiration de ma foi dans l'amour des Femmes et de la Mère, comme j'ai *pétri l'intelligence* humaine sous l'inspiration de Saint-Simon, notre maître. » (*Notice* IX, 206, 212.)

Et la lettre se termine par cette métaphore : « Songez que je suis le bras de votre Dieu et que je vous fais signe. P. Enfantin.» (*Ibid.*, 214.)

Cependant, plus d'une déception amortit ces transports d'enthousiasme.

Plusieurs membres de la petite colonie saint-simonienne succombèrent aux atteintes de la peste. A ce sujet, le Père écrivait le 12 juin 1834 :

« Fourcade, Busco, Lami, Alric, Maréchal, morts au Caire; c'est un douloureux mystère dont Dieu ne me révèle pas le sens apostolique, et qui fait encore tomber sur nos têtes bien des larmes de mères, de sœurs, de femmes; quand donc donnerons-nous la vie? » (T. X, 100.)

Ainsi Enfantin dans chaque événement prétend découvrir une révélation de Dieu, un *sens apostolique*.

Enfantin revint d'Égypte en 1836, déclarant avec sa solennité accoutumée que « désormais l'apostolat *populaire* est fini, et que maintenant va commencer l'apostolat *royal*, l'appel aux princes et aux grands. »

Le Père adresse en conséquence au roi Louis-Philippe, au duc d'Orléans, à M. Guizot des lettres tendant à les pousser vers le régime industriel.

Cette évolution, rapportée comme tous les actes du Père à l'inspiration directe de Dieu, l'amène à contredire le langage qu'il avait tenu deux ou trois années auparavant.

Le 10 novembre 1833, Enfantin écrivait à ses fils Hoart et Bruneau, à Lyon : « Je ne saurais trop vous recommander le *costume:* Grâce à Duveyrier et à d'Eichthal qui avaient autre chose en tête, on n'a presque rien fait ici sous ce rapport; mais Lyon doit marcher vigoureusement dans cette direction. Faites sentir toute l'importance du costume. »

De retour d'Égypte, il écrit de Pougues à Arlès « que le *célibat*, le *costume*, les *chants*, le *prolétariat*, les *biens en commun, tous faits symboliques*, durent être *produits par des apôtres; —* culte minutieux, continue-t-il, anticipé, exagéré, forcé, tuant, que certains hommes ont dû momentanément accomplir pour l'enseignement futur, vie exceptionnelle que vous avez parfaitement senti n'être pas à votre usage, superstition exaltée qu'il a fallu avoir hors du monde pour frapper le monde. » (T. X, p. 175.)

Ainsi, l'on eut raison naguère de prendre le froc, Dieu le voulait! on a raison à présent de le jeter aux orties, Dieu le veut! Enfantin était arrivé à ce point de ne plus rien faire que par l'inspiration formelle d'en haut et pour un mystérieux dessein de la Providence.

Ici l'auteur de la *Notice* trouve encore matière à exalter Enfantin : « S'il n'est plus le chef suprême d'un corps apostolique, il est toujours le premier parmi tous ceux qui partagent son idée, la plus élevée, la plus large, la plus profonde qui ait été conçue sur Dieu et sur l'humanité. Le Père suprême de Ménilmontant a disparu, l'époux futur de la femme-messie a voilé sa face. » (*Ibid.*, p 176.)

Il me semble entendre le lecteur demander grâce et crier : Assez! assez! la cause du Père est entendue.

Mais en politique proprement dite, quelles étaient les vues personnelles d'Enfantin?

Il n'est pas toujours facile de le discerner clairement à travers le voile de mysticisme dont il couvre presque toujours sa pensée.

La prétention d'Enfantin qu'il affiche partout, c'est de concilier le principe de l'autorité et celui de la liberté par un arbitrage *sacerdotal* supérieur, mais en laissant voir sa prédilection pour le premier, sa méfiance et son manque de sympathie pour le second.

Ainsi, dans une lettre de lui à Lambert à la date du 15 janvier 1857, on lit :

«... Le côté de l'autorité aura grand'peine à se faire supporter par tous ces hommes de liberté, si elle n'y met pas ses plus fines manchettes, mais aussi ses éperons et sa cravache.

« Ces gaillards-là m'agacent bigrement les nerfs quelquefois; mais nous devons reconnaître que nous leur avons souvent donné prise.

«... Je suis disposé à croire que les hommes de la liberté et de l'individu doivent d'autant plus faire de bruit en ce moment que l'autorité et la société font de la *besogne*.

« Malgré cela, je crois très-nécessaire de sonner, au milieu de leur charivari, la trompette dogmatique de notre pouvoir légitime, mari de madame liberté.

« Or, pour cela, il ne faut pas à toute force qu'on puisse se tromper sur notre dogme; il faut qu'on voie très-clairement que l'autorité c'est l'homme et la femme unis, que l'ordre c'est le pouvoir et la liberté mariés, qu'il ne s'agit pas pour nous de constituer un *pouvoir*, mais une religion comprenant l'autorité et la liberté, leur donnant à l'un et à l'autre soutien ou satisfaction, ou consécration. » (Ouvr. cité, t. XIII, p. 6 et 7.)

Tout cela n'est qu'une pétition de principe qui revient toujours à la solution par l'établissement d'un *couple sacerdotal*, arbitre souverain qui décide entre le supérieur et l'inférieur. » (*Ibid.*, p. 8.)

Hormis cette panacée, toute condition de garantie politique est indifférente pour Enfantin.

« Dieu m'est témoin, dit-il dans la même lettre, que je me fiche autant de l'élection par en haut que de l'élection par en bas, vu que j'aime autant l'une que l'autre...; mais j'attache une grande importance à ce que des gens restés *en dehors de ce jeu* puissent dire aux uns et aux autres : Vous avez bien ou mal choisi, et sanctionnent ou condamnent le choix. Tel est le rôle du sacerdoce futur.» (*Ibid.*, p. 9.)

Vraiment! ainsi, il n'y aura d'élection valable que sous le bon plaisir du corps sacerdotal, lequel se résume dans le couple-pontife.

Quoiqu'il fasse parfois l'aveu d'avoir été partial dans le sens du pouvoir et trop sévère pour la liberté, le Père suprême ne cesse pas de revenir à sa prédilection.

« Bien des gens, écrivait-il, ont cru que nos deux Napoléon, au lieu de faire des 18 brumaire ou 2 décembre, auraient dû donner à la France toutes les libertés imaginables (1). Ce n'est pas de *liberté* que nous avons le plus besoin aujourd'hui ; c'est d'autorité *intelligente sachant l'avenir.* » (*Ibid.*, p. 132.)

La *Notice* ajoute : « Cette autorité intelligente et exercée à l'étude de l'avenir, Enfantin avait foi qu'il la voyait en face de lui. Cependant

---

(1) Pour Enfantin « le plus puissant génie des temps modernes, c'est Napoléon. » (*Notice*, t. XIII, p. 33.)

De Napoléon III, il avait aussi la plus haute opinion, et il l'exprime dans plusieurs endroits.

En 1860, à l'époque du traité du libre échange, Enfantin écrivait à Arlès : « Je ne sais, mais je serais bien surpris si l'empereur marchait dans sa phase nouvelle avec ses hommes anciens. Peut-être le temps de M... (Michel Chevalier) est-il arrivé? Peut-être lui-même M... comprend-il tout ce que veut et peut faire l'empereur. Je dis peut-être, parce que je crois que malheureusement il n'en est pas encore là, et que l'empereur n'est pour lui qu'un Louis-Philippe avancé, plus fort que son prédécesseur en toutes choses, mais plus faible que lui, M..., en économie politique et en idées sociales et religieuses ; ce qui pourrait bien être une erreur, et, dans tous les cas, serait un obstacle à son rôle de Sully ou de Colbert. » (*Ibid.*, p. 51.)

ses aspirations devenaient parfois impatientes, et il ne trouvait pas toujours que le char du progrès marchât assez vite.

« Le fait est, mandait-il à M. Ariès (29 novembre 1861), qu'à force de mûrir toutes choses, on risque d'en laisser pourrir beaucoup, à commencer par la banque, le clergé et la bourgeoisie qui travaillent à rebours du gouvernement démocratique et social entrevu dans l'horizon de Ham... Je m'en désole et ne m'en effraye pas, parce que je sais bien que l'excès des efforts rétrogrades ne pousse que davantage en avant, mais souvent avec choc et déraillement. Tenons-nous donc l'œil ouvert et prêts à sauter. Soyons disponibles et non empêtrés dans nos bagages.»

Quand il sortait ainsi de son optimisme habituel, Enfantin avait des lueurs sur l'état réel de la société.

Il y a dans sa correspondance quelques traits charmants qui viennent à la décharge de ses rengaines pontificales. Ainsi dans une lettre du 11 janvier 1862, il disait à Arlès :

« Yvan a trouvé du sucre dans mes urines. Je me doutais de cette situation, à cause de mes altérations extrêmes... Voilà ce que c'est que d'être si bénin, si optimiste, si anodin, si sucré ! Vous n'êtes pas exposé à cela, vous, vinaigré. Les prêtres entretiennent votre santé en fouettant votre sang ; moi, ils ne peuvent me mettre en colère...»

Pendant les années 1858, 1859 et suivantes, lorsque M. Guéroult, dans le journal la PRESSE d'abord, puis dans l'OPINION NATIONALE, rompait des lances contre l'Autriche en faveur de l'Italie, Enfantin applaudissait à cette polémique d'émancipation pour la péninsule. Il paraissait oublier ce qu'il avait écrit autrefois à Henri Heine. De cette lettre, M. A. Erdan a cité, dans sa FRANCE MYSTIQUE, le fragment que voici :

« L'Autriche avec un instinct sublime, plein de prudence, de raison, de bonhomie, l'Autriche n'a pas encore pu croire que les jeunes gens des écoles, et les avocats et les médecins, et quelques bourgeois beaux parleurs de salon, connussent mieux les besoins des peuples et entendissent mieux la politique européenne et universelle que M. de Metternich et tous ses vieux diplomates et administrateurs, nés, élevés et blanchis dans les affaires...

« Si nous reconnaissons que le dogme de la liberté et de l'égalité est incomplet, imparfait pour diriger les peuples, bénissons donc l'Autriche d'avoir résisté comme elle l'a fait à l'envahissement de ces idées purement révolutionnaires et de les avoir repoussées même dans un Joseph II ; bénissons la patience sublime de ce peuple qui revenait sans cesse se faire sabrer par la révolution incarnée dans Napoléon, et ne se lassait point de son humiliation et de ses défaites ; bénissons l'Autriche de ce qu'elle donne un noble asile aux derniers représentants du droit féodal, à nos vieux Bourbons, car Dieu n'a pas dit encore son dernier mot sur la forme de la transaction par laquelle l'humanité annule un vieux *droit* et lui en substitue un nouveau ; bénissons la enfin de ce qu'elle a passé par-dessus les Alpes *une main pesante* qui comprime les peuples d'Italie... »

L'aversion d'Enfantin pour le régime constitutionnel et pour les tendances libérales se montre en plusieurs points de sa correspondance. Le 12 juin 1835, Enfantin disait dans une lettre à Lambert : « L'Europe a tellement besoin qu'on la détourne de la route où la France et maintenant l'Angleterre l'entraînent, qu'il n'y a plus de temps à perdre pour ébranler le monde par un de ces événements qui l'agitent sur tous les points. » (*Notice*, t. X, p. 100.)

Ainsi plutôt que de se résigner à voir les deux grands gouvernements parlementaires entraîner dans leur orbite les autres Etats de l'Europe, le Père suprême appelait de ses vœux une commotion pour ne pas dire une conflagration générale.

En ce temps-là, comme de nos jours, la question d'Orient préoccupait les esprits, donnant de graves soucis à la diplomatie et lui mettant par intermittence la puce à l'oreille. Il n'y a aujourd'hui rien de changé sous ce rapport, en dépit de la grande, héroïque et dispendieuse guerre de Crimée.

Or comment, dans le saint-simonisme, envisageait-on alors cette question que les cabinets se décident à laisser durer toujours, tant une solution quelconque est par eux redoutée et leur semble grosse d'incalculables périls?

Le 15 avril 1834, Barrault écrivait de Constantinople au Père :

« Il y a aujourd'hui un an que vos fils touchèrent à Constantinople et que, par ma voix, au nom de Dieu et en votre nom, Père, ils saluèrent tous, le front découvert, les filles d'Orient, voilées, esclaves.

« Je crus, j'espérai, et alors plusieurs partageaient ma foi, qu'Elle nous répondrait ; l'homme seul sembla nous entendre et il nous chassa.

« Cependant, voyant Constantinople si triste et si morne, et plus voilée dans sa gloire mâle que dans la face des femmes ; et voyant l'héritier des czars tenir suspendue sur sa tête une couronne au bout d'une épée, j'ai pensé qu'un nouvel empire d'Orient allait naître. Alors, plus radieuse, Constantinople m'a semblé plus encore la vraie figure de Celle que nous attendons ;

« Et j'ai conspiré avec les Russes, en cherchant autant qu'il était en moi à leur rendre en Europe l'opinion favorable : pour eux j'ai demandé permission de prendre leur proie.

« Je ferai autre chose : quelques jours encore et je pars pour la Russie.

« A vous, a elle, a Dieu ! »

Puis vient un post-scriptum annonçant qu'il a envoyé des articles à la *Gazette de France* et au *Constitutionnel* sur la question d'Orient. Le post-scriptum se terminait ainsi :

« République en France, — les femmes et le peuple, — le Père rappelé, la Mère dans la Russie grossie de l'empire ottoman, l'accord de l'Occident et de l'Orient. — E. BARRAULT. » *Notice hist.*, t. IX, p. 216, 217, 219.

Enfantin, dans sa réponse, applaudit au dessein de Barrault, et comme il avait appris dans l'intervalle son arrivée à Odessa, il lui mande :

« Tu es au milieu du peuple où j'ai passé plusieurs années de ma vie ; aussi était-ce pour moi jusqu'ici un mystère inexplicable de ne pas voir un de mes enfants porter une nouvelle vie dans un pays où j'étais venu, pour ainsi dire, terminer ma vie ancienne. Dieu t'y a conduit, je lui rends grâce... C'est en Russie que j'ai acheté, au prix d'une partie de ma fortune perdue en faisant le commerce, la *science des richesses*, par laquelle j'ai acquis, en France, toute la science que Saint-Simon nous a laissée. Là ma tête et mon cœur préludaient auprès de mes camarades d'école et d'une femme, à la connaissance de notre Dieu de travail, de science et d'amour. » (*Ibid.*, 221.)

Sur la question elle-même, Enfantin s'exprime ainsi :

« Tu as bien fait d'écrire en France l'impression que t'a fait éprouver la vue des dernières scènes du vieux drame d'Orient et la prévision des premières scènes du drame nouveau... Le fait politique, aussi bien que le fait industriel le plus important, se passe entre *chrétiens* et *mahométans* ; il y a là de quoi renforcer tes pressentiments sur ta primauté de salutation à la Mère ; tu es sur les bords de la mer Noire, entre Constantinople et Moscou, chez les chrétiens ; mais je suis chez les musulmans, entre la Mecque et Rome, sur le Nil. » *Ibid.*, 223.

Toujours le moi d'Enfantin, juché sur ses échasses et caressant toutefois, à propos de la Russie, une des réminiscences de sa vie de Lovelace.

J'ai eu l'honneur de connaître, il y a une trentaine d'années, la veuve d'un officier français qui, après la paix de 1815, avait pris du service en Russie et occupait, avec le grade de général, une haute position à Saint-Pétersbourg, à l'époque du séjour que fit Enfantin dans cette capitale. J'ai entendu madame de B... causer de la bonne fortune de M. Enfantin au bord de la Néwa, d'une façon qui n'était pas à l'honneur du héros de l'aventure. Mais après tout, les femmes n'ont pas, et pour cause, la même manière que nous autres hommes, d'envisager certains faits. Leur appréciation en ceci vaut mieux que la nôtre, incontestablement.

Pour revenir à la tentative de Barrault sur la Russie, elle fut arrêtée dès le début, sans égard pour le splendide cadeau de bienvenue qu'il voulait faire au czar. Au bout de quelques jours, l'apôtre, de retour à Alexandrie, mandait au Père :

« Nous avons vainement frappé aux portes de l'empire russe. Un ordre du cabinet de Saint-Pétersbourg nous en interdit l'entrée, *à raison de la secte à laquelle nous appartenons.* »

Le czar Nicolas, souverain absolu au spirituel comme au temporel, n'était pas homme à tolérer une concurrence, pas plus sous le premier rapport que sous le second.

Je ne disconviens pas que dans cette volumineuse correspondance d'Énfantin il y ait des pages qui respirent un vif amour de l'humanité et une horreur sentie pour les monstruosités civilisées.

Pendant son séjour en Algérie comme membre de la commission scientifique, il assista à quelques expéditions militaires. Au sujet de l'une d'elles il écrivait de Constantine, le 27 avril 1840 : « Mon cher Arlès, nous sommes arrivés avant-hier de notre course de 90 lieues en douze jours, avec un officier tué, deux blessés, une douzaine de soldats tués et un peu plus de blessés. Nous avons pris 50 ou 60,000 moutons, quelques milliers de bœufs, quelques centaines de chevaux, autant d'ânes et mulets, des tentes, etc. ; mais presque tout cela a été enlevé par nos tribus auxiliaires, ce qui fait que, pécuniairement parlant, le gouvernement est loin de faire ses frais. J'ai eu l'avantage de voir des têtes coupées ou des corps sans tête, de voir des blessés, d'entendre le canon et le sifflement des balles, et ce serait suffisant pour m'empêcher, si d'ailleurs j'en avais envie, de reprendre à aimer le monde tel qu'il est, et de ne plus chercher à le changer. Je me suis trouvé en superbe position pour tout voir, et j'ai eu deux heures très-solennelles.

« Je suis resté tout seul pendant ces deux heures, à une lieue de tout Français, sur un monticule d'où j'apercevais tout, combat et pillage, assis sur une ruine romaine, la bride de mon mulet en main, et repassant plus de choses dans ma tête pendant ces deux heures qu'il n'y en entre habituellement en deux années. Voilà donc ce qu'on appelle encore en 1840 porter la civilisation dans un pays! C'est horriblement bête, mais enfin, c'est un fait; les hommes de 1840 en sont encore là. Quel temps ou quel miracle faudra-il pour les en tirer? Dieu le sait, et je confesse en toute humilité que je l'ignore.

« Mais poussons ferme à la roue, car le char est bien embourbé dans le sang et dans la fange... »

Ah! si l'ancien chef de l'École saint-simonienne avait tenu plus souvent pareil langage et s'il s'était résigné quelquefois à dire avec sincérité : Je vois le mal et j'ignore le remède! Mais un tel aveu et le rôle de Messie s'excluent. Or Enfantin a voulu jusqu'au bout se persuader à lui-même et persuader surtout aux autres qu'ils avaient inauguré, Saint-Simon et lui, une ère religieuse nouvelle pour l'humanité. Cette conviction, il avait si bien réussi à la faire partager à quelques-uns de ses partisans que j'ai entendu son ami et son confident habituel, M. Arlès-Dufour, au sein de la commission pour le tombeau d'Emile Chevé, s'écrier : « Est-ce que dans un siècle ou deux il sera besoin qu'un signe quelconque annonce l'endroit où reposent les restes de Saint-Simon et d'Enfantin ? Est-ce que ce lieu ne sera pas l'objet d'un pèlerinage solennel, comme aujourd'hui le tombeau de Jérusalem pour les chrétiens et celui de la Mecque pour les musulmans? »

Naïve illusion de la foi et de l'amitié, respectable à ce dernier titre surtout!

Dès le début, les avertissements n'avaient pas manqué à Enfantin sur la fausseté de la voie dans laquelle il s'engageait. En 1828, le général Saint-Cyr Nugues, son parent et son ami, lui écrivait : « Tu veux substituer l'autorité à l'examen. Constitution, liberté, patrie sont devenues pour toi des chimères, des ennemies peut-être. Tu veux mettre l'État dans l'Église et constituer un corps maître absolu de la direction des hommes, des croyances et du pouvoir, et par-dessus tout maître de s'élire et de se perpétuer lui-même. » (*Notice*, II, p. 48, 49.)

Nulle observation n'arrêtait celui qui aspirait dès lors à une nouvelle papauté ; nul événement plus tard ne put lui faire abandonner cette folle et absurde ambition.

Chez Enfantin, l'emphase et la pose gâtaient les qualités de l'homme et faussaient les idées, les jugements du penseur.

D'un de ses anciens fils, son compagnon de captivité à Sainte-Pélagie, avec lequel il cessa de s'entendre par la suite, le Père disait parfois : « Michel, c'est un paon. » Qu'était-il donc lui-même, sinon le type du plus outrecuidant orgueil qui se soit jamais affiché?

Le dernier écrit d'Enfantin trouvé à l'ouverture de son secrétaire, après sa mort, se termine par ce mot adressé à ses disciples : « Qui de vous ne m'a pas un peu *assassiné?* »

N'avait-il donc pas commencé lui-même par les étouffer sous sa paternité veloutée, par les absorber tous dans son MOI glouton? Et ne professait-il pas la prétention inouïe d'y renfermer l'humanité tout entière?

Depuis qu'il avait cessé d'être, du moins ostensiblement, le chef d'une religion, Enfantin publia deux ouvrages :

1° En 1847, la *Correspondance philosophique et religieuse*, comprenant des lettres adressées à M. Guizot, à M. Quinet, à M. Michelet, et sept autres à un catholique qui n'est pas nommé. C'est ce qu'il y a de mieux dans l'œuvre d'Enfantin, grâce à la nécessité où il se trouvait, vis-à-vis de tels correspondants, de ne point se prévaloir de ses prérogatives de Messie et de pape ;

2° En 1858, *la Science de l'homme, physiologie religieuse*, ouvrage dédié à Napoléon III, par ce motif surtout que l'Empereur actuel sentirait revivre en lui Napoléon Ier, comme Enfantin sentait vivre en lui-même son maître Saint-Simon. — L'idée principale de cette physiologie est d'établir dans une lettre au docteur Guépin, « la noblesse, la grandeur, la sainteté de l'acte générateur et de placer les organes qui l'accomplissent au niveau de l'appareil générateur de l'idée. » P. 74.

Enfantin a en outre donné, dans la *Bibliothèque utile*, une édition populaire de sa *Vie éternelle*. — C'est là qu'on trouve, à l'adresse de Boileau, cette apostrophe pleine de délicatesse et de goût « malheureux castrat! » à propos des deux vers :

> S'il n'a reçu du ciel l'influence secrète,
> Si son astre en naissant ne l'a formé poëte.

« Trouvez-vous, dit M. Enfantin, rien de plus creux, de plus vide que ce *ciel* et cet *astre?* Mais malheureux castrat, le poëte n'est poëte qué parce qu'il est générateur du bon, du beau, du vrai, qui sont en lui et dont il répand la semence (1). »

Malheureux *castrat!* — voilà un pendant à ce *polisson* de Racine des romantiques de 1830.

Afin de ne rien omettre, il faut porter à l'avoir d'Enfantin, chapitre des bonnes intentions, son projet du Crédit intellectuel qu'il mit au jour peu de temps avant sa mort, et qui lui attira des désaveux de la part de quelques anciens disciples, les Pereire, Michel Chevalier, et Duveyrier lui-même.

On m'accusera, il faut m'y attendre, d'avoir écrit une diatribe contre Enfantin.

Qu'on veuille bien cependant le remarquer, je n'ai fait que citer les faits èt gestes et que reproduire textuellement les paroles du Père suprême et de ses apôtres, tels que les rapportent les exécuteurs testamentaires du premier, en nous présentant ces choses comme la grande œuvre, comme la merveille du dix-neuvième siècle, et en revendiquant,

---

(1) *Bibliothèque utile*, t. XXXV. P. Enfantin, *La vie éternelle*, p. 67.

à ce titre, pour leur héros, non-seulement la gloire de Socrate, mais même un peu la divinité de Jésus.

En conscience, est-ce trop d'un coup de sifflet pour tant d'insultes à la raison et au sens commun, rééditées aujourd'hui avec un accompagnement continu d'applaudissements et d'exclamations admiratives? Que si l'on pense, au surplus, avoir par cette publication rendu un bon service à la mémoire d'Enfantin, on s'est grossièrement abusé. Une dame qui venait de parcourir cette compilation, curieuse à certains égards, traduisait ainsi l'impression que lui avait laissée sa lecture : « Quel homme insupportable que ce M. Enfantin avec sa paternité perpétuelle! »

CONCLUSION SUR LE SAINT-SIMONISME.

Inspirée par un sincère amour de l'humanité, embrassée avec une ardeur enthousiaste, sous l'empire des plus généreux sentiments, par un essaim de jeunes hommes dont quelques-uns firent preuve de talent comme écrivains et comme orateurs, la doctrine saint-simonienne aboutissait directement néanmoins à la *théocratie* et à la *mainmorte* généralisée.

C'est le double grief que Fourier articulait contre elle dans une critique âpre de forme, mais décisive sur le fond, critique injuste en tant seulement qu'elle incriminait les intentions des hommes (1). Quant au fondement de ces reproches, il était surabondamment prouvé par l'ensemble des manifestations d'Enfantin et par le langage même de Bazard, le plus modeste, à coup sûr, des deux chefs du saint-simonisme.

Dans l'écrit qu'il publia une couple de mois après la scission de novembre 1831, Bazard disait :

« Ce que nous avons à faire avant toute chose, c'est de produire, d'enseigner et d'accréditer la loi morale, la loi de l'individu... Alors la femme viendra prêter à notre action toute la puissance de son concours ; alors nous pourrons entreprendre de fonder l'industrie saint-simonienne ; NOUS DEMANDERONS HAUTEMENT LA GESTION DES FORTUNES PARTICULIÈRES, ET ELLES SERONT SUCCESSIVEMENT REMISES EN NOS MAINS ; car le monde, convaincu de la supériorité de nos lumières, aura foi alors en notre moralité et en notre avenir. »

(*Discussions morales, politiques et religieuses qui ont amené la séparation de novembre 1831 dans le sein de la Société saint-simonienne.*

---

(1) *Piéges et charlatanisme des sectes Saint-Simon et Owen, qui promettent l'association et le progrès:*

Première répartie. Préface, p. xv. — Paris, janvier 1832, rue des Saints-Pères, 26.)

Le document auquel j'emprunte cette citation est signé « Bazard, l'un « des deux chefs de l'ancienne hiérarchie saint-simonienne, chef de la « hiérarchie nouvelle. »

Une telle espérance, une telle prétention formellement annoncée, la prétention d'obtenir la disposition des fortunes particulières, c'est, si je ne me trompe, la condamnation sans appel de la tentative politico-religieuse faite au nom des théories conçues par l'esprit aventureux de Saint-Simon.

Voici pourtant que d'anciens adeptes du saint-simonisme, restés plus ou moins ouvertement attachés à la secte, soutiennent que leurs principes triomphent sur toute la ligne. Dans un avant-propos mis en tête des *Notices historiques* sur Saint-Simon et sur Enfantin, au bas duquel je vois figurer, entre autres signatures, celles de MM. Laurent (de l'Ardèche) et Adolphe Guéroult, on donne, en s'autorisant d'une phrase du Journal des Débats, on donne, dis-je, pour une vérité incontestée cette assertion, « que la politique, dégagée des questions théologiques soulevées par les disciples de Saint-Simon, est aujourd'hui toute saint-simonienne. »

S'il en était ainsi, je ne verrais pas sujet pour le saint-simonisme de s'en faire un titre de gloire. Jamais en effet, à en juger d'après les charges croissantes qui accablent les peuples et par l'état général de défiance qui règne partout, soit de gouvernants à gouvernés et réciproquement, soit entre les gouvernements eux-mêmes, défiance dont leurs armements ruineux sont l'expression, jamais dans aucun temps les nations de l'Europe n'ont été plus mal gouvernées qu'elles le sont aujourd'hui, ni avec plus de préjudice pour leurs véritables intérêts.

De cet état et de ces funestes tendances il faut absoudre, je le sais, les saint-simoniens qui, comme tous les autres socialistes d'ailleurs, sont essentiellement hostiles à l'élément guerrier (1). Mais de ce que telle est,

---

(1) Ceci se trouve confirmé par l'opposition que, seul au sein du Sénat, M. Michel Chevalier vient de faire à la loi qui impose à notre pays la mise sur pied et l'entretien de douze cent mille soldats.

Comme instigateur, négociateur et principal auteur du traité de commerce avec l'Angleterre, le même M. Michel Chevalier n'a été que l'instrument de l'école économique du laissez-faire, laissez-passer, à laquelle autrefois les disciples de Saint-Simon trouvaient beaucoup à redire. Il y a encore lieu de se demander si, dans les conditions préen 1868, la situation de l'Europe, offrant, comme on l'a dit, l'aspect d'un vaste camp de quatre millions d'hommes en armes, on est bien forcé de conclure que la politique actuelle des cabinets est bien loin d'être saint-simonienne.

Le seul mérite de l'école de Saint-Simon fut d'attirer l'attention, d'éveiller la sympathie sur les souffrances de la classe laborieuse. D'autres services que celui-là, elle n'en a point rendu, elle n'en pouvait rendre.

Vers la pratique des principes fondamentaux du saint-simonisme : *Abolition de l'héritage ; A chacun suivant sa capacité,* ni la société française en particulier, ni la société européenne en général, n'ont fait un seul pas depuis quarante ans. Notre Code, non plus que les Codes des autres nations, n'a subi aucune modification dans le sens de la suppression ou de la limitation de l'hérédité des biens ; et pour ce qui est de l'application du principe de la capacité, l'époque et le régime actuel n'en fournissent pas plus d'exemples que les précédents, du moins à partir de 1789.

Loin que le monde ait marché dans la direction où les disciples de Saint-Simon se flattaient de l'entraîner, ce sont eux qui paraissent avoir oublié, sinon renié leurs principes. Ainsi le Père suprême et plusieurs de ses fils les plus en évidence ont applaudi hautement au rétablissement de l'hérédité dans la transmission du pouvoir souverain. Je ne prétends pas leur en faire un crime ni même un blâme ; je fais seule-

---

sentes, le libre échange n'est pas autant un mal qu'un bien pour notre pays. Nombre de gens, sans avoir un intérêt particulier dans la question, inclinent encore à penser que, à raison des charges fiscales et des entraves diverses qui pèsent chez nous sur le travail national, la convention du libre échange a été pour le moins prématurée, et qu'elle cause, en somme, plus de préjudice qu'elle ne procure d'avantage à la population laborieuse de France prise dans son ensemble.

Sous le stimulant de la concurrence étrangère, quelques-unes de nos industries ont perfectionné leurs procédés et leur outillage de façon à pouvoir lui tenir tête ; mais d'autres s'épuisent et succombent dans la lutte inégale qu'elles ont à soutenir.

Le père putatif et réel du traité international de libre échange a, dans ces derniers temps, entrepris contre les octrois une campagne à laquelle je souhaite plein succès. C'était par là qu'il eût fallu commencer. Le malheur est qu'il n'aura pas avec lui, cette fois, contre le fisc M. le ministre d'État Rouher, comme il l'avait en 1860 contre les résistances des protectionnistes.

ment observer qu'en agissant ainsi, ils se mettaient en contradiction
flagrante avec leur dogme : abolition de tous les priviléges de la naissance. Ceux d'entre eux qui siégent au Corps législatif y sont tous entrés, à l'exception de M. Guéroult, par la porte des candidatures officielles. Je ne mentionne pas M. Carnot, resté depuis 1831 complétement en dehors du saint simonisme et rattaché franchement à l'opposition démocratique militante.

Les saint-simoniens se sont habilement donné les gants de la plupart
des progrès accomplis chez nous depuis 1830. Si notre pays est arrivé
à posséder enfin son réseau de chemins de fer, c'est à eux, s'il faut les
en croire, qu'on le devrait.

Mais l'Angleterre, les Etats-Unis, la Belgique, qui n'ont point eu de
saint-simoniens, nous ont devancés dans l'établissement de leurs voies
ferrées. Si donc quelques anciens membres de la secte ont concouru
comme ingénieurs ou comme entrepreneurs à la construction de nos
chemins de fer, cela n'implique nullement que l'exécution de ces entreprises soit l'œuvre de l'Ecole de Saint-Simon, encore moins le résultat des parades religieuses de Ménilmontant. Pour être entièrement
juste, je dirai qu'en préconisant, comme ils le firent dans le *Globe*, les
nouvelles voies, les saint-simoniens contribuèrent au mouvement de
l'opinion en faveur de leur établissement. A la vérité ils préconisaient,
en même temps que les chemins de fer, le système des emprunts à ou-
trance, sans souci des moyens de remboursement. Substitution de
l'emprunt à l'impôt et guerre à l'amortissement, tel était le fond de
leur économie politique d'application immédiate. L'influence saint-simonienne a été pour quelque chose dans le développement énorme de
la dette publique depuis vingt ans.

Que si l'on doit faire dériver du saint-simonisme la fondation du Crédit mobilier et de toutes les entreprises qui s'y rattachent, on peut voir,
dans un savant et consciencieux livre de mon ami Raoul Boudon (1), ce
que la France et les classes populaires en particulier doivent de reconnaissance aux promoteurs de ces grandes piperies privilégiées, aux fa-
bricateurs et dresseurs de ces immenses piéges de la spéculation et de
l'agio. Quelques fortunes colossales se sont scandaleusement élevées ;
mais des milliers de moyens et petits capitalistes ont été ruinés. La
fièvre de spéculation, ainsi excitée, a détourné de l'agriculture et des
autres industries productives plusieurs milliards pour les engloutir dans
les affaires de bourse. Là se trouve une des causes du renchérissement

---

(1) *La vérité sur la situation économique et financière de l'Empire.*
Paris, 1867. Librairie des sciences sociales, rue des Saints Pères, 13.

des denrées alimentaires. Les entreprises du Crédit mobilier à l'étranger ont enlevé à notre pays une partie de son capital de roulement; la plupart d'entre elles, les chemins de fer espagnols, par exemple, ne payent plus d'intérêt aujourd'hui et ne rembourseront jamais la portion du capital qui a été versée en échange de titres désormais sans valeur.

Ainsi s'achève, après une phase d'éclat trompeur, le rôle qu'a joué le saint-simonisme dans le monde de l'industrie et de la finance. Semblable à la femme de l'*Art poétique* d'Horace :

>   ... turpiter atrum
> Desinit in piscem mulier formosa supernè,

il finit en poisson, en un immense poisson... d'avril.

UN ÉPISODE

DES GUERRES CIVILES DE LA RÉVOLUTION

EN BRETAGNE.

Surprise de Saint Brieuc par les chouans. — Mort héroïque du procureur
de la commune, le citoyen Poulain-Corbion.

Puisque, dans le cours de l'opuscule qui précède, j'ai été conduit à
mentionner incidemment quelques faits de chouannerie, je ne veux
pas déposer la plume sans revendiquer une justice qui lui a jusqu'à
présent fait défaut, en faveur d'un des plus beaux traits de courage et
de dévouement civique qui aient signalé cette déplorable guerre d'une
partie des populations de nos départements de l'ouest contre la Révolution : je veux parler de la mort vraiment héroïque du procureur de la
commune de Port-Brieuc (comme on disait en langage officiel du temps),
le citoyen Poulain de Corbion, lors de l'entrée des chouans dans ce
chef-lieu des Côtes-du-Nord, pendant la nuit du 4 au 5 brumaire,
an VIII, ou du 25 au 26 octobre 1799.

L'histoire a d'étranges oublis, et l'opinion, celle-là même pour laquelle ils ont généreusement donné leur vie, n'a pour certains hommes
qu'une indifférence qui ressemble à de l'ingratitude.

Pendant les plus sombres jours de la Révolution, Rennes eut son
courageux maire, le tailleur Leperdit qui sut tenir tête à Carrier et
préserva ses concitoyens des fureurs du féroce proconsul, resté plus
odieusement célèbre encore par ses noyades de Nantes que Fouché,
Collot d'Herbois et Couthon par les mitraillades de Lyon (1).

Ce même Leperdit résista dignement aux séductions de l'Empire, et

---

(1) Lorsque Carrier arriva à Rennes, il demanda au conseil municipal

se tint debout devant Napoléon, lorsque tant d'ex-farouches montagnards s'agenouillaient aux pieds du maître, luttant d'adulations serviles avec les courtisans de l'ancien régime, ralliés à la fortune du fondateur d'une quatrième dynastie (1).

La population de Rennes garde en vénération le souvenir du simple artisan qui s'était montré grand homme de bien et grand citoyen dans deux circonstances caractéristiques : dévoué aux principes d'humanité lorsqu'ils étaient foulés aux pieds par le fanatisme révolutionnaire, et fidèle à ses convictions républicaines lorsque chacun se précipitait sous le joug du nouveau César.

Victime de son dévouement dans un incendie où, malgré ses 73 ans, il courut porter secours, et où il fut renversé par des débris enflammés, Leperdit meurt de ses blessures en 1825. Ferme et constant dans toutes ses opinions, il refuse à ses derniers moments l'assistance d'un prêtre. Son convoi, purement civil, est respectueusement suivi par la foule de ses compatriotes.

A la révolution de 1848, le buste du citoyen Leperdit, dû au ciseau de David (d'Angers), a été placé dans la salle des séances du conseil municipal de Rennes, noble exemple pour tous, magistrats et particuliers.

Ici la conscience publique a fait son devoir ; elle a sanctionné par

---

de dresser une liste des fédéralistes, des modérés, etc. Le conseil, effrayé, dressa à la hâte une liste et la présenta à Leperdit.

Vous avez oublié un nom, dit-il.

— Lequel ?

— Le mien. Cette liste est un bon pour le bourreau ; je ne la signerai pas.

— Mais Carrier l'a demandée ; la refuser c'est donner sa tête.

— Je le sais ; aussi je me charge de la refuser.

Et déchirant la liste, il dit à ceux qui l'entouraient : Je vous recommande mes enfants.

Dans une autre occasion, Carrier reprochait à Leperdit d'avoir favorisé l'évasion de plusieurs prêtres.

— Ne savais-tu pas, lui disait-il, qu'ils étaient hors la loi ?

— Ils n'étaient pas hors l'humanité, répondit le tailleur. (EMILE SOUVESTRE, *Mémoire d'un sans-culotte bas-breton*.)

(1) A la création de l'ordre de la Légion d'honneur, le conseil municipal de Rennes demanda à l'unanimité la décoration pour Leperdit. Le tailleur refusa : « Un pareil joujou, disait-il, n'irait point sur mon établi. »

un juste hommage une belle vie, signalée par la pratique courageuse de toutes les vertus de l'homme et du citoyen.

Saint-Brieuc eut aussi, dans le cours de la Révolution, son magistrat municipal dont il a sujet d'être fier. Celui-ci, quoiqu'il eût, comme député du tiers aux États-Généraux, siégé à l'Assemblée nationale et qu'il y eût rempli son mandat de manière à obtenir à son retour les félicitations publiques de ses électeurs ; quoiqu'il eût été maire de Saint-Brieuc dès avant la Révolution et qu'il le fût encore aux jours radieux d'espérance de 1789, signalant sa gestion par des améliorations importantes dont profite encore aujourd'hui la population de cette ville ; quoiqu'il eût traversé aussi la phase orageuse et trouble des années qui suivirent sans prendre part aux excès ni renier ses convictions libérales ; celui-ci, dis-je, n'eut peut-être qu'un jour, qu'une heure qui recommandent hautement sa mémoire à la postérité. Mais dans ce jour, à cette heure il fut sublime ; il sut mourir non-seulement en héros, mais en martyr résolu de son devoir comme magistrat, de sa foi politique comme citoyen.

Et cependant un trait qui égale tout ce que l'antiquité offre à notre admiration en fait de dévouement patriotique, est demeuré depuis plus de soixante ans, sous nos gouvernements divers, sans qu'aucun honneur public lui ait été décerné, sans même avoir trouvé place dans une des grandes histoires de l'époque. C'est à peine si deux ou trois chroniqueurs locaux lui ont consacré une mention de quelques lignes.

Un compatriote de Poulain-Corbion, M. Geslin de Bourgogne, dans un ouvrage écrit sous l'inspiration de sentiments peu favorables à la Révolution, *les Anciens évêchés de Bretagne*, a été un de ceux qui ont apprécié le plus dignement la mort de ce généreux citoyen. Après l'avoir rapportée, l'auteur témoigne son étonnement de ce qu'un tel acte d'héroïsme n'ait été l'objet d'aucun hommage qui en perpétue le souvenir.

Avant M. Geslin de Bourgogne, feu M. Habasque, président du tribunal civil de Saint-Brieuc, dans le tome II de ses *Notions historiques sur le littoral des Côtes-du-Nord*, édité en 1834, et M. Ch. Lemaoüt, dans ses *Annales armoricaines*, publiées en 1846, avaient retracé les circonstances de ce glorieux trépas. Le second s'exprimait sur Poulain-Corbion ainsi qu'il suit :

« La ville de Saint-Brieuc lui érigera un jour une statue en face du « lieu où il a payé de son sang son immortalité. Encore quelques an- « nées, et nous verrons s'accomplir cet acte de reconnaissance. »

Vingt ans et plus se sont écoulés depuis cette prédiction sans que personne, à notre connaissance, ait rien tenté pour en amener l'accomplissement.

A défaut d'une voix plus puissante, la mienne essayera de secouer la torpeur et de stimuler le zèle des hommes de qui il dépend de faire cesser un tel déni de justice, en élevant l'image de Poulain-Corbion sur la place qui fut témoin de son héroïque dévouement, et en donnant son nom à cette place, au lieu du nom banal de place de la Préfecture qu'elle porte aujourd'hui.

Avant le récit du fait particulier que j'ai en vue, il n'est pas hors de propos d'indiquer sommairement les motifs de la résistance que rencontra la Révolution dans la Vendée et dans la Bretagne, résistance qu'elle ne parvint à surmonter qu'au prix d'une lutte acharnée et en faisant des concessions à l'un des intérêts pour lesquels s'étaient armés les paysans vendéens et bretons.

Deux causes ont produit et entretenu les insurrections des populations de l'ouest contre la Révolution : la violence faite à la conscience religieuse des habitants et les levées d'hommes pour l'armée.

La première cause, qui fut de beaucoup la plus puissante et la plus générale, eut son point de départ dans la constitution civile du clergé, funeste erreur de l'Assemblée nationale, qui lui fut inspirée, comme le fait remarquer M. Thiers, par quelques-uns de ses membres, amis de la religion catholique, et non point par les libres penseurs qui formaient la majorité de l'assemblée (1). En soumettant les ecclésiastiques à un serment que repoussait la conscience de la plupart d'entre eux et que bientôt le chef suprême de la hiérarchie catholique défendit formellement de prêter, on divisait les prêtres en deux partis : l'un des dociles qui, suspects d'hérésie aux yeux du peuple, lui parurent en outre avoir obéi à un sentiment pusillanime, avoir trahi par *peur,* disons le mot, leur croyance et leur devoir. Ceux-ci, désignés dans les campagnes sous le nom de *juroux* (jureurs), devinrent dès lors un objet de scandale et de mépris pour nos paysans bretons, rattachés, au contraire, d'autant plus fortement aux ministres du culte qui avaient refusé le serment, que ces derniers leur apparaissaient avec le prestige de confesseurs et de martyrs de la foi.

Le vrai mobile de la révolte fut l'atteinte portée au sentiment religieux. Cette vérité n'échappait à aucun des hommes de sens qui se trouvaient, ne fût-ce que momentanément, sur les lieux où elle venait d'éclater. Dès l'année 1794, un conventionnel en mission dans les départements de la Bretagne, Boursault-Malherbe, petit-fils du poëte

---

(1) *Histoire de la Révolution française,* par M. Thiers, t. I, liv. 3, p. 229 de la 13ᵉ édit.

contemporain de Molière, auteur lui-même de quelques pièces de théâtre jouées avec succès, le représentant Boursault, dis-je, écrivait de Saint-Brieuc à la Convention : « Liberté des cultes, liberté des cultes, sans cela impossibilité de maintenir les campagnes. »

Telle était aussi l'opinion du général Hoche, et cette opinion, hautement manifestée, ne lui fut pas moins utile que la valeur des soldats républicains pour amener la pacification des départements de l'Ouest.

Les dispositions hostiles des paysans bretons s'étaient accusées dès 1791 dans les environs de Vannes, par un soulèvement en faveur de l'évêque de cette ville, violenté à cause de son refus de serment. En 1792 il y avait eu à Lannion, à la Roche-Derrien, à Pontrieux, des engagements entre les habitants des campagnes et les patriotes de ces villes. Les femmes de cette dernière localité s'étaient signalées en aidant leurs maris et leurs frères à repousser l'attaque des chouans.

Jusque-là ces mouvements partiels ne se rattachaient pas à un plan d'ensemble. Celui qui organisa l'insurrection royaliste en Bretagne, le marquis de la Rouarie, ou plus exactement de la Rouërie, mourut de fièvre maligne le 30 janvier 1793, au château de la Guyomarais, dans la commune de Saint-Denoual, entre Lamballe et Matignon. La découverte du cadavre et d'une partie des papiers de ce chef entraîna la mort de M. et de madame de la Guyomarais et de dix autres personnes condamnées avec eux par le tribunal révolutionnaire. Au nombre des victimes se trouva Angélique Désilles, madame de la Fonchais, sœur du jeune officier malouin, surnommé le héros de Nancy, qui, lors de l'insurrection militaire de cette ville en 1790, avait, au prix de sa vie, empêché le combat entre la garnison révoltée et les troupes envoyées pour la faire rentrer dans le devoir. Digne sœur d'un tel frère, cette dame se laissa juger, condamner et exécuter sous le nom de sa belle-sœur, plutôt que de racheter ses jours en compromettant le sort de celle-ci, qui avait, en effet, pris part aux réunions des conjurés.

Cette fâcheuse issue des projets préparés par la Rouërie n'empêcha pas l'insurrection de suivre son cours. Elle éclata à l'occasion du tirage au sort pour la levée de 300,000 hommes, prescrite par la loi du 24 février 1793. Pendant que l'opération s'exécutait à Pluméliau, bourg distant de Pontivy d'une couple de lieues, les jeunes gens cernent l'église dans laquelle avait lieu le tirage ; ils se précipitent sur les agents de l'autorité, tuent le membre de l'administration du district qui présidait, ainsi que treize gardes nationaux de Pontivy, quelques gendarmes et un officier de l'armée. Ce fut le commencement d'une série d'atrocités dont les deux partis se souillèrent à l'envi l'un de l'autre, à titre ou sous prétexte de représailles. De beaux traits, non-seulement de courage, mais aussi de générosité, se produisirent toutefois au milieu des horreurs de cette guerre civile acharnée.

Le fait que je vais rapporter appartient aux derniers temps de la chouannerie, signalés surtout par le brigandage. Il eut toutefois pour principe un noble et généreux sentiment de la part des chefs insurgés qui l'accomplirent. Il s'agissait pour eux de délivrer les prisonniers de leur parti, détenus dans la maison d'arrêt de Saint-Brieuc, et spécialement une dame condamnée à mort pour motif d'embauchage, madame le Frotter, dont l'exécution était imminente.

Sollicité par madame de Kérigant, nièce de madame le Frotter, le principal lieutenant de Georges Cadoudal, Mercier, dit *la Vendée*, se rendit du Morbihan dans les Côtes-du-Nord avec une troupe de chouans dont on a fort diversement évalué le nombre. Les uns le portent à quinze ou dix-huit cents hommes, d'autres, tels que M. Geslin de Bourgogne, le réduisent à trois cents. Cette colonne fut rejointe par plusieurs bandes appartenant aux Côtes-du-Nord, par celle de Carfort entre autres, qui avait sa sœur incarcérée dans la prison de Saint-Brieuc.

Cette ville se trouvait en ce moment dégarnie de troupes : deux cents carabiniers qui formaient la principale force de la garnison venaient de se rendre à Lamballe ; il ne restait guère au chef-lieu que la compagnie d'ouvriers militaires de la 13ᵉ demi-brigade. Cette circonstance était parfaitement connue des chouans.

Parvenus un peu avant minuit à un kilomètre de Saint-Brieuc, sur le plateau du manoir de Robien, Mercier réunit les chefs des six divisions qu'il avait formées, leur donne ses instructions et convient avec eux que l'attaque commencera à deux heures précises du matin. C'était le 26 octobre ; il restait encore assez de nuit pour l'accomplissement des projets arrêtés.

Aux approches de la ville, les chouans marchèrent pieds nus pour ne pas donner l'éveil par le bruit de leurs pas ; ils portaient leurs chemises par dessus leurs culottes, afin de se reconnaître dans l'obscurité.

Saint-Brieuc étant une ville ouverte, il ne s'agissait pour s'en rendre maître que de surprendre les deux ou trois postes où il y avait des hommes de garde.

J'emprunte au récit animé et pittoresque de M. Geslin de Bourgogne le détail suivant :

« Le détachement chargé d'enlever le poste de l'hôtel de ville, qui
« était aussi le siége du département, arriva précédé de deux chouans,
« dont l'un était déguisé en femme et l'autre jouait l'homme ivre. La
« sentinelle les laissa approcher sans défiance ; elle était morte avant

« d'avoir proféré un cri. Il en fut de même à la barrière de Gouëdic (sur
« la route de Lamballe).

« .... Une partie des chouans parcouraient les rues, faisant im-
« pitoyablement feu sur toute fenêtre ou toute porte qui s'ouvrait : il
« n'en fallut pas davantage pour déterminer la plupart des habitants et
« des fonctionnaires publics à attendre chez eux la fin de l'événement.
« Le général donna l'exemple. »

C'était le général de division Casabianca, qui s'était cependant distingué ailleurs par son courage, notamment à l'armée du Nord, en 1792,
et dans l'opiniâtre défense de Calvi contre les Anglais, en 1794. Arrivé
seulement depuis la veille à Saint-Brieuc, ce général ne crut pas devoir
s'engager à la tête d'une simple escouade dans les rues d'une ville
qu'il ne connaissait pas. Peu édifiés sur les motifs de cette inertie de
l'homme qui avait entre les mains tous les pouvoirs, puisque la ville
et le pays se trouvaient depuis longtemps sous le régime de l'état de
siége, les Briochins transformèrent son nom en celui de *Casa-peur-a*.

Le général avait dû être un des premiers avisé de la présence des
chouans, car ce fut un des grenadiers de garde à sa porte qui donna
l'alerte au poste de la place, occupé par la garde nationale. Le sergent,
nommé Guillot, fait aussitôt ranger en bataille les seize hommes du
poste; mais à peine cette disposition prise, la place est brusquement
envahie par une multitude d'hommes armés qui font une décharge sur
le poste, aux cris de : Vive le roi! vive Louis XVIII!

Dans l'impossibilité de résister à cette masse, la garde rentre et la
porte est barricadée en dedans. Les chouans l'attaquent à coups
redoublés. Déjà une planche est enfoncée, et l'on crie du dehors :
« Ouvrez, ou il ne sera fait de quartier à personne. » La porte cède,
et le corps de garde est à l'instant rempli de chouans qui désarment
les républicains et leur intiment l'ordre de se jeter sur le lit de
camp sans bouger ni relever la tête, sous peine d'être immédiatement
fusillés.

Ayant mis des postes à tous les abords de la place, les chouans en-
voient un détachement briser la porte de fer de la maison commune et
enlever un canon qui s'y trouvait; un autre piquet se porte sur le lieu
où siégeait le département, pénètre dans les bureaux et prend une partie des papiers qui s'y trouvaient.

Le poste de la porte de Lamballe avait été traité comme celui de la
principale place dont il vient d'être question, et qui se nommait alors
place de la Liberté.

La sentinelle, le citoyen Breton, blessée d'abord, fut achevée ensuite
dans la rue à une cinquantaine de pas plus loin.

La division des chouans, qui avait pénétré par ce côté, trouva dans l'église Saint-Guillaume une vingtaine de chevaux de remonte dont elle s'empara. Ces chevaux fournirent des montures à quelques-uns des prisonniers qu'on délivra, comme il va être dit, et servirent à traîner une charrette sur laquelle fut placée la pièce de canon prise à l'hôtel de ville.

La même bande se dirige sur la prison où, malgré la ferme résistance du geôlier et de six hommes de garde qu'il avait avec lui, les chouans finissent par pénétrer après avoir fait sauter la serrure et le crampon qui tenait le verrou de la porte. Ils mettent en liberté non-seulement les gens de leur parti, telles que madame le Frotter et mademoiselle le Nepveu de Carfort, sœur d'un de leurs chefs qui conduisait en personne, avec l'un des fils le Frotter, les assaillants de la prison, mais encore les détenus pour crimes communs.

Si, comme il a été dit plus haut, beaucoup de représentants de l'autorité, à commencer par le chef militaire, se tinrent éclipsés pendant la bagarre, il y eut d'honorables exceptions. Au bruit de la fusillade, le lieutenant de gendarmerie Chrétien se rend avec ses deux brigades sur la place de la Liberté, pour renforcer le poste. Il est accueilli par une fusillade partie à la fois de droite, de gauche et de front, qui lui tue un homme et lui en blesse trois. La gendarmerie riposte, mais une seconde décharge la disperse.

Le lieutenant Chrétien tombe un peu plus tard aux mains des chouans qui, après l'avoir désarmé, lui proposent de prendre parti dans les *chasseurs du roi.*

— Non, répondit-il, jamais je ne porterai les armes contre mon pays.

— Tu vas être fusillé.

— Eh bien! fusillez-moi.

Trois chouans le couchaient en joue, quand arrive un jeune chef qui leur crie :

— Mes b....., est-ce là l'ordre qu'on vous a donné? Qu'on mène cet homme au corps de garde, il faut attendre la décision du général avant de fusiller les prisonniers.

De son côté le capitaine de gendarmerie Thomas, qui douze ans plus tard mourut général de brigade en Espagne, tenta à plusieurs reprises, en ralliant quelques hommes, de reprendre le poste de la place. Il reçut treize coups de baïonnette et fut laissé pour mort sur le terrain.

Mais l'homme qui se montra véritablement admirable en cette circonstance, ce fut le procureur de la commune, le citoyen Poulain-Corbion. Ce magistrat, lorsqu'il entendit la fusillade, sortit avec ses deux fils pour se rendre à l'hôtel de ville. En arrivant sur la place, il tomba au milieu des chouans qui l'occupaient.

Quelques-uns l'ayant reconnu, le somment, en lui mettant la baïon-

nette sur la poitrine, de livrer les clefs de la poudrière et de crier
Vive le roi !

— Non, répond-il, je ne souillerai pas mes cheveux blancs en proférant un cri que ma conscience repousse. Vive la république !

Et il tombe aussitôt percé de coups.

Un de ses fils fut aussi blessé ; l'autre traîné par les cheveux sur la
place ; enfin tous deux parvinrent à s'échapper.

Suivant une version, en même temps qu'il proférait le cri de Vive la
république ! le procureur jeta vivement dans un puits qui se trouvait à
sa portée les clefs de la poudrière.

D'après d'autres témoignages, même étendu sur le sol et baignant
dans son sang, il répétait encore : Vive la république !

La femme d'un chirurgien, madame Conen, née Pouhaër, qui, à défaut de son mari qu'elle tenait caché, fut mise en réquisition par les
chouans pour panser les blessés, dit dans sa déposition : « Je fus
témoin de la mort du citoyen Poulain-Corbion, qui fut tué près la
poudrière en criant toujours : Vive la république ! »

(La poudrière était alors dans la tour nord de la cathédrale.)

« Chose étrange ! dit M. Geslin de Bourgogne en retraçant la mort de
Poulain-Corbion, aucun honneur ne fut rendu à cet acte d'héroïsme,
comme si l'hommage au mort eût été un reproche aux vivants ; et, à
l'heure qu'il est, rien dans cette ville ne rappelle un trait que sauront
admirer tous ceux qui ont du cœur, à quelque parti qu'ils appartiennent. »

De cet inexcusable oubli qui a duré jusqu'à ce jour, il y eut plusieurs
causes.

Au moment où mourait ainsi d'une façon sublime le procureur de la
commune de Saint-Brieuc, on était à la veille du 18 brumaire. Il n'était
pas trop dans les tendances du gouvernement issu de ce coup d'Etat de
glorifier un dévouement manifesté par le cri de Vive la république ! devenu bientôt importun, puis factieux.

Après la chute de l'Empire, ce n'est pas la Restauration qui aurait pu
songer à acquitter la dette du pays envers un magistrat républicain
tombé sous les coups des royalistes. Quoique fondé sur un autre principe que celui de la branche aînée, le gouvernement de la branche ca-
dette des Bourbons n'avait pas précisément à cœur de rechercher, en
vue de les célébrer par des commémorations monumentales, les dévoue-
ments de la nature de celui par lequel s'était signalé le citoyen Poulain-Corbion.

Disons-le cependant, pour apprécier ce qu'il y a de grand et de beau
dans une telle mort, il n'est pas besoin de se tenir au point de vue exclusif d'un parti ou d'une forme de gouvernement : c'est le sentiment

du devoir de magistrat et de citoyen, sentiment poussé jusqu'à l'héroïsme, qui éclate dans la mort de Poulain-Corbion.

Le procureur de la commune, le fonctionnaire républicain de l'an VIII a péri victime volontaire, intrépide martyr de ce noble sentiment du devoir : c'est là surtout ce qu'il faut considérer. Il est tombé en proférant le cri aujourd'hui réprouvé de Vive la république! Eh qu'importe? est-ce que leur titre de républicains a empêché qu'on n'élevât des statues à Marceau, à Hoche, à Kléber? Est-ce que le gouvernement actuel, il faut lui rendre cette justice, n'a pas concouru naguère à l'érection de la statue d'Arago qui lui avait refusé le serment?

Un gouvernement national, quelle que soit sa dénomination, s'honorera lui-même en honorant le beau trait sur lequel j'appelle aujourd'hui l'attention, ou plutôt l'admiration publique. Il est temps qu'un acte solennel répare un trop long oubli, un vrai déni de justice envers la mémoire de Poulain-Corbion. Ce nom mérite d'être glorieusement inscrit non-seulement dans les fastes de la révolution, mais encore au panthéon de l'histoire.

De nos jours d'ailleurs, l'érection d'un monument, dont après d'autres compatriotes de Poulain-Corbion je viens exprimer le vœu, présenterait si peu le caractère d'un acte de parti que, parmi les fils et petits-fils de ceux qui combattirent sous le drapeau opposé au sien pendant les guerres civiles de la Révolution, plusieurs, je n'en doute pas, apporteraient eux-mêmes leur pierre à ce monument. L'honneur décerné à un si beau trait, loin de réveiller et d'entretenir les haines du passé, deviendrait plutôt un gage de réconciliation et d'union pour le présent et pour l'avenir.

Je reprends et je termine le récit du coup de main des chouans sur la ville de Saint-Brieuc.

Les instructions qu'avait données le commandant supérieur Mercier avaient reçu leur exécution, sauf en un point. Le chef chargé d'enlever la caisse des fonds publics oublia, au milieu des libations, de remplir la mission qui lui avait été confiée.

N'était la cause de cette omission, quelque apologiste des chouans (et il n'en a pas manqué qui représentent tous les chefs de bande comme autant de petits saints et de héros), quelque apologiste pourrait dire qu'ils avaient volé d'abord à la délivrance de leurs prisonniers, ne songeant qu'en second lieu à la caisse. Le fait est que, d'après le courant d'idées qui a prévalu depuis, aussi bien dans leur parti que dans les autres, ce serait la marche inverse qu'on suivrait selon toute probabilité de nos jours : l'argent d'abord, les prisonniers après.

Bien que ce ne fût pas leur faute si quelques personnages tels que l'administrateur du département, M. Launay-Provost, sa femme et son fils (qui a été sous Louis-Philippe député des Côtes-du-Nord) échappèrent à leurs coups, les chouans, dans cette circonstance, ne firent pas, il faut leur rendre ce témoignage, autant de mal qu'ils en auraient pu faire. A la vérité, on ne leur laissa pas non plus le temps d'accomplir tout ce qu'ils se disposaient à exercer de représailles sur les prisonniers républicains tenus renfermés dans le corps de garde.

Au point du jour quelques gendarmes et quelques ouvriers militaires, s'abritant dans une maison que l'on construisait au coin de la place, commencèrent de là un feu si bien nourri que les chouans ne purent jamais les débusquer de ce poste. Renforcés bientôt par les habitants qui se hasardaient à sortir de leurs maisons, ils quittèrent cette espèce de retranchement et se mirent à attaquer l'ennemi dans les rues.

Alors les chouans se disposent à placer les prisonniers républicains sur deux files entre les rangs de la compagnie des chasseurs du roi, et l'ordre est donné de les fusiller de distance en distance. Heureusement, le temps leur manqua pour l'exécution de cet ordre sanguinaire. Sous le feu de plus en plus vif qu'ils essuyaient, un des chasseurs du roi accourut dire à ceux qui gardaient les prisonniers : « Sauvez-vous, les instants sont comptés! » Ils ne se le firent pas dire deux fois et s'échappèrent en toute hâte. A sept heures du matin les chouans avaient évacué la ville, et ils se retiraient par la route de Quintin, poursuivis par la gendarmerie, une poignée de soldats et quelques citoyens qui s'étaient joints à la troupe.

Les chouans avaient laissé dans la ville cinq morts et un blessé. Ils avaient tué neuf habitants, presque tous pères de famille, et en avaient blessé une trentaine dont plusieurs succombèrent les jours suivants.

Après avoir couché dans la commune de Plaintel, à dix kilomètres de Saint-Brieuc, la colonne en partit à trois heures du matin et arriva un peu avant huit heures à la Croix-Saint-Lambert, dans la forêt de Lorge, à quelques portées de fusil du château.

Un charbonnier leur annonça que les *bleus* étaient dans la forêt. Aussitôt Mercier fit faire des préparatifs de défense et charger la pièce de canon enlevée à Saint-Brieuc. A défaut de mitraille, on employa les fers des prisonniers.

Une demi-heure après l'avis reçu, paraissait l'avant-garde républicaine qui fut bientôt rejointe par un capitaine arrivant de Lamballe avec cent quatre-vingts carabiniers et quarante-six gardes nationaux, tant de cette ville que de Saint-Brieuc. Leur première décharge tua aux chouans une dizaine d'hommes, ainsi que madame le Frotter et une autre femme qui étaient à cheval toutes deux.

Le fils aîné de cette dame périt également.

L'autre, qui était encore enfant, se trouvant abandonné, fut placé comme tambour dans l'armée et devint capitaine de la garde impériale.

La pièce de canon tira un seul coup qui, mal dirigé, porta dans les arbres et en rompit plusieurs branches; l'une d'elles, en tombant, cassa le bras d'un garde national.

Les Bleus coururent sur le canon, qui ne fut pas défendu. Celui qui l'atteignit le premier, un architecte nommé Jouannin, qui construisit plus tard un des principaux ponts de Saint-Brieuc, le pont de Gouet, posant la main sur la pièce, s'écria : Elle est à moi !

Les chouans cependant firent encore quelque résistance aux alentours du château de Lorge et dans le château même, tirant par les fenêtres sur leurs adversaires; mais bientôt ils prirent la fuite à travers la forêt.

Le jeune chef qui dirigeait l'expédition contre Saint-Brieuc, Mercier, dit la Vendée, périt un peu plus tard dans les environs de Loudéac. Il n'était âgé, dit-on, que de 26 ans.

Un des commandants en sous-ordre, Saint-Régent, qui avait servi dans l'artillerie, devenait l'année suivante, après un voyage à Londres, l'inventeur, le constructeur et le metteur en œuvre de la terrible machine infernale à laquelle le premier consul n'échappa que par un prodigieux hasard. Horriblement blessé lui-même, Saint-Régent expia son crime sur l'échafaud.

Le tableau des calamités de la guerre civile doit nous inspirer une horreur salutaire, sans toutefois nous empêcher de rendre justice aux traits de valeur dont l'un et l'autre parti donna d'éclatants exemples.

Ils faisaient preuve, à coup sûr, d'une résolution intrépide, ces pauvres paysans bretons qui, pour arracher de prison quelques-uns de leurs chefs et des personnes tenant à ces chefs par les liens du sang ou de l'affection, pénétraient de vive force dans une ville, sachant bien que celui d'entre eux qui, par suite de blessures ou autrement, tomberait aux mains de l'ennemi, était voué d'avance à l'échafaud. Leurs adversaires n'avaient pas non plus devant eux, en cas de revers, une perspective plus rassurante. Point de quartier! telle était la maxime proclamée et trop fidèlement exécutée des deux côtés.

On a beaucoup exhalé d'indignation contre les mesures rigoureuses, cruelles même, adoptées par la Convention et cruellement exécutées par les agents du pouvoir révolutionnaire. Les dispositions décrétées par les chefs de l'insurrection royaliste n'outrageaient pas moins les lois de l'humanité et de la justice.

Ainsi, dans leur manifeste lancé le 26 juillet 1794 et signé de quarante-six généraux et officiers supérieurs de l'armée catholique royale, on lit ce qui suit :

« Art. 2. Ils font un appel général et solennel à tous les Français, et particulièrement à tous les Bretons et habitants des provinces voisines, afin qu'ils aient à se réunir sous les drapeaux de la religion et du roi, sous peine d'être réputés rebelles et traités comme tels.

« Art. 3. Seront aussi réputés rebelles et traités comme tels :

« 1° Le petit nombre de nobles qui, oubliant ce qu'ils sont, ne rougiraient pas de sacrifier à un vil intérêt, à la conservation de quelques propriétés ou à leur sûreté personnelle, les devoirs que la religion, l'honneur et leur naissance leur imposent;

« 2° Tous ceux qui, flottant entre deux partis, oseraient espérer de pouvoir garder une infâme neutralité, ou qui, par leurs propos pusillanimes, tendraient à détourner les fidèles sujets du roi de rejoindre l'armée;

« 3° Ceux qui, exerçant des fonctions à eux confiées par les usurpateurs, refuseraient d'en cesser l'exercice à la première sommation qui leur en serait faite, ou les reprendraient après les avoir quittées;

« 4° Ceux qui auraient la lâcheté de se refuser à celles qui leur seraient confiées au nom du roi;

« 5° Tous ceux des sujets du roi, en état de porter les armes, qui ne marcheraient pas au premier ordre qui leur sera intimé par les officiers chargés des commissions des généraux et chefs de l'armée catholique;

« 6° Ceux qui ne prêteront pas les secours de tout genre qui seront en leur pouvoir lorsqu'ils en seront requis;

« 7° Ceux qui continueront de porter les couleurs nationales, qui seront convaincus d'avoir prêté leur ministère pour replanter les arbres, signes de la rébellion, ou pour enlever les couleurs royales des endroits où elles ont été placées;

« 8° Toute ville, bourg ou village dont les habitants, à l'approche de l'armée, quitteraient leurs foyers, cacheraient leurs vivres ou marcheraient contre elle, sans considération des principes qu'ils auraient professés, des services qu'ils auraient rendus, ou même de la violence qu'on aurait employée pour les y contraindre...

« Art. 4. La peine de rébellion est la peine de MORT et de confiscation au profit du roi de toutes les propriétés mobilières et immobilières. »

Par cette déclaration des chefs de l'armée catholique et royale, on peut juger de la situation faite aux malheureux habitants des contrées théâtre de l'insurrection; ils se trouvaient placés entre un arrêt de mort illimité, porté au nom du roi, et les lois terribles édictées par la

Convention qui n'avaient non plus, pour ainsi dire, qu'une sanction : la mort.

Heureusement qu'il se rencontre toujours quelques hommes qui, même au milieu des fureurs de la guerre civile, n'étouffent pas dans leur cœur la voix de l'humanité, et qui tempèrent dans l'application la rigueur barbare des mesures qu'ils sont chargés d'exécuter. Tel se montra parmi les républicains le général Hoche, ainsi que chacun sait ; tel aussi, quoiqu'on ait été moins juste envers lui, le représentant Boursault, qui reçut, en l'an II et l'an III, la mission d'organiser les administrations de plusieurs départements de la Bretagne, et spécialement celles des Côtes-du Nord.

Ce fut lui qui proclama, le 17 octobre 1794 (25 vendémiaire an III), l'amnistie qui précéda la pacification de floréal même année (mai 1795). Quoique mal observées, ces conventions diminuèrent un peu les maux de la guerre civile.

Répondant aux administrateurs du district de Port-Brieuc qui exhalaient de vives plaintes sur les attentats commis par les rebelles, Boursault s'exprimait ainsi dans une lettre datée de Port-Malo, le 16 pluviôse an III :

« Je souffre, citoyens administrateurs, de la situation dans laquelle « vous vous trouvez. Je n'ai cessé d'en instruire le Comité de salut pu« blic, et des mesures sont prises ; des troupes d'élite arrivent, et « avant peu ces scélérats qui se jouent de la clémence nationale péri« ront sans doute. Mais il faut, avant de combattre des frères égarés, « épuiser tous les moyens de persuasion, d'humanité qu'une grande « nation peut employer. Les malheurs de la Vendée affligent nos âmes « d'un douloureux souvenir. »

Il n'y avait pas, comme on voit, que des hommes de violence et de sang parmi les délégués de la Convention.

AUTRES ACTES DE CHOUANNERIE ET PARTICULARITÉS DIVERSES.

Les derniers mois de 1799, ou premiers mois de l'an VIII, furent la période spéciale des enlèvements de personnes et des assassinats commis par les bandes de chouans. —Voici un fait dont j'emprunte le récit à une plume en général très-indulgente dans l'appréciation des faits et gestes à la charge du parti catholico-royaliste :

« Le 1er brumaire an VIII (22 octobre 1799), une troupe de douze individus armés, conduits par un guide et commandés par un chef du nom de Martin, dit Lamèche ou César, enlève, dans la soirée, le fermier de la métairie du Grenier, en Yffiniac ; puis elle se présenta, vers deux heures du matin, au moulin du Picay, en Plédran. Elle maltraita tous les habitants et força le meunier à les conduire chez le juge de paix, après lui avoir enlevé 600 liv. Le meunier, qui était bien connu, se fit ouvrir sans peine chez le magistrat vers cinq heures du matin ; les chouans se précipitèrent dans la maison, prirent le juge de paix qui était au lit, l'entraînèrent malgré les cris et les prières de ses enfants. A l'entrée du cimetière le meunier s'évada ; les deux autres prisonniers reçurent une décharge à bout portant, furent dépouillés et laissés là.

« M. le Guen était un homme inoffensif, étranger aux partis, mais qui avait refusé de livrer les titres de la terre de Plédran, dont il était régisseur, lorsque les paysans étaient venus pour les brûler. » — *Anciens évêchés de Bretagne*, par MM. Geslin de Bourgogne et A. de Barthélemy, t. II, p. 448.

La date de l'attentat, tout semblable au précédent, commis, vers la même époque, sur la personne de mon grand-père maternel Charles Rogon, ne m'est pas exactement connue (1). Cependant deux lettres que j'ai entre les mains peuvent aider à la fixer approximativement. La première lui était adressée de Rennes, le 7 frimaire an VIII, par son gendre Jean-Baptiste Parrenin, lieutenant de carabiniers au 2ᵉ bataillon de la 13ᵉ demi-brigade ; elle roule presque entièrement sur les dangers que courait le vieillard dans sa position isolée à la campagne. La seconde est une lettre du même officier à sa femme en date du 22 nivôse même année, par laquelle il accuse réception de la funeste nouvelle. L'événement se place donc entre les deux dates, mais plus près de la première, suivant toute probabilité, car le lieutenant Parrenin mande qu'il a trouvé la lettre de sa femme, qui lui annonce le malheur arrivé, « au retour d'une excursion de quatorze jours dans les campagnes pour faire payer les contributions. »

Ce serviteur de la République provenait de l'ex-garde suisse, quoiqu'il fût né en Franche-Comté, au Russey (Doubs), de la famille qui avait produit le jésuite missionnaire Dominique Parrenin. Comme mon père, il avait été du nombre des défenseurs de l'infortuné Louis XVI dans la journée du 10 août. Il mourut à l'armée d'Italie en l'an X.

Voici un passage de la première des deux lettres du lieutenant Parrenin ; elle est adressée à son beau-père, le citoyen Rogon :

« Mon cher papa, votre situation isolée m'inquiète beaucoup. Vous

_____

(1) Cette ignorance de ma part touchant un événement de famille s'explique par la raison que ma mère mourut sept mois après m'avoir donné le jour.

n'avez de force qu'en vous-même, et malgré la plus stricte surveillance à se tenir sur ses gardes, on n'en court pas moins des dangers.....

« Je me suis aperçu que vous aviez trop de confiance dans tout ce qui vous entoure ; que vous vaquiez à vos affaires avec trop de sécurité ; que vous avez l'habitude d'aller de nuit comme de jour. N'est-ce pas trop se hasarder dans le temps où nous sommes ? »

Ces prévisions inquiètes ne furent que trop justifiées.

Je trouve dans les *Annales armoricaines* de M. Ch. Lemaout, déjà citées, une mention se rapportant au meurtre de mon grand-père, mention erronée quant à la qualité donnée à la victime.

On lit dans les *Annales armoricaines*, p. 394 :

« *An* 1799 (*janvier* 20), *minuit*, fin de l'armistice. —Durant le temps « de cette suspension d'armes, les chouans n'ont cessé de commettre « des vols et des assassinats ; le général Rogon et autres en sont des « exemples. »

Il n'y eut de mis à mort par les chouans aucun autre personnage du nom de Rogon que mon grand-père, Charles Rogon de Kertanguy. Non-seulement il n'était pas général, mais, fils unique et marié à 19 ans, il n'avait jamais servi. Il avait seulement été maire de sa commune depuis 1789. Quant à ses ascendants, ils appartenaient de père en fils à la marine. Son père, mort en 1773, était capitaine de vaisseau de la compagnie des Indes. Sous Louis XIV, on cite un Rogon commandant de l'*Astrée*, un des navires de l'escadre de Dugay-Trouin à l'expédition contre Rio-Janeiro en 1711. Était-ce l'aïeul de celui qu'enlevèrent et occirent les chouans ? C'est présumable, mais je n'en ai pas la preuve. Cet aïeul avait épousé Marie Douart, fille d'un sénéchal de Dol, dont j'ai le portrait de grandeur naturelle, le représentant assis et dans son costume de magistrat. Au revers de la toile on lit :

« Fait à Paris, en juin 1671, par Adeline, rue de la Bûcherie, près le « Petit Châtelet »

Les deux fils de mon grand-père, Charles et Ange Rogon, étaient aussi entrés dans la marine, lorsque les lois révolutionnaires qui excluaient les ci-devant des services publics vinrent interrompre forcément leur carrière. Frappés d'incapacité comme nobles, honnis par la noblesse et par les royalistes comme fils d'un partisan déclaré de la Révolution, leur position était des plus pénibles. Revenus à la maison paternelle, tous les deux y moururent de chagrin, suivant ce que j'ai entendu dire.

J'ai entre les mains un certificat concernant l'un d'eux, qui témoigne des conditions qu'il fallait remplir, avant 1789, pour être admis dans les gardes marines, pépinière des officiers de la flotte. Les mêmes conditions de naissance étaient exigées pour l'admission aux écoles militaires de Mézières et de Brienne. Voici la teneur de cette pièce avec les signatures apposées au bas :

« Nous soussignés, anciens (mot absent par déchirure ou usure d'un « coin du papier), gentilshommes de la province de Bretagne, résidant « dans la ville de Saint-Brieuc, certifions qu'Ange Rogon, fils de messire « Charles Rogon de Kertanguy et de dame Charlotte-Angélique-Claude « Bérart, demeurant à leur château de la Noë-Halé, paroisse de Coët- « mieux, diocèse de Dol, enclave de Saint-Brieuc, est issu d'ancienne « extraction noble, et que lesdits sieur et dame, ainsi que leurs auteurs, « se sont toujours gouvernés noblement.

« A Saint-Brieuc, ce vingt septembre mil sept cent quatre-vingt-deux.

« Det... (la fin du nom est illisible),
De l'ordre royal et militaire de Saint-Louis, ancien
capitaine de grenadiers roïaux.
« Le chevalier de la Villegourio, chevalier de Saint-Louis,
ancien capitaine de cavalerie.
« Le vicomte de la Villemoisant, chevalier de Saint-Louis,
ancien capitaine de cavalerie.
« Villéon, capitaine de vaisseau. »

On conviendra que les examens qu'il faut passer aujourd'hui pour entrer soit à l'Ecole de marine, soit à Saint-Cyr ou à l'Ecole polytechnique, remplacent avantageusement une attestation de la nature de celle qui précède. Voilà pourtant ce que paraissent oublier volontiers tant de hauts dignitaires de l'armée et de la marine qui, sans la Révolution, n'auraient jamais pu obtenir même l'épaulette. Combien d'entre eux, fils ingrats de cette Révolution, jettent la pierre à leur mère et à leur bienfaitrice ! Presque tous les parvenus de la Révolution se sont empressés de renier et de trahir sa cause. L'exemple partait de haut.

Trop semblables encore à celle du Père Loriquet, nos histoires à l'usage des colléges, pensionnats, écoles et institutions de toute espèce, ne s'attachent guère, en ce qui concerne la Révolution, qu'à tracer le sombre tableau des calamités et des crimes de l'époque révolutionnaire, sans faire aucunement ressortir le bien immense qu'elle a produit sous le rapport de la justice et de l'égalité. De ces fruits précieux de la Révolution il n'est presque jamais fait mention dans nos établissements d'instruction publique ou privée ; on n'en parle ni aux enfants du peuple, ni à ceux de la bourgeoisie qui a surtout profité du changement opéré en 1789. Comment cet aspect et tous les résultats avantageux du drame révolutionnaire seraient-ils exposés aux regards de la jeunesse par un clergé qui reste l'irréconciliable ennemi de 1789, et par des corporations religieuses qu'il dirige absolument, qui tirent de lui seul toutes leurs inspirations? Voyez un peu ce que pèse par exemple, dans l'esprit des frères et des sœurs de nos écoles chrétiennes de garçons et de filles, une circulaire du ministre de l'instruction publique, mise en regard d'un mandement de l'évêque diocésain, ou même d'une opinion, d'un simple vœu du prélat.

Aussi offrons-nous le bizarre spectacle d'une société qui travaille par l'éducation à propager le discrédit des principes de son droit public et des institutions qui sont censées la régir.

Non pas que mon sentiment de justice et de gratitude envers la Révolution dégénère en aveugle engouement pour tout ce qu'elle a fait et produit. On paraît s'émerveiller du courage qu'il faut à MM. Quinet, Marc Dufraisse et Renan, le dernier venu dans cette voie, pour oser faire des réserves sur la portée et sur les résultats de la Révolution. Comme si, plus de soixante ans avant ces appréciations d'aujourd'hui dans lesquelles une part est faite à la critique, Saint-Simon et surtout Fourier n'avaient pas signalé, dans l'œuvre révolutionnaire, bien des lacunes et même de regrettables méprises. Dans la biographie du second de ces novateurs, dont la première édition a paru en 1839, j'ai consigné à son sujet la remarque suivante :

« Ce qu'il y a de bien certain, quant à cette période de la vie de Fourier qui correspond à la tourmente révolutionnaire, c'est qu'il se tint complétement en dehors de tous les partis, et qu'il ne se fit jamais illusion sur l'insuffisance de ce grand mouvement, signalé par tant d'héroïsme, accompagné de tant de désastres, pour une amélioration décisive dans le sort des masses laborieuses. »

Pour revenir à ce révolutionnaire de Rogon, mis à mort par les chouans, voici une lettre tracée de sa main et adressée aux demoiselles de la Goublaye de Nantois, qui témoigne que la passion politique n'avait pas étouffé chez lui le sentiment de la justice.

« A Saint-Alban, 27 fructidor, an VI.

« Mesdemoiselles,

« Je vous adresse une perrée de froment (1) pour la Saint-Michel prochaine de la rente que mes enfants vous doivent.

---

(1) Mesure de blé du poids de 100 kilogr. — Une autre rente pareille, due à M. et à madame de la Guyomarais qui, ainsi qu'il a été dit p. 208, périrent sur l'échafaud en 1793, a été rachetée par mon père, en 1841, à leur fils M. Casimir-François de la Motte-Guyomarais.

« Nous avons des engagements à prendre pour les années antérieures qui vous sont dues. Je ne prétends pas, mesdemoiselles, me faire un mérite de vous avoir conservé votre bien ; je n'ai fait à cet égard que mon devoir. Ce n'est pas que je n'eusse une parfaite connaissance des décrets qui prescrivaient les déclarations des biens de ceux qui se trouvaient dans votre position ; mais cette démarche n'était pas dans mes principes. Heureux si, en vous conservant votre bien, j'ai mérité votre estime !

« Fixez-moi un jour et l'heure qui vous sera le plus commode pour terminer avec vous ; je suis à vos ordres. Si samedy vous étiez libres, mandez-moi votre heure. J'aurai l'honneur d'aller avec ma fille aînée vous saluer.

« Recevez les assurances du respect avec lequel je suis, mesdemoiselles,

« Votre très-humble et obéissant serviteur,

« CH. ROGON. »

Seul descendant de ce Rogon qui dépouilla si complétement les préjugés de sa caste et qui ne voulut pas profiter, contre sa conscience, du bénéfice des décrets révolutionnaires, je regarde comme un pieux devoir envers la mémoire de mon grand-père maternel de mettre au jour le fait qu'on vient de lire.

Ce fut, comme je l'ai dit, sur le territoire de Bréhan-Montcontour où le plus chevaleresque des chefs de bandes royalistes, Boishardy (1)

---

(1) La mort de Boishardy a été diversement racontée.

Quelques-uns ont prétendu que c'était une jeune paysanne qui, poussée par la jalousie, avait signalé aux républicains la retraite du chef royaliste. D'autres affirment que ce fut un jeune homme au dévouement duquel il avait une foi entière qui, pour une somme d'argent convenue et touchée, conduisit un détachement de grenadiers de la Gironde jusqu'aux abords du champ de genêts où reposait Boishardy, dans un hamac attaché aux branches d'un pommier en fleurs, à côté d'une jeune orpheline noble qui était sa fiancée et qui partageait courageusement avec lui cette vie d'incessantes alertes et de dangers toujours imminents. Blessé d'un coup de feu pendant qu'il cherchait à dépister l'ennemi plutôt qu'à fuir, Boishardy fut achevé par l'officier auquel il rendait son épée. Sa tête coupée fut promenée ensuite dans les rues de Montcontour et de Lamballe : ce qui indigna Hoche à ce point qu'il rendit un ordre du jour pour flétrir les auteurs de cette infamie et pour provoquer leur châtiment.

Je me souviens d'avoir, pendant mes vacances de rhétorique, à la vendu par un traître, avait péri par la main des républicains, que périt à son tour par celle des chouans le chevalier Charles Rogon, partisan déclaré du nouvel ordre de choses. Comment reçut-il le coup de la mort? fut-ce, comme Poulain-Corbion, en bravant les chouans par le cri de *vive la République!* fut-ce en implorant vainement, hélas! la pitié des meurtriers? Aucun de ceux qui purent le savoir n'en a jamais rien dit.

J'ai de mon aïeul un portrait au pastel, portant au revers : « Philippe pinxit, 1755, » et qui le représente à l'âge de 13 ans. On trouve que j'ai avec lui beaucoup de ressemblance. Un autre pastel, qui fait le pendant du premier, représente la mère de Charles Rogon, Marie Prevost, fille d'un commissaire ordonnateur de la marine à Lorient. Ma mère, Marie-Madeleine-Charlotte, née le 27 octobre 1767, était le sixième enfant de Charles Rogon et de Charlotte-Angélique Bérart du Frost, son épouse.

L'attentat dont périt victime mon grand-père maternel m'ayant conduit à donner quelques détails sur ce côté de mon lignage, on me soup-

---

fin de l'été de 1822, chez un mien cousin à la mode de Bretagne, au petit port de Dahouet, je me souviens, dis-je, d'avoir rencontré la dame qui avait, toute jeune fille, comme promise de Boishardy, accompagné ce chef dans ses expéditions. Renommée pour sa beauté, sa bonne mine, son courage et son humanité, elle avait été surnommée la *Royale*. Après la mort de Boishardy, un de ses lieutenants, du Lorin, l'épousa.

A l'époque où j'eus occasion de la voir, c'était une femme d'environ 45 ans, épuisée par une maladie de langueur. Elle avait été frappée du coup le plus cruel qui puisse atteindre le cœur d'une mère : un de ses deux fils avait été, une couple d'années auparavant, tué en duel par un avocat de Saint-Brieuc.

Après le déjeûner, madame du L... voulut, malgré son extrême faiblesse, tenter une promenade sur les falaises qui dominent l'entrée du petit havre de Dahouet. Elle prit elle-même mon bras; j'étais trop timide pour le lui offrir, et fit, pendant tout le temps que nous passâmes ensemble, les frais de la conversation d'une façon toute gracieuse et tout avenante.

J'avais ouï dire vaguement que madame du L... avait joué un rôle dans la chouannerie. Ah! si jeunesse savait et osait questionner! Bien des fois, depuis, j'ai regretté de n'avoir pas mis à profit l'occasion d'obtenir des renseignements sur le chef dont elle avait momentanément partagé l'orageuse destinée.

çonnerait peut-être de tenir quelque peu du vaniteux mulet de la fable, si je n'avais hâte de noter que mon père, Jean Pellarin, né le 21 avril 1770 d'un paysan de la Savoie et de Marie Lacoste, son épouse, qui cultivaient à Cruseilles un petit bien leur appartenant, était brigadier de gendarmerie à la résidence de Jugon, lorsque je pris naissance en ce petit endroit : un trou, dit-on communément, — un village de la Suisse, a dit Souvestre, dans une crevasse entre deux montagnes. — Telle est en effet la physionomie de Jugon avec ses collines (d'où son nom *Jugum*) et ses deux étangs, dont l'un peut passer pour un petit lac d'une lieue de long, qui domine les toits de la ville et tient suspendue sur elle une menace incessante de submersion (1). C'est là que le 25 novembre 1804 je fis mon entrée en ce monde ; et comme le parrain, M. Esprit-Raoul Cloteaux, mari de l'aînée des sœurs de ma mère, et la marraine, mon autre tante, Victoire-Pauline Rogon, veuve Parrenin, habitaient l'un à Binic, l'autre à Lamballe, on renvoya le baptême au dimanche suivant, qui se trouvait être le 2 décembre, jour du couronnement de l'Empereur. Cette circonstance m'a été rappelée assez souvent dans mon enfance pour que je n'aie pu l'oublier.

Avec les prénoms des parrain et marraine me fut donné, en souvenir du grand-père, celui de Charles, qui de temps immémorial était porté par l'aîné de la famille des Rogon.

Quoique unique héritier de mes deux tantes qui n'eurent aucune postérité, je n'ai point recueilli leur succession. L'aînée mourut en 1811 d'une chute de cheval. Sur son lit de mort, dont on ne laissa pas approcher sa sœur survivante (ma mère était morte en 1805 et mon père était alors à l'armée d'Espagne), elle signa un testament qui donnait en toute propriété son avoir au mari. C'était à elle qu'était échu le manoir patrimonial de la Noë-Halé. Je me souviens que peu de mois avant sa mort, en me montrant de la main le jardin et ses dépendances, cette tante me disait un jour à moi, bambin de six ans : « Regarde, cher petiot, tout cela te reviendra un jour, puisque je n'ai point d'enfants. »

Mon autre tante, qui pourtant m'aimait et me choyait, ne laissa pas moins manger par des parasites une maison qu'elle avait à Lamballe et une métairie qu'elle possédait au bourg de Saint-Albon. J'ai appris de bonne heure qu'il ne faut pas faire compte sur les héritages.

---

(1) Le plus petit des étangs de Jugon a été desséché il y a quelques années et converti en prairie. Ils étaient séparés par le monticule sur lequel s'élevait le château féodal, place forte qui avait donné cours à ce dicton :

Qui a Betaigne sans Jugon
A la chape sans chaperon.

Au collége de Saint-Brieuc, où j'obtins de ces succès qui, suivant une opinion aujourd'hui en vogue, promettent pour l'avenir un imbécile doublé d'un sot, lorsque, à la distribution des prix, le principal (l'abbé Sonchet) appelait coup sur coup mon nom : —C'est le fils d'un gendarme! disait-on dans l'assemblée. J'avais, je le confesse ici, la faiblesse, ou si l'on veut, la petitesse de souffrir du propos, et j'allais jusqu'à maudire intérieurement ma notoriété de lauréat qui le provoquait.

Pour ce qui est du défavorable augure des triomphes scolaires, je le confirmerais au besoin par mon exemple. Des condisciples que je battais à coup sûr en thème et en version, plusieurs ont su bien mieux que moi tirer leur épingle du jeu de la vie et faire leur chemin dans le monde.

J'ai passablement trimé : tour à tour chirurgien de marine et chirurgien de la mobile (pas la nouvelle, bien entendu, mais celle de Lamartine et de Cavaignac), et assez bien noté dans les deux services; collaborateur dans l'intervalle de journaux (*la Phalange* et *la Démocratie pacifique*) qui semaient quelques idées, mais récoltaient peu de bénéfices et n'enrichissaient pas leurs rédacteurs, loin de là ; chirurgien-major de la garde nationale pendant seize ans; ancien secrétaire du comité de vaccine de l'arrondissement de Sceaux et lauréat de l'Académie de médecine pour mes rapports ; membre de la commission d'hygiène et de la délégation pour les écoles; chargé de bon nombre de fonctions médicales gratuites, je suis toujours resté Grosjean ; —et à 63 ans passés, je vis et fais vivre ma famille du produit, strictement nécessaire, de vingt visites de malades par jour, dont moitié pour le compte du bureau de bienfaisance, dans l'une des circonscriptions du Paris annexé, les plus misérables et les moins accessibles faute de voie de communication. — Je ne suis pas, on le voit, du nombre des enfants gâtés de la fortune. Et pourtant, qui le croirait? il m'arrive encore de faire des jaloux, d'avoir des envieux. — « Il n'y a pas de quoi! » m'écrivait dernièrement l'un d'eux, pensant tout à la fois se disculper péremptoirement et m'humilier beaucoup.—*Il n'y a pas de quoi!* c'est, parbleu! bien aussi mon avis. — Quoi qu'il en soit, je ne me plains pas de mon sort, et je ne porte envie à personne. *Gaudeant benè* nantis! Heureux m'estimé-je aussi, moi, lorsque, soit à l'un soit à l'autre bout d'une journée de fatigue, je trouve une heure pour griffonner quelques pages en faveur de mes convictions sociales et philosophiques!

Assez comme cela, beaucoup trop même de confidences personnelles et de mementos généalogiques qui n'intéresseront personne..Je demande au lecteur humblement pardon pour cet indiscret bavardage.

En fait d'origine, tous tant que nous sommes, nous descendons de l'Adam, probablement multiple, du premier âge de l'humanité. Que celui-là soit provenu, ainsi que d'aucuns le soutiennent aujourd'hui, du degré immédiatement inférieur de l'animalité, ou qu'il ait été le produit direct et spécial d'un acte de la puissance créatrice,—à mon avis, il n'y a pas lieu de tant s'émouvoir à ce sujet : cela ne change rien essentiellement à l'affaire capitale des devoirs de l'homme et de ses droits. Dans l'une et l'autre alternative, en effet, droits et devoirs n'existent pas moins pour l'homme,— et mêmes droits et devoirs, quelle que soit celle de ces hypothèses qu'on adopte, — du moment qu'il a pris conscience de lui-même et de la place élevée qu'il occupe dans la série des êtres, du moment qu'il a reconnu que c'est à lui que revient la tâche d'établir l'ordre sur la terre, en conformité, bien entendu, des lois naturelles, et d'y amener l'avénement du règne de la justice, qui sera aussi celui du bonheur pour son espèce, — sans préjudice, ajouterai-je, du bien relatif de nos frères inférieurs des espèces animales.

A telle antienne je n'aperçois pas ce qui pourrait empêcher matérialistes et positivistes, spiritualistes et même croyants de toutes les églises, de dire ensemble *Amen* à l'unanimité, malgré leurs dissidences sur tout le reste. — Mais la question des moyens?... Elle est tout entière dans l'application méthodique de la *série* aux travaux productifs.

En attendant l'heureux avenir de paix et d'harmonie dont la science nous montre et peut dès à présent nous ouvrir les chemins, rappelons encore, afin de les faire de plus en plus détester et d'en prévenir à jamais le retour, quelques odieux traits de nos temps de sanglantes discordes.

Meurtres d'un prêtre orthodoxe et d'un évêque constitutionnel.

Vers l'époque des faits de chouannerie que j'ai racontés, mais quelques mois plus tard, ce qui nous reporte au millésime 1800, eurent lieu deux des atrocités de ce temps déplorable. Elles furent commises, la première par un détachement de soldats républicains, la seconde par une bande de chouans : je veux parler du meurtre de l'abbé Meheust, sur la route de Saint-Brieuc à Saint-Malo, dans la traversée de la commune de Morieux, et de celui de l'évêque constitutionnel du Finistère, Audren, assassiné pendant qu'il se rendait de Quimper à Morlaix pour administrer la confirmation dans cette dernière ville.

L'abbé Meheust avait été vicaire de Coëtmieux, et son nom figure, ainsi que celui de M. Depagne, recteur-doyen de cette paroisse, sur les actes de naissance et de décès de plusieurs membres de la famille Rogon. Il n'est pas besoin d'avertir que le pauvre abbé Meheust qui, suivant ce que j'ai entendu conter dans mon enfance, venait à la Noë-Halé en soutane rapée et rapiécée, n'avait rien de commun avec le vicaire ambitieux et hautain, tyran de son recteur et plus tard chef d'intrigues contre-révolutionnaires, qui est dépeint par E. Souvestre dans ses *Mémoires d'un sans-culotte bas-breton*, roman dont l'auteur a placé les premières scènes au presbytère de cette même paroisse de Coëtmieux.

Ayant, au fort de la Terreur, émigré en Angleterre, M. Meheust en était revenu pour exercer le saint ministère dans les campagnes où il·était connu et aimé. Comme il sortait un jour de la métairie des Tronchais, située au confluent de l'Evron et du Goëssant, à l'extrémité sud de l'étang des Ponts-Neufs, qui verse ses eaux dans la Manche à travers un amas de rochers formant un des points les plus pittoresques de cette côte, l'abbé Meheust fut rencontré par une colonne mobile. L'officier qui la commandait fit ou laissa odieusement fusiller le pauvre prêtre sur le bord du chemin. L'homme auquel on impute cette lâche et tardive cruauté (on était à la veille du Concordat et la liberté des cultes existait alors de fait) périt lui-même à la guerre d'Espagne en 1813.

Quant à l'évêque Audren, il avait joué un certain rôle dans la Révolution. Après s'être montré zélateur ardent des idées nouvelles, ce qui lui valut d'être porté par les électeurs à l'Assemblée législative et à la Convention, où il vota la mort de Louis XVI avec la restriction du sursis, il publia deux années plus tard un mémoire en faveur de la dauphine, puis en 1797 une apologie de la religion chrétienne contre *les prétendus philosophes*, ceux-là mêmes dont il avait précédemment embrassé et propagé les doctrines et auxquels il attribuait maintenant toutes les horreurs de la Révolution. Tout cela témoigne assez de l'inconsistance des opinions d'Audren. Quoi qu'il en soit, élu en 1798 évêque constitutionnel du Finistère, il remplissait avec zèle ses fonctions épiscopales.

J'emprunte à un article de la *Biographie bretonne*, signé du directeur de cette publication, M. Levot, le récit de la mort d'Andren :

« Au mois de novembre 1800 il avait résolu d'aller à Morlaix administrer la confirmation et prêcher. Quoique averti des dangers qu'il pouvait courir dans ce voyage, il n'en persista pas moins à l'entreprendre, et crut se mettre à l'abri en faisant route par la diligence. Lorsqu'il y monta, à neuf heures du soir, le 21, on criait sur la place publique : « Bon soir, Andren, nous ne te reverrons plus. » La diligence était à peine parvenue à une lieue et demie de Quimper, près de la chapelle de Saint-Hervé, dans la commune de Briec, que douze hommes armés commandent au conducteur d'arrêter. La voiture était en ce moment au haut d'une descente rapide, et celui-ci ne pouvait retenir ses chevaux. Bientôt on lui tire un coup de fusil. Il s'arrête alors, et des hommes armés, s'approchant de la diligence, obligent les voyageurs à mettre pied à terre, leur assurant qu'il ne leur sera fait aucun mal. Audren n'avait pas obéi à l'injonction, il s'était blotti dans un coin de la voiture. Un des hommes y monte et veut le forcer à descendre; mais Audren résiste et le mord au doigt assez fortement. Cet homme se sentant blessé se plaint; ses compagnons viennent alors arracher le malheureux évêque, lui reprochent son vote homicide dans le procès de Louis XVI, vote qu'il ne chercha pas, dit-on, à excuser; ils le conduisent vers un fossé, et après lui avoir donné un demi-quart d'heure pour recommander son âme à Dieu, ils le fusillent. Les meurtriers lui mirent dans une main une boîte à saintes huiles, et dans l'autre un mandement qu'il venait de publier, puis ils se retirèrent. »

Déjà le curé constitutionnel de cette même commune de Briec et son collègue de celle d'Edern avaient été massacrés par les chouans en l'an III.

Puisque nous sommes censés vivre sous le régime de la liberté des cultes, pourquoi, en général, ne témoigne-t-on pas la même horreur pour les attentats dont furent victimes les prêtres qui avaient prêté serment à la nation que pour les persécutions subies par ceux de leurs confrères qui l'avaient refusé? Au point de vue de la discipline romaine, je comprends qu'il soit fait une différence entre les uns et les autres; au point de vue de la patrie et de l'humanité, je ne le conçois pas.

A l'endroit où fut assassiné un évêque constitutionnel, rien aujourd'hui ne rappelle le crime des chouans, tandis que la rigueur des républicains envers un pauvre prêtre non assermenté est dénoncée à l'indignation des passants par une croix et par une inscription commémorative. — Est-ce donc que je demande et que je voudrais voir la suppression de cette croix? — Elle prêche, pourrait-on dire, la haine de la révolution. — Non pas, à mon sens, mais seulement l'horreur d'un crime commis au nom de la révolution. — Or il est salutaire que ce sentiment soit conservé, afin de prévenir au besoin le retour de pareils excès. Mais je voudrais qu'on tînt la balance égale entre les deux partis et qu'on flétrît, partout et toujours, aussi bien les attentats commis sous prétexte de servir la cause de Dieu et du roi, que ceux qui avaient pour but de faire triompher les principes de liberté et d'égalité politique. Sous tous les drapeaux honorons de nos respects, de nos sympathies, ce qui fut généreux, humain; frappons d'une réprobation sans réserve tout ce qui eut le caractère opposé.

En tout lieu où, sous quelque prétexte que ce soit, un homme désarmé et sans défense a été frappé, que là s'élève un signe public de deuil et de repentir, car là il a été commis un crime contre l'humanité, que n'absout et n'excuse aucune considération politique ou autre. Pour-

suivons, mais seulement par des moyens honnêtes, jamais à travers le
sang et les ruines, le triomphe des principes que nous croyons les meilleurs. Si nous devons marcher résolûment vers le noble but d'une régé-
nération sociale, que ce ne soit jamais en foulant aux pieds le sentiment
d'inviolable respect dû à la vie humaine : *Non occides !* Tu ne tueras
point !

Après la raison d'humanité qui prime toutes les autres, la clémence
dans les guerres civiles est presque toujours la bonne politique au point
de vue du patriotisme. Le concitoyen du parti adverse que vous épar-
gnez aujourd'hui sera peut-être demain le plus ferme bouclier de l'État
contre l'étranger. Supposons, par exemple, qu'à l'égard de ses prisonniers de la plage de Quibéron, qui comprenaient presque tous les officiers de l'ancienne marine, la République se fût montrée moins impi-
toyable et qu'elle ne les eût pas, d'après l'avis et sur les rapports de
Tallien, fait fusiller froidement, pendant deux mois, dans les exécutions
journalières de Vannes et d'Auray ; qui sait si, parmi eux, Napoléon
n'aurait pas trouvé plus tard l'homme de mer qui lui manqua toujours
pour l'opposer à Nelson dans le commandement de nos flottes? Celles-ci,
faute d'un chef qui fût à la hauteur de cette mission, furent constamment malheureuses en bataille rangée contre les flottes anglaises, tandis
que dans les combats isolés, bâtiment contre bâtiment, nos marins
soutenaient avantageusement la lutte et non-seulement gardaient intact
l'honneur de leur pavillon, mais lui donnèrent même en plus d'une rencontre un nouveau lustre. — Ah! quelques vicissitudes que nous réserve
l'avenir, plus de boucheries d'hommes! Rien de bon n'a germé jamais
dans le sang.

LE DOCTEUR JOBERT (DE LAMBALLE).

Un renvoi imprudent (p. 114), qui équivaut à un engagement pris vis-à-vis du lecteur, m'impose l'obligation de donner quelques renseignements biographiques sur le chirurgien célèbre dont le nom se lit en tête de ces dernières pages.

Ce qui concerne la naissance, les premières années de Jobert et ses débuts dans la carrière qu'il a glorieusement parcourue, je l'emprunte au récit, sur tous ces points très-exact, d'une feuille locale, l'*Union malouine et dinanaise* :

« Le docteur Jobert était un enfant de l'arrondissement de Dinan. Son père, Antoine Jobert, originaire de Saint-Amand (Cher), exerçait la profession de chapelier à Lamballe lorsqu'il épousa Aimée Sauneuf, le 24 janvier 1798. Peu de mois après leur union, les époux allèrent s'établir à Matignon, pensant y faire fortune. Leurs espérances furent déçues. Dans leur détresse, ils eurent du moins la consolation de pouvoir sourire à un premier fils (1) : ce fut à Matignon, le 26 frimaire an VIII (17 décembre 1799), que naquit Antoine-Joseph, qui devait être un jour l'une des plus éclatantes lumières de l'art chirurgical en France.

Un mot, répété souvent par la mère du docteur Jobert, peint la profonde misère du jeune ménage à l'heure où l'enfant prédestiné fit son entrée dans la vie : « Quand mon petit Antoine vint au monde, disait-elle, je couchais sur la paille, et j'en avais si peu que je sentais l'humidité du sol ! »

Les pauvres époux revinrent à Lamballe quelques mois après et s'y fixèrent définitivement ; aussi le docteur Jobert considéra toujours cette dernière ville comme son véritable berceau ; devenu célèbre, en reconnaissance des sympathies généreuses qu'il y avait rencontrées, et lorsqu'il devint nécessaire qu'on le distinguât d'un de ses homonymes de

---

(1) Étrange consolation ! — je demande à l'auteur du récit pardon de la remarque, — étrange consolation pour un père et une mère sans pain, sans lit, réduits à coucher sur une botte de paille humide !

la Faculté, il voulut attacher à son nom celui de cette chère et noble cité.

Sept frères et sœurs vinrent successivement augmenter la famille. Le père travaillait courageusement ; la mère vaquait aux soins de la maison ; mais comment chasser l'indigence du foyer, dans de telles conditions ?

Cependant, grâce à la bienveillance d'une ancienne et bonne demoiselle du pays, mademoiselle Le Sourdier, Antoine-Joseph savait lire à l'âge de sept ans. Toutefois, il quitta bientôt l'école pour courir la ville tous les jours que Dieu faisait. Le jeudi, jour du marché, pour quelques sous, il conduisait les chevaux des cultivateurs à l'abreuvoir, et passait le reste du temps à jouer dans les rues et sur les places.

Un vénérable prêtre, M. l'abbé Micault de Soulleville, déjà cassé par l'âge et les fatigues du saint ministère, venait parfois se réchauffer au soleil près de l'antique église Notre-Dame-de-Lamballe. Il remarqua la vivacité du jeune Jobert, le fit causer et fut frappé de la précocité de son intelligence. A plusieurs reprises, ayant prié l'enfant de lui porter un pliant sur lequel il s'asseyait, le bon vieillard put constater l'obligeance d'Antoine-Joseph, qui s'empressait toujours d'être agréable au digne ecclésiastique. Une sorte d'intimité s'établit ; le vieux prêtre finit par prendre l'enfant en affection ; il le recueillit sous son toit, lui procurant à la fois le pain du corps et de l'esprit.

Antoine écoutait avec respect les conseils de l'abbé Soulleville et profitait de ses leçons. Il paraît que la vocation médicale de l'écolier se révéla de bonne heure, d'une façon très-précise. On raconte, en effet, que le maître affectueux posait souvent cette question à son élève : — « Eh bien ! que veux-tu devenir ? » — « Je veux être médecin ! » répondait invariablement Jobert.

Frappé de l'intelligence et de la résolution que montrait l'enfant, l'abbé Soulleville, chaque fois qu'il était question de son protégé, ne manquait pas de dire : « Si je ne me trompe, le petit Berry fera son chemin. » Ce sobriquet lui venait de ce que son père avait été soldat au régiment de Berry.

Un jour l'excellent abbé Soulleville, pressentant une fin prochaine, manda le docteur Bedel, un de ses plus honorables amis ; il lui fit part de ses intentions à l'égard d'Antoine-Joseph : je désire qu'il apprenne la médecine, dit-il ; si je venais à mourir, promettez-moi de le prendre près de vous ; je lui léguerai un peu d'argent pour l'aider dans ses études.

Quelques jours après cette entrevue, Antoine fut chargé de porter lui-même 6,000 francs envoyés pour lui par l'abbé Soulleville chez le docteur Bedel.

Le pieux abbé Soulleville mourut; ses héritiers intentèrent un procès au docteur Bedel, dans le but de s'emparer des fonds versés en ses mains pour le jeune Jobert, prétendant qu'étant médecin il ne pouvait recevoir, même pour autrui. Heureusement, la somme avait été remise à Antoine-Joseph; les charitables intentions de l'abbé Soulleville étaient incontestables; la justice maintint la validité de la donation.

Après la mort de son bienfaiteur, le protégé de l'abbé Soulleville demeura près de deux années chez le docteur Bedel, qui l'accueillit avec un sympathique intérêt, encouragea ses dispositions, lui donna les premières notions de la médecine et fut réellement son premier maître dans l'art de guérir.

L'application de Jobert et son ardeur au travail étaient telles qu'il était difficile de le distraire : plusieurs de ses condisciples ont raconté que les autres élèves prenaient un malin plaisir à le tourmenter, tantôt aux dépens de son habit, qui finissait par leur rester dans la main, tantôt par quelque méchante taquinerie. Il ramenait alors sur eux des yeux étonnés, qui bientôt retournaient d'eux-mêmes à leur tâche accoutumée; le rire qui s'emparait de la classe entière le réveillait à peine de sa studieuse extase.

Jobert était âgé de 19 ans lorsqu'il prit le parti d'aller à Paris, avec l'intention de se faire recevoir docteur. A peine arrivé dans la capitale, bien qu'il n'eût encore suivi aucun cours, il se rendit à l'Hôtel-Dieu, pénétra dans les salles, se mêla aux élèves occupés des pansements, et sans mot dire se mit aussi, lui, en devoir de panser les malades.

L'apparition insolite de cet inconnu fit sensation parmi les étudiants. La chose sembla tellement extraordinaire qu'une sorte de tumulte en résulta. Le pauvre étranger fut expulsé.

Jobert était tenace : il renouvela le lendemain, dans les salles de l'hôpital Saint-Louis, la scène de l'Hôtel-Dieu. Le même bruit se reproduisit.

Le docteur Richerand, chirurgien en chef de l'établissement, voulut savoir ce dont il s'agissait : — « Qui donc êtes-vous et comment vous nommez-vous? » fit-il. — « Je suis Breton, je m'appelle Jobert, je veux être médecin, » répondit Antoine-Joseph avec résolution. — « Vous troublez le service, reprit le docteur Richerand; vous ne devez pas vous introduire ainsi dans les salles. Venez me parler après ma visite. »

Jobert, sans se faire attendre, se présenta le même jour chez le docteur Richerand qui, reconnaissant son intelligence hors ligne, lui fit prendre ses inscriptions et lui procura un logement dans les combles de l'hôpital.

C'était le couvert. Il fallait le vivre. Or ses ressources étaient plus que modiques; mais Jobert savait se contenter de peu : en automne et en hiver, il déjeunait le plus souvent, dit-on, avec du pain et des pommes ; le soir, il dînait avec des châtaignes, son mets favori ; dans les autres saisons, il mangeait dans les plus humbles restaurants. Cette extrême frugalité ne l'empêchait pas d'être l'un des plus robustes parmi les élèves de l'École de médecine de Paris.

Le courageux Breton marcha vite dans le chemin du succès, bientôt dans celui de la gloire. Après avoir obtenu le titre d'interne (1821), il fut successivement nommé, au concours, aide d'anatomie (1827), et prosecteur (1828). Ce fut à cette époque qu'il conquit le diplôme de docteur. En 1829, il devint chirurgien du Bureau central. En 1830, il était agrégé de la Faculté. Il fut nommé, avec Dupuytren, chirurgien de l'hôpital provisoire établi à Saint-Cloud pour les blessés de juillet, il s'y fit remarquer par son dévouement. »

Pour parer à quelques inexactitudes qui se sont ici glissées dans l'énumération faite par le journal dinanais des emplois et des titres de Jobert, je continue moi-même cette énumération.

Il devint en 1831 chirurgien de l'hôpital Saint-Louis et chirurgien consultant du roi ; puis en 1847 chirurgien de l'Hôtel-Dieu. Il avait été élu membre de l'Académie de médecine en 1840.

Nommé, dès l'établissement du gouvernement impérial, chirurgien de l'Empereur, et en 1854 professeur à la Faculté de médecine, Jobert, en 1856, fut admis en remplacement de Magendie à l'Académie des sciences (3ᵉ classe de l'Institut).

Il était, en outre, commandeur de la Légion d'honneur et décoré de plusieurs ordres étrangers.

Jobert avait donc obtenu toutes les distinctions professionnelles et scientifiques ; il était au faîte des honneurs ; mais toutes ces satisfactions ambitieuses n'avaient pu faire de lui un homme heureux.

On sait comment il est mort, dans la maison de santé du docteur Blanche, d'une maladie mentale que ses bizarreries avaient fait dès longtemps pressentir à quelques-uns de ceux qui eurent avec lui des relations suivies. Je me rappelle avoir entendu, il y a vingt-cinq ans, tel interne de Jobert, à l'hôpital Saint-Louis, alors qu'il était hors de tout propos malmené, rudoyé et bourré par son chef de service, prédire d'une façon formelle ce dénouement. Lorsqu'il se laissait aller à maltraiter ainsi en paroles les élèves, Jobert rendait en partie ce qu'il avait reçu autrefois de Richerand, dont la protection était au prix de plus d'une amertume à subir.

Même auprès de ses clients, en ville, Jobert avait de ces brusqueries qui faisaient redouter son approche. Il traita pendant longtemps, à ma connaissance, une riche veuve créole pour une maladie utérine à laquelle elle finit par succomber. A chacune de ses visites, dès que résonnaient dans l'antichambre les talons de bottes de M. Jobert, tout le monde, femme de chambre, garde et amies elles-mêmes de la malade, était saisi d'un certain émoi, tant il avait pris l'habitude de bousculer et d'hourvariser tout le personnel un peu craintif de ce petit gynécée.

J'eus, vers le temps dont je parle, quelques rapports avec M. Jobert qui m'accueillait comme compatriote, et aussi comme rédacteur du feuilleton scientifique d'un journal (la *Démocratie pacifique*). Tel jour, suivant les dispositions du moment, il vous étouffait de caresses, vous prodiguait le *tu* de la camaraderie; puis le lendemain, sans qu'on pût deviner pourquoi, il vous recevait du haut de sa grandeur. Ces inégalités chez Jobert s'expliquent trop bien par la maladie qui éclata plus tard pour que l'on puisse songer à lui en garder mauvais souvenir.

Le don fait au jeune Jobert par un bienfaiteur clairvoyant donna lieu, comme il a été dit plus haut, à un procès intenté par les héritiers. Ce procès fut plaidé et gagné en faveur de Jobert par un avocat, enfant de Lamballe aussi, M. Antoine Aulanier, qui a été, pendant quarante ans, la plus vive lumière et l'une des réputations les plus honorables du barreau de Saint-Brieuc. Il existe de lui un *Traité du domaine congéable*, un *Traité des actions possessoires*, ouvrages très-estimés des jurisconsultes, et un petit volume, trop peu connu, sur la *Méthode*, dans lequel l'auteur donne à la fois le précepte et l'exemple de l'emploi de cet instrument d'une puissante efficacité dans les travaux de l'esprit.

Sur le désir que Jobert m'en avait exprimé plusieurs fois avec insistance, je le fis rencontrer un jour (c'était en 1846) chez Véry, avec M. Aulanier qui voulait bien, ainsi que ses fils, m'honorer de son amitié. Une grande heure en retard, Jobert enfin arrive, accompagné d'un convive inattendu, le jeune docteur M... Ce n'eût été rien, si par malheur le grand chirurgien ne s'était trouvé dans un de ses moments de frasques maladives. Il fut pendant tout le dîner, à propos du service des garçons, à propos de la chaleur excessive, que sais-je encore? tracassier, agaçant à ce point qu'à peine nous eut-il quittés, M. Aulanier, homme de manières simples, avec un esprit délicat et un caractère calme et posé s'il en fut, me déclara qu'il ne voulait pour rien au monde se trouver de nouveau avec M. Jobert; et comme celui-ci avait annoncé l'intention d'offrir un gala en l'honneur de son avocat de 1812, M. Aulanier me dit : « Pour Dieu, délivrez-moi de Jobert; rendez-moi le service de lui écrire demain matin, sans faute, qu'une dépêche m'a rappelé immédiatement à Saint-Brieuc, et que je suis parti. »

Hélas! oui, on peut le dire sans que sa gloire en souffre, c'était un homme fantasque outre mesure et qui ne connut jamais les premiers éléments du savoir-vivre, que l'illustre Jobert de Lamballe! Aussi était-il difficile d'entretenir avec lui des rapports que ses susceptibilités ombrageuses, ses bizarreries et ses boutades ne vinssent pas troubler quelquefois. Un malheur, rendu irréparable par notre loi d'indissolubilité absolue du lien conjugal, avait contribué, dit-on, à aigrir son caractère; mais les natures vraiment élevées et généreuses subissent différemment l'influence des poignantes déceptions et des cruelles épreuves de la vie (1). Non pas au surplus qu'en plus d'une circonstance Jobert n'ait fait preuve de son bon cœur, soit vis-à-vis de malades pauvres, soit vis-à-vis de confrères qu'il savait dans la gêne. On cite à sa louange les moyens détournés qu'il prenait pour venir en aide à quelques-uns de ces derniers, tout en ménageant leur amour-propre et en sauvegardant leur dignité.

Comme chirurgien, pour la sûreté du diagnostic, la dextérité de la main et la fécondité des ressources contre les difficultés opératoires, Jobert ne le cédait à aucun des maîtres, ses contemporains. Les innovations qui lui appartiennent ont un caractère trop spécial pour qu'elles puissent être ici appréciées ou seulement indiquées. J'omets donc la mention de ses ouvrages, tous consacrés à des sujets d'anatomie, de physiologie et de chirurgie.

Avec des airs d'assurance et presque de rodomont, Jobert était au fond timide et facile à déconcerter. Lorsqu'il faisait, à son hôpital, une conférence clinique, s'il lui arrivait d'apercevoir dans l'assistance une figure suspecte, quelqu'un qu'il supposât mal intentionné, c'était assez pour lui faire perdre le sangfroid nécessaire à l'exposition de son sujet: la pensée du professeur s'embrouillait, sa parole devenait hésitante, et une leçon, brillante au début, s'interrompait tout à coup ou bien s'achevait d'une façon pitoyable.

Cette disposition fut la principale cause qui tint Jobert à l'écart des concours pour les chaires de la Faculté. Il n'y serait point arrivé par cette voie; aussi était-il l'ennemi et le détracteur passionné du concours, dans lequel il ne voulait voir que le moyen de faire triompher la faconde aux dépens du vrai mérite.

---

(1) Le diable, disait Voltaire, ne se joue pas aux médecins. — Sans allusion à aucun cas particulier, non plus qu'à des bruits qui peuvent, après tout, n'avoir été que l'explication hasardée d'un mystère qu'il n'appartient à personne de vouloir sonder, — en thèse générale, je dirai que je ne comprends pas comment la fleur d'oranger, passée à fruit, s'aventure à affronter la couche nuptiale d'un fils d'Esculape, élève aussi de Lucine, l'un n'allant pas sans l'autre.

Pour le même motif, le manque d'assurance oratoire, il s'abstenait de prendre part aux discussions de l'Académie de médecine, même dans les questions de sa plus grande compétence.

Vers 1844, Jobert fut tourmenté de l'idée qu'il était menacé des atteintes de la rage. Il se crut sérieusement sous l'incubation de cette affreuse et implacable maladie. Personne n'a pu me renseigner sur la circonstance qui avait donné lieu chez lui à cette alarme. Il ne paraît pas qu'il eût subi, en réalité, aucune morsure suspecte. Était-ce de sa part hallucination pure et comme un premier symptôme de folie? Quoi qu'il en soit, sa frayeur fut vive, et elle le tint, pendant plusieurs mois, éloigné de son service d'hôpital.

Une autre épreuve, non plus fantastique cette fois, de contagiosité virulente était réservée au chirurgien dans la pratique de son art.

Peu d'années avant la fin de sa carrière, il arriva qu'un jour, en opérant dans son service de l'Hôtel-Dieu une malheureuse femme qui se trouvait infectée, Jobert se fit au doigt une piqûre par laquelle s'introduisit un virus redoutable. Il ne se douta de la portée de l'accident que longtemps après, lorsque le poison avait déjà fait dans son économie de profonds ravages. Son visage, d'une beauté énergique dont il tirait quelque vanité, reçut des atteintes qui lui furent particulièrement sensibles. Ainsi, deux fois dans le cours de la vie de Jobert, la femme lui fut cruellement fatale.

Par compensation, d'autres femmes ne furent pas sans influence sur son avancement dans la voie de la fortune et des honneurs. Quant à celles-là, qui auraient eu pour lui un faible et des bontés particulières, il faudrait les plaindre, car Jobert n'était pas homme à se piquer longtemps d'égards ni de reconnaissance. L'ambition était son unique loi, une ambition féroce et peu scrupuleuse sur les moyens. La position à laquelle il s'était élevé, si haute qu'elle fût, laissait son cœur accessible à tous les tourments de l'envie. Il en était dévoré et il en est mort.

Indifférent en politique, indifférent et de plus sceptique à l'égard des questions de réforme sociale qui ont surgi de nos jours, Jobert, il faut bien le dire, se trouva toujours du parti de ceux qui disposaient des honneurs, des faveurs et des places. Il parvint à de hauts emplois que justifiait sans doute le mérite éminent qu'il possédait dans son art, mais auxquels ce mérite aurait bien pu ne pas suffire seul à le faire arriver.

Élu, en 1857, au conseil général des Côtes-du-Nord, la part qu'il prit aux travaux de l'assemblée départementale ne saurait fournir un argument en faveur des candidatures officielles. Il y produisit cependant un plan d'organisation du service médical des indigents dans les campagnes, dont plusieurs dispositions auraient été adoptées, dit-on, pour l'établissement de ce service dans tout l'empire.

Fils affectueux, Jobert montra toujours pour sa mère un pieux attachement. Il lui faisait régulièrement parvenir, par l'intermédiaire du
docteur Bedel, une pension dont madame veuve Jobert ne voulut jamais qu'on élevât le chiffre tout à fait modeste. Cette respectable
femme, avec laquelle son fils avait, dans la coupe et dans l'expression
du visage, une ressemblance marquée, périt octogénaire, il y a quinze
ou seize ans, écrasée par une diligence, dans la rue qu'elle habitait à
Lamballe.

Aux pauvres de cette ville, M. Jobert a, par un acte spontané,
rendu ce qui leur revenait de droit, la somme que lui avait avancée le
vieux prêtre, son bienfaiteur, — déduction faite des frais de procédure
qu'il avait eus à supporter pour faire prévaloir son droit contre les re-
vendications des héritiers du donateur. Supputation bien mesquine de
la part d'un homme qui allait, en mourant, laisser près de trois millions
de fortune ! Jobert avait destiné d'abord cette libéralité à la fondation
d'une salle d'asile. Plus tard, à la demande de M. le maire de Lamballe,
il en changea l'affectation, et, de son consentement, elle a été employée
à l'achat des bâtiments du collège.

Jobert de Lamballe est mort n'étant, comme on sait, ni garçon ni
veuf. Il y avait donc par le monde une personne qui se trouvait en
droit, m'assure-t-on, de réclamer légalement la moitié de son opulente
succession. Dans un temps comme le nôtre où l'amour effréné de l'or
étouffe dans les âmes tout autre sentiment, il en est bien qui seraient
venues quand même, alléchées par l'appât de ce million et demi. Je
constate, à l'honneur de qui il appartient, qu'aucune revendication ne
s'est produite. A la vérité, d'autres personnes m'affirment qu'une séparation judiciaire avait été prononcée, qui excluait toute prétention de
la part d'un des conjoints sur l'avoir de l'autre. Ce qu'il y a de certain,
c'est que le riche héritage a passé tout entier aux mains des frères,
sœurs, neveux et nièces, un peu ébahis de cette aubaine sur laquelle ils
n'avaient exercé aucune prélibation : Jobert, pour une raison ou pour
une autre, n'avait pas été envers eux prodigue de ses bienfaits. Ils lui
ont élevé, dans le cimetière de Lamballe, un tombeau qui renferme
ses restes et qui porte l'inscription de tous les titres du renommé
chirurgien.

Au point de vue social, une moralité ressort de l'exemple même
fourni par le triomphe de Jobert sur la fatalité de la naissance. Étant
donné son point de départ, quelle chance ne lui fallut-il pas, et quel
concours de circonstances exceptionnelles pour le mettre à même de
faire son premier pas dans le monde et de pouvoir, par suite, développer, utiliser, comme il l'a fait, ses remarquables facultés ! Combien

d'enfants pauvres, quoique non moins richement doués par la nature que l'était le petit *Berry*, ne rencontreront jamais un abbé Soulleville pour leur faire franchir cette première barrière posée devant eux sur la route où les appelleront en vain leurs vocations! Cependant il y a perte et dommage, pour la société comme pour l'individu, chaque fois que de précieuses aptitudes restent sans culture et sans emploi.

FIN.

TABLE DES MATIÈRES.

DEUXIÈME PARTIE. — MON ÉQUIPÉE SAINT-SIMONIENNE.

TROISIÈME PARTIE. — CHOUANNERIE ET PARTICULARITÉS DIVERSES.

APPENDICE.

FIN DE LA TABLE DES MATIÈRES.

Paris. — Imprimé par E. Thunot et C°, rue Racine, 26.

OUVRAGES DU MÊME AUTEUR.

FOURIER, SA VIE ET SA THÉORIE. 3ᵉ édition, épuisée.

THÉORIE SOCIÉTAIRE. 2ᵉ partie du précédent ouvrage. 4ᵉ édition. Prix : 1 fr. 50.

ESSAI CRITIQUE SUR LA PHILOSOPHIE POSITIVE. Grand in-8°. Prix : **5 fr.**

QU'EST-CE QUE LA CIVILISATION? Brochure. Prix : 50 c.
(Extrait des *Bulletins de la Société d'anthropologie*.)

SUR LE DROIT DE PROPRIÉTÉ. *Réponse à quelques attaques*. 1840. Prix : 30 c.

LE CHOLÉRA OU TYPHUS INDIEN. Brochure grand in-8°. Prix : 1 fr. 50.

ALLOCUTIONS D'UN SOCIALISTE. 1847. Prix : 50 c.

On trouve à la LIBRAIRIE DES SCIENCES SOCIALES, rue des Saints-Pères, 13, les ouvrages de Fourier et de ses disciples, ainsi que le journal actuel de l'École sociétaire, la SCIENCE SOCIALE, paraissant le 1ᵉʳ et le 16 de chaque mois. Un an : Paris et Belgique, 6 fr. ; départements, 7 fr.

Parmi les publications récentes de cette librairie, on peut citer :

PRINCIPES DE SOCIOLOGIE, par le docteur F. Barrier, ancien chirurgien en chef de l'Hôtel-Dieu de Lyon, ancien professeur à l'École de médecine de la même ville. 2 vol. in-8°. Prix : 12 fr.

RAISON ET PRÉJUGÉS, par H. Renaud, lieutenant-colonel d'artillerie en retraite. Un vol. in-18. Prix : 2 fr.

SOLIDARITÉ, par le même. 4ᵉ édition. Un vol. in-18. Prix : 1 fr.

TRANSACTIONS SOCIALES, par J. Muiron. 2ᵉ édition. Un vol. in-18. Prix : 4 fr. 50.

PROCÉDÉS INDUSTRIELS, par le même. 3ᵉ édition. Un vol. in-18. Prix : 1 fr. 50.

LES GRANDS MYSTÈRES, par E. Nus. 2ᵉ édition. Un vol. in-18. Prix : 3 fr.

Paris. — Imprimé par E. Thunot et Cᵉ, rue Racine, 28.

www.ingramcontent.com/pod-product-compliance
Lightning Source LLC
Chambersburg PA
CBHW061009280326
41935CB00009B/897